西北师范大学青年文丛

名词短语竞争与关系从句生成

一项基于英汉对比数据库的研究

曹依民 著

中国社会科学出版社

图书在版编目（CIP）数据

名词短语竞争与关系从句生成：一项基于英汉对比数据库的研究 / 曹依民著 . —北京：中国社会科学出版社，2017.6

（西北师范大学青年文丛）

ISBN 978-7-5203-0762-8

Ⅰ.①名… Ⅱ.①曹… Ⅲ.①英语-句法-对比研究-汉语 Ⅳ.①H314.3②H146.3

中国版本图书馆 CIP 数据核字（2017）第 173986 号

出 版 人	赵剑英
责任编辑	王　茵
责任校对	胡新芳
责任印制	王　超

出　　版	中国社会科学出版社
社　　址	北京鼓楼西大街甲 158 号
邮　　编	100720
网　　址	http://www.csspw.cn
发 行 部	010-84083685
门 市 部	010-84029450
经　　销	新华书店及其他书店
印　　刷	北京明恒达印务有限公司
装　　订	廊坊市广阳区广增装订厂
版　　次	2017 年 6 月第 1 版
印　　次	2017 年 6 月第 1 次印刷
开　　本	710×1000　1/16
印　　张	18.75
插　　页	2
字　　数	270 千字
定　　价	78.00 元

凡购买中国社会科学出版社图书，如有质量问题请与本社营销中心联系调换

电话：010-84083683

版权所有　侵权必究

前　言

　　思想投射到语言时，受制于多种因素，比如概念可及性。以往的研究表明，基于生命度的可及性可以影响句法功能、句子结构、语态乃至语序的选择等。较早的研究多基于简单句，复杂句的研究方兴未艾。关系从句是检验这些成果之于复杂句的理想样本，因为其中心词的位置是固定的，从句的形态（如提取的句法成分、语态等）与中心名词的关系非常密切，特别是生命度等。

　　对此，热纳里等人（Gennari et al.）[1]进行了五项实验，考察了基于生命度的提取顺序观与基于相似性的竞争观在生成关系从句语态、施事的隐现以及关系化标记的隐现中的作用。其研究结果总体上证实了上述两种句子生成观有效作用于关系从句的生成，且该作用在英语、西班牙语及塞尔维亚语间存在跨语言差异。鉴于这三种语言同属印欧语系，需要更多语言的佐证，因而促发了本书的研究：如果在研究中纳入汉藏语系中的汉语，并与英语相对比，考察名词短语的生命度及竞争与生成关系从句的类型、语态选择、被动句施事的隐现、关系化标记的隐现之间的关系，以及被关系化名词的语义角色与生成关系从句的类型和语态选择的关系，是否会有新的发现呢？

　　上述实验研究的理论背景为基于生命度的提取顺序观和基于相似性的竞争观。前者关注有生—无生差异，后者侧重有生实体内部

---

[1] Gennari, S. P., Mirković, J., & MacDonald, M. C., "Animacy and competition in relative clause production: A cross-linguistic investigation", *Cognitive Psychology*, Vol. 65, 2012, pp. 141–176.

相似概念间的竞争。参照希尔弗思坦（Silverstein）① 的生命度等级的精细划分——1ST & 2ND > 3RD > PRN/ KIN > HUM > ANI > INA，可以发现：所谓的竞争发生在等级靠左的五个有生实体之间及内部。事实上，有生—无生概念的界限在自然语言中并非泾渭分明、非此即彼。比如在童话故事中，无生实体也常常被当作有生实体来对待。在政治外交领域，有的无生实体（比如"华盛顿"）也往往与有生概念密切相关。因此，生命度等级实际是一个连续统，而概念间的竞争不仅发生在有生实体之间，也发生在有生—无生实体间，以及无生实体内部。如此，提取顺序观和竞争观实际是同质的竞争架构，只是后者的分类更精密。因此，本书把两个体系整合起来，构建了以上述生命度等级为基础的名词短语竞争体系。概念的相互竞争和干扰也是生成—分布—理解观（PDC）的核心内容，于是，该体系与PDC 桥接，可以完整地考察关系从句生成与分布的关系。

　　检验来自实验的结论，需要自然语言的依据，为此，本书选择中英文叙事小说各 5 部，从中选择出符合关系从句标准的语料共6166 条，建立了英汉类比数据库。中文语料选自老舍先生的《骆驼祥子》、《离婚》和《四世同堂》（包括《惶惑》、《偷生》、《饥荒》）；英文语料选择了美国作家西奥多·德莱塞（Theodore Dreiser）的《嘉莉妹妹》（*Sister Carrie*）、《美国悲剧》（*An American Tragedy*）、《金融家》（*The Financier*）、《巨人》（*The Titan*）和《斯多葛》（*The Genious*）。选择依据是：两位作家所处的时代接近，生活阅历相似；作品的主题类似；均有以刻画乡下人进城图发展而以悲剧结束为主题的代表作和三部曲；二者的语言风格均具有代表性。

　　上述作品的数据均采集自其 PDF 版本，所有版本都与相应纸质版进行了对比与核校，然后利用 PDF 的"查找"功能予以穷尽式检索。检索的标准结合基南（Keenan）& 科姆里（Comrie）②、热纳

---

① Silverstein, M., "Hierarchy of features and ergativity", In R. M. W. Dixon (Ed.), *Grammatical Categories in Australian Languages*, Canberra: Australian Institute of Aboriginal Studies, 1976, pp. 112–171.

② Keenan, E. L., & Comrie, B., "Noun phrase accessibility and universal grammar", *Linguistic Inquiry*, Vol. 8, 1977, pp. 63–99.

里等.[①]、麦克唐纳（MacDonald）[②]及许余龙[③]的定义，简述为：关系从句是名词的定指限定修饰语，包含一个动词。汉语关系从句的"查找"标记为"的"，英语语料的检索关键词主要有 that、which、who、whom、whose、such…（as）等关系化标记。为了检索到省略关系代词 that 的关系从句，再次以 the 为检索标记查找带 the 的中心名词，筛查那些没有上述关系化标记（即省略了 that）的关系从句，以保证最大限度地检索到目标语料。将每部作品中检索到的符合标准的关系从句进行"复制"、"粘贴"，汇集到独立的 word 文档，以供复查，然后录入 Microsoft Access 建立数据库，标注每个关系从句的来源、页码、限定词、关系代词、中心名词的语法功能、被关系化名词的语法功能、中心名词的生命度、中心名词的语义角色、被关系化名词的语义角色、从句的语态、竞争名词的生命度、被动句施事的隐现。最后经过交叉核查，确认校对无误后，供统计分析。

  Access 数据库有强大的组合"查询"功能，能够满足本书所有的任务要求。利用 SPSS 对数据统计分析发现，总体上，语料中关系从句的类型和语态的分布大致符合名词短语竞争体系的预测；名词短语的生命度分析越精密，其竞争的作用越明显，比如施事的隐现；另一些关系从句的分布模式更符合 PDC 的预测，如关系化标记的隐现，因此将 PDC 纳入名词短语竞争体系，使得分析框架更完整，分析更充分。进一步观察语料还发现，要全面考察关系从句生成，还需纳入语境、语义角色等因素，且语义角色在部分从句类型和语态选择上的作用甚至比名词短语的竞争更显著。此外，上述因素均存在跨语言的共性和差异，且有些差异的情况很复杂。比如，英汉关系从句语态的选择在某些条件下遵循名词短语竞争体系，不过汉语主动形式表达被动意义的结构分布频度最高，与

  [①] Gennari, S. P., Mirkovi ć, J., & MacDonald, M. C., "Animacy and competition in relative clause production: A cross-linguistic investigation", *Cognitive Psychology*, Vol. 65, 2012, pp. 141-176.
  [②] MacDonald, M. C., "How language production shapes language form and comprehension", *Frontiers in Psychology*, Vol. 4, 2013, pp. 1-16.
  [③] 许余龙：《名词短语的可及性与关系化——一项类型学视野下的英汉对比研究》，《外语教学与研究》2012 年第 5 期，第 643—657 页。

塞尔维亚语类似，但塞尔维亚语的这类关系从句分布依靠的是名词和代词有形式功能标记，汉语则没有这些标记。即，即使具体语言的限制不同，语言形式的分布也可能相似。因此，详细地分析时常有新的发现。

　　本书是在我的博士学位论文基础上修改而成的。研究的路径、数据库的建设、对比基础的确定，都归功于我的导师许余龙先生手把手的教导。先生治学严谨，从语料的选择、标准的制定到数据库的建设及应用，甚至统计分析，每个步骤都凝结着他的心血。得知我在数据库计算方面遇到困难，先生主动约我到家里，一步一步操作演示，直到学会。我本愚钝，先生经常耳提面命，指点迷津。当我盲目坚持自己的观点，意欲"明知不可为而为之"时，先生又一次约至家中，从理论建构、技术难度、研究价值以及研究前景一一解析，直至我茅塞顿开。每次去家里请益，师母都准备丰盛的饭菜，一则为了给我们充分的时间讨论，二则也为了给我补充营养。没有他们的悉心照顾，本书很难完成。

　　感谢那些未曾谋面却无私提供帮助的学者们，如卡内基梅隆大学的麦克维尼教授（Brian MacWhinney）、威斯康星大学麦迪逊分校的麦克唐纳教授（Maryellen C. MacDonald）、伊利诺伊大学的博克教授（J. Kathryn Bock）、南卡罗莱纳大学的费雷拉教授（Fernanda Ferreira）、爱丁堡大学的布兰尼根教授（Holly Branigan）、邓迪大学的高级讲师罗杰·凡－贡佩尔（Roger van-Gompel）、约克大学高级讲师西尔维亚·P. 热纳里（Silvia P. Gennari）、北卡罗来纳大学的博士生伊莉斯·罗莎（Elise Rosa）等。他们都毫无保留地为我提供了所需资料。其中，麦克维尼教授不厌其烦地与我讨论论文撰写计划的可行性，并在我遇到挫折时予以热情鼓励。麦克唐纳教授不仅提供了我索要的资料，还分享了自己最新的研究成果，并主动就本书提出不少建议。这些学者不仅用研究成果给人启迪，也以人格魅力感染受益者。

　　本书能够作为西北师范大学《重点学科文库》作品出版，得益于西北师范大学外国语学院和社会科学处的大力支持资助，在此致以诚挚的感谢。并向中国社会科学出版社编辑们的严谨与科学态度致敬。

　　本书也是国家社科基金项目"英、汉语中名词短语的可及性与关系化对比研究"（14BYY006）的阶段性成果。

　　书中的谬误和疏漏，均由本人负责。

目 录

第一章　引论 …………………………………………………… (1)
　第一节　研究背景 …………………………………………… (2)
　　一　实验因变量 …………………………………………… (2)
　　二　生命度与关系从句生成 ……………………………… (3)
　　三　概念相似度评分 ……………………………………… (5)
　　四　英语和西班牙语概念相似度的操控 ………………… (5)
　第二节　本书的研究问题 …………………………………… (6)
　第三节　文献综述 …………………………………………… (6)
　　一　名词短语的生命度与关系从句生成 ………………… (6)
　　二　名词短语概念相似性与关系从句生成 ……………… (12)
　　三　关系从句的生成、分布与理解 ……………………… (19)
　第四节　研究的目的和意义 ………………………………… (26)
　第五节　本书概况 …………………………………………… (28)

第二章　句子生成观 …………………………………………… (29)
　第一节　基于生命度的提取顺序观 ………………………… (29)
　　一　语言生成是增量的 …………………………………… (29)
　　二　提取顺序 ……………………………………………… (30)
　　三　概念可及与生命度 …………………………………… (34)
　第二节　基于相似性的竞争观 ……………………………… (37)
　第三节　生成—分布—理解观 ……………………………… (40)
　　一　生成 …………………………………………………… (41)
　　二　分布 …………………………………………………… (45)

三　理解 …………………………………………………………（49）
　第四节　句子生成观的整合 …………………………………（54）

第三章　研究方法 ………………………………………………（57）
　第一节　语料采集 ……………………………………………（57）
　　一　语料来源 ………………………………………………（58）
　　二　语料采集步骤 …………………………………………（60）
　第二节　数据库结构 …………………………………………（62）
　　一　数据库字段 ……………………………………………（63）
　　二　数据库各字段内容 ……………………………………（64）
　　三　语义角色 ………………………………………………（66）
　　四　数据库建设步骤 ………………………………………（69）
　第三节　分析框架 ……………………………………………（70）

第四章　名词短语竞争与关系从句类型 ………………………（72）
　第一节　关系从句类型分布 …………………………………（72）
　第二节　中心名词的语法功能与关系从句提取类型 ………（74）
　第三节　中心名词的生命度与关系从句类型 ………………（81）
　　一　中心名词的生命度与语法功能 ………………………（82）
　　二　中心名词的生命度与关系从句提取类型 ……………（86）
　第四节　讨论 …………………………………………………（90）
　第五节　小结 …………………………………………………（97）

第五章　名词短语竞争与关系从句语态 ………………………（99）
　第一节　名词短语竞争与英语关系从句语态选择 ………（100）
　　一　名词短语竞争+语义角色与英语
　　　　关系从句语态选择 ……………………………………（101）
　　二　名词短语竞争与英语关系从句语态选择 ……………（106）
　第二节　名词短语竞争与汉语关系从句语态选择 ………（108）
　　一　名词短语竞争+语义角色与汉语
　　　　关系从句语态选择 ……………………………………（109）

二　名词短语竞争与汉语关系从句语态选择 …………（112）
　第三节　讨论 ……………………………………………（114）
　第四节　与其他语言对比 ………………………………（122）
　第五节　小结 ……………………………………………（126）

第六章　名词短语竞争与被动式关系从句施事的隐现 ……（129）
　第一节　实验的结果 ……………………………………（130）
　第二节　数据库查询结果 ………………………………（131）
　第三节　数据分析 ………………………………………（132）
　第四节　讨论 ……………………………………………（137）
　　一　英语数据库结果与实验结果不一致 ……………（138）
　　二　汉语数据库查询结果接近实验结果 ……………（147）
　第五节　与其他语言对比 ………………………………（156）
　第六节　小结 ……………………………………………（157）

第七章　名词短语竞争与关系化标记的隐现 ………………（160）
　第一节　实验的结果 ……………………………………（162）
　第二节　数据库查询结果 ………………………………（163）
　第三节　数据分析 ………………………………………（167）
　第四节　讨论 ……………………………………………（171）
　　一　关系化标记的省略 ………………………………（172）
　　二　关系化标记的存现 ………………………………（176）
　第五节　跨语言差异 ……………………………………（185）
　第六节　小结 ……………………………………………（187）

第八章　被关系化名词的语义角色与关系从句生成 ………（190）
　第一节　被关系化名词的语义角色与生成关系
　　　　　从句的类型 ……………………………………（192）
　　一　英语被关系化名词的语义角色
　　　　与生成关系从句的类型 …………………………（193）

二　汉语被关系化名词的语义角色与生成
　　　　关系从句的提取类型 ………………………………（199）
　　三　讨论 ……………………………………………………（205）
第二节　中心名词的语义角色与生成关系从句的语态 ………（209）
　　一　英语中心名词的语义角色与生成关系从句的语态 ……（209）
　　二　汉语中心名词的语义角色与生成关系从句的语态 ……（213）
　　三　讨论 ……………………………………………………（218）
第三节　小结 …………………………………………………（220）

第九章　翻译中的关系从句生成 ………………………………（223）
第一节　中心名词的生命度与关系从句类型 …………………（223）
第二节　名词短语竞争与关系从句的语态 ……………………（228）
第三节　名词短语竞争与施事的隐现 …………………………（234）
第四节　语义角色与生成关系从句的类型和语态 ……………（241）

第十章　结论 ……………………………………………………（248）
第一节　主要发现 ……………………………………………（249）
　　一　名词短语竞争与生成关系从句的类型 ………………（249）
　　二　名词短语竞争与生成关系从句的语态 ………………（250）
　　三　名词短语竞争与被动式关系从句施事的隐现 ………（252）
　　四　名词短语竞争与关系化标记的隐现 …………………（253）
　　五　被关系化名词的语义角色与关系从句生成 …………（255）
　　六　翻译中的关系从句生成 ………………………………（256）
第二节　研究不足及以后的研究方向 …………………………（257）
　　一　本书不足 ………………………………………………（257）
　　二　今后的研究方向 ………………………………………（257）

参考文献 ………………………………………………………（259）

后　　记 ………………………………………………………（281）

表目录

表 3—1　语料来源简况 …………………………………………（60）
表 3—2　数据库字段名符号及意义 ……………………………（63）
表 3—3　数据库各字段有效输入值 ……………………………（64）
表 3—4　部分字段输入值代码的含义 …………………………（65）
表 4—1　英语、汉语关系从句来源及总数 ……………………（72）
表 4—2　关系从句提取类型分布 ………………………………（73）
表 4—3　中心名词语法功能与关系从句提取类型 ……………（75）
表 4—4　中心名词在主句中的语法功能与关系从句
　　　　　提取类型 ………………………………………………（76）
表 4—5　英语中心名词语法功能与关系从句提取
　　　　　类型的卡方检验结果 …………………………………（77）
表 4—6　汉语中心名词语法功能与关系从句提取
　　　　　类型卡方检验结果 ……………………………………（79）
表 4—7　英语中心名词的生命度与语法功能卡方
　　　　　检验结果 ………………………………………………（82）
表 4—8　汉语中心名词生命度与语法功能卡方检验结果 ……（84）
表 4—9　英语中心名词的生命度与关系从句提取类型 ………（86）
表 4—10　汉语中心名词生命度与关系从句提取 ……………（88）
表 5—1　热纳里等人的研究中英语关系从句
　　　　　语态选择分布 …………………………………………（101）
表 5—2　名词短语竞争+语义角色条件下英语关系从句
　　　　　语态的选择分布 ………………………………………（102）
表 5—3　英语实验中关系从句语态选择的卡方检验结果 ……（102）

表 5—4	英语数据库中关系从句语态选择的卡方检验结果	(104)
表 5—5	中心名词生命度与生成关系从句的语态分布	(106)
表 5—6	英语中心名词生命度与生成关系从句语态的卡方检验结果	(107)
表 5—7	名词短语竞争+受事条件下汉语关系从句语态选择分布	(109)
表 5—8	名词短语竞争+语义角色条件下汉语关系从句语态分布卡方检验	(110)
表 5—9	汉语名词短语竞争与关系从句语态分布	(112)
表 5—10	汉语名词短语竞争与关系从句语态分布卡方检验结果	(113)
表 5—11	"无生+客事"条件下英语和汉语语态分布情况	(120)
表 6—1	英语关系从句被动结构省略施事的分布情况	(131)
表 6—2	汉语关系从句被动结构省略施事的分布情况	(132)
表 6—3	实验数据中被动式关系从句省略施事的卡方检验结果	(133)
表 6—4	英语数据库被动式关系从句施动隐现分布卡方检验结果	(135)
表 6—5	汉语数据库被动式关系从句施动隐现分布卡方检验结果	(136)
表 6—6	英语语料中生命度、概念竞争及被动结构施事隐现分布	(139)
表 6—7	汉语语料中生命度、概念竞争及被动结构施事隐现分布	(148)
表 6—8	汉语语料中生命度、概念竞争及非人称主动式施事省略分布	(148)
表 7—1	名词短语竞争与关系化标记隐现分布趋势	(163)
表 7—2	实验中关系化标记隐现的卡方检验结果	(167)
表 7—3	数据库中关系化标记隐现的卡方检验结果	(169)

表 8—1　英语被关系化名词语义角色与关系从句
　　　　提取类型查询结果 ……………………………（192）
表 8—2　英语被关系化名词语义角色与关系从句
　　　　类型卡方检验结果 ……………………………（193）
表 8—3　英语被关系化名词的生命度与关系从句
　　　　提取类型查询结果 ……………………………（196）
表 8—4　英语被关系化名词的生命度与关系从句
　　　　类型卡方检验结果 ……………………………（196）
表 8—5　汉语被关系化名词语义角色与关系从句
　　　　提取类型查询结果 ……………………………（199）
表 8—6　汉语数据库被关系化名词语义角色与关系
　　　　从句类型卡方检验结果 …………………………（200）
表 8—7　汉语被关系化名词的生命度与关系从句
　　　　提取类型查询结果 ……………………………（203）
表 8—8　汉语被关系化名词的生命度与关系从句
　　　　提取类型卡方检验结果 …………………………（203）
表 8—9　英语被关系化名词的语义角色与关系从句
　　　　语态分布 ………………………………………（209）
表 8—10　英语被关系化名词的语义角色与关系从句
　　　　 语态的卡方检验结果……………………………（210）
表 8—11　汉语被关系化名词的语义角色与关系从句
　　　　 语态分布 ………………………………………（213）
表 8—12　汉语被关系化名词的语义角色与关系从句
　　　　 语态分布卡方检验结果…………………………（215）

第一章

引 论

人们在表达思想时选择这种而不是那种形式，受制于语言的限制机制。其中，概念的可及性是受关注较多的机制，不论是在语言的生成还是理解方面。

可及性在语言生成①中的作用，已有很多研究，大多体现在对简单句的考察上。一般认为，概念可及性高的词更容易进入语言生成计划，比如生命度高的词在英语中经常与主语位置相对应，继而影响句子结构的选择，比如语态的选择、使用双宾语还是介词表达与格，以及对句法功能和语序的影响等。

这些论断在复杂句中的表现与主句是否一致尚需深入研究，而关系从句为研究这一问题提供了理想的范畴，这是因为关系从句有其自身的优势，比如：

首先，大多数语言中，主句的主动式和被动式有着不同的名词顺序，但英语关系从句的中心词，出于语篇和语言特有的限制，总是处于起始位置（中心词前置），而汉语的中心名词则位于末尾（中心词后置）。然而无论如何，它们的位置都是固定的，有利于考察异于简单句的语态选择等语言事实。

其次，英语关系从句的主动式和被动式相对很普遍，它们的出现频度因中心名词的生命度的功能而有差异，提供了良好的环境供研究者观察不同选择及其他的动因。生命度在此的作用是否具有语

---

① 不同于生成语言学的 generation，这里的"生成"对应的英语术语为 production，指概念转换成语言形式时的在线加工，包括要表达的概念信息、将信息编码为语言形式、将语言形式转换成言语运动系统、语音从说话人口腔传递到听话人的听觉系统、将言语解码为语言形式、将语言形式解码为意义等不同阶段。本书重点考察从概念到语言形式转换中关系从句的生成情况。

言共性，需要跨语言对比考察。

再者，一般认为，宾语关系从句比主语关系从句的理解更大，关系从句在语言理解研究中所占比例很高，进而引发了从语言生成角度对该研究的探索。

有鉴于此，热纳里等学者[①]通过实验来检验名词短语的生命度、概念竞争以及具体语言限制对生成关系从句的作用。由此概括出来的语言生成理论多由语言实验研究支持，但自然语言表现是否与实验结果一致？生成关系从句时，是否还有其他因素的制约呢？这些问题都可以通过建立真实语料的数据库加以验证。

第一节 研究背景

热纳里等通过五项实验，考查了英语（属日耳曼语）、西班牙语（属罗曼语）和塞尔维亚语（属斯拉夫语）关系从句生成的情况。研究发现：虽然存在跨语言差异，但三种语言在生成关系从句时都受到中心名词生命度的影响；中心名词的生命度在很大程度上决定了关系从句的语态：在中心名词为有生名词的条件下，受试生成更多的被动式关系从句，且倾向于省略施事。这一结果与基于生命度的提取顺序观吻合，但这一句子生成观不能完全解释施事的隐现倾向，需要求助于基于相似度的竞争观。即，两个名词的概念相似度越高，生成被动式关系从句时，越倾向省略施事。其研究要点如下。

一　实验因变量

英语、西班牙语和塞尔维亚语分属不同类型语言，三者在关系从句结构上存在系统差异。除主动式和被动式外，西班牙语和塞尔维亚语还可用非人称主动式（impersonal active），即关系从句事件的施事不被提及。这意味着如果说话人有这种选择余地的话，可及性更高的成分不一定自动地获得主语功能。因此，实验的主要因变

---

① Gennari, S. P., Mirković, J., & MacDonald, M. C., "Animacy and competition in relative clause production: A cross-linguistic investigation", *Cognitive Psychology*, Vol. 65, 2012, pp. 141-176.

量是：在运用关系从句描述有生和无生实体时，三种语言的说话人选择主动式、被动式及非人称主动式宾语关系从句的程度。①

三种语言在表达规划（utterance planning）阶段，在提及还是省略关系从句事件的施事时有不同选择。三者均可选择提及施事，但西班牙语和塞尔维亚语在使用非人称主动式时，必须省略施事，且这类关系从句的中心名词虽为宾语，但从句动词在性和数方面与其他成分并不一致，而是用一个第三人称复数标记表明一个不确定的施事（类似"有人"或"他们"）。由于施事的隐现可以诊断关系从句的中心名词和施事名词之间的竞争过程，所以，第二个因变量为施事省略的比率。即，竞争程度越高，省略施事的比率越高。

第三个跨语言差异为关系从句格标记的程度。英语的普通名词和关系代词没有系统的句法功能标记，西班牙语在关系代词与有生命的中心名词共现时有选择性的宾语标记，而塞尔维亚语必须标记所有名词和关系代词的句法功能。这种（通过关系代词）标记关系从句中心名词的强制程度方面的差异影响表达选择：强制标记更容易区分表达规划中的名词及其句法功能，因此它们的角色需要在表达早期予以明确确定。这一对结构偏好的跨语言比较能揭示具体语言限制与语言生成机制在生成复杂结构时的互动关系。

二　生命度与关系从句生成

实验设计如下：

实验材料共有21幅图片，其中7幅图片涉及有生—受事配对问题，7幅为无生—客事配对问题，其余7幅为有生—施事配对问题。每幅图片含2个有生命的施事，位于图片不同位置，且施事的动作类似，如击打、手持、推挤等。其中一位施事的动作目标为有生命的实体（受事），另一个为无生命的物体。每幅图片含另2个类似动作目标，以促使说话人回答问题时生成关系从句限定词（modifiers）。每图配有3个问题，其一关于有生命的受事，其二关于物体（客事），

---

① Gennari, S. P., Mirković, J., & MacDonald, M. C., "Animacy and competition in relative clause production: A cross-linguistic investigation", *Cognitive Psychology*, Vol. 65, 2012, pp. 141-176.

其三为任一施事。前两个问题的目标是分别生成关于受事或目标客事的关系从句，中心名词分别为有生和无生实体，以诱导说话人在主动式宾语关系从句或被动式关系从句间做出选择。第三个问题用来增加生成从句结构的多样性，诱导受试生成主语关系从句以供比较。[1]

英语关系从句生成实验分为口语和书面语两部分。两个实验的参与者生成的关系从句中，有生命的中心名词（受事—问题—焦点）条件下生成的被动式均高于无生命的中心名词（客事—问题—焦点）条件。威尔科克森符号秩检验（Wilcoxon Sign Rank Test）表明该差异效度很高，曼-惠特尼检验（Mann-Whitney tests）说明模态不影响生成结果。该结果与基于生命度的提取顺序观相一致，即，有生命的中心名词因概念凸显，在关系从句中更倾向于获得主语位置。而被动式关系从句中，有生命的中心名词结构相较于无生命结构更倾向于省略施事，证明概念相似的有生命名词间的竞争以及随之而来的对关系从句施事的抑制（inhibition）在关系从句结构的选择上，与基于生命度的提取顺序共同发挥了作用。[2] 一个令人费解的结果是，当中心名词为有生实体时，关系代词在主动式宾语关系从句中出现的比率高于无生命中心名词条件，而在被动式中相反。[3]

西班牙语的实验结果与英语大致类似。在有生命的中心名词条件下，生成更多的被动结构，且在有生命中心名词条件下，被动式省略施事的比率高于无生命中心名词条件。它与英语的区别是总体上主动式关系从句（包括非人称结构）与被动式关系从句的生成没有显著差异，而在无生命中心名词结构中，生成更多的主动式关系从句。[4]

塞尔维亚语受试在两种条件下，均偏好主动式关系从句结构，大部分被动式关系从句均省略施事，且在有生命的中心名词条件中，省略施事的结构（被动式和非人称结构）比率显著高于无生命中心名词条件。[5]

---

[1] Gennari, S. P., Mirković, J., & MacDonald, M. C., "Animacy and competition in relative clause production: A cross-linguistic investigation", *Cognitive Psychology*, Vol. 65, 2012, pp. 147-148, 154, 157.

[2] Ibid., pp. 149-151.

[3] Ibid., p. 152.

[4] Ibid., pp. 154-155.

[5] Ibid., pp. 161-162.

生命度在上述三种语言关系从句生成选择中的作用不同，从英语、西班牙语到塞尔维亚语大致呈递减趋势。故此，生命度不起作用的部分需要新的动因来补充解释。

三　概念相似度评分

评分材料为前述实验中使用的图片，受试为来自威斯康星大学24名学生，母语为英语，要求其对图片内有生命的形象予以评分，评分值域为1—7分，表示从根本不相似到非常相似。21对有生命的形象相似度均值值域为2.5到5.85分，总均值为4.95分，标准差为0.99。英语和西班牙语均表现出名词相似度与被动式关系从句施事的省略呈显著相关。以上结果说明：当两个高度相似的有生命参与者投射到关系从句结构时（如 the man being punched by the woman 中的 man 和 woman），施事名词（the woman）倾向于被省略，表明相似的实体间的竞争在英语的被动式施事的省略和西班牙语被动式施事省略及非人称结构的选择上均发挥了作用。①

四　英语和西班牙语概念相似度的操控

为确认上述关于相似度实验的发现，进一步研究名词短语的竞争是否受有生命实体更小差异的调节，实验设计了语义范畴更严格的实验。将16对图片做如下配对：一幅图片中，两个核心个体高度相似（如 man 和 woman）；另一幅中，两个核心个体低度相似（如 man 和 dog）。每一幅图片都包含3个个体，其中2个为事件的施事和受事，第三个等同于事件的受事，以期鼓励说话人在回答关于事件受事问题时使用关系从句限定词。评分值域仍为1—7分。

结果显示，英语和西班牙语表现相似，生命度高度相似条件下，参与者更倾向于省略结构的施事，这一结果与预期一致，即，由于表达规划阶段的抑制，相似的个体间的竞争会导致施事的省略。②

---

① Gennari, S. P., Mirković, J., & MacDonald, M. C., "Animacy and competition in relative clause production: A cross-linguistic investigation", *Cognitive Psychology*, Vol. 65, 2012, pp. 161-162.

② Ibid., pp. 162-165.

第二节　本书的研究问题

热纳里，米尔科维奇（Mirković）和麦克唐纳（2012）在实验条件下检验了基于生命度的提取顺序和基于概念相似性的竞争以及具体语言限制在生成关系从句中的作用，这些结果是否与自然语言的表现一致，需要真实语料的检验。实验涉及的语言虽属不同语族，但总体归印欧大语系。要更好地验证上述结果，还需纳入语系关系更远的语言，比如汉藏语系中的汉语。据此，本研究建立了英汉关系从句平行数据库，重点考查英语和汉语关系从句的生成，并参照实验研究中的西班牙语和塞尔维亚语结果，研究以下问题：

（1）名词短语竞争[①]与生成关系从句类型的关系；
（2）名词短语竞争与生成关系从句语态的关系；
（3）名词短语竞争与生成被动式关系从句中施事隐现的关系；
（4）名词短语竞争与关系化标记隐现的关系；
（5）被关系化名词的语义角色与生成关系从句类型的关系。

第三节　文献综述

与本书相关的语言生成研究主要有基于生命度、基于概念相似性以及生成—分布—理解互动的研究。基于生命度的研究历史较长，成果较丰硕的集中于简单句的研究，关于复杂句的研究方兴未艾。基于相似性的研究也大致经历了从简单句研究到复杂句研究的过渡，但相比较而言，这方面的研究受到的关注尚不够充分。对于生成—分布—理解互动的研究正处在起步阶段，该理论的完整呈现也只是2013年才完成。

一　名词短语的生命度与关系从句生成

生命度因其与概念可及性（即，某一概念从记忆中提取的容易程

[①] 名词短语竞争体系见第二章第四节。

度)的相关性在语言生成中发挥作用。由于语言生成是增量的,高可及的信息首先被加工,因而有生实体在语言生成中享有特权,更倾向于享有主语位置。且生命度同时在语法功能指派和语序中发挥作用。①

说话人生成句子结构的倾向是:记忆中更可及的材料较早生成,且工作记忆负荷越小,越早生成。② 许多实验研究表明,当动作的受事为有生实体或人类时,句子的主动式相对于被动式的优势会减弱,甚至逆转,比如英语③④⑤,德语⑥及西班牙语⑦。此外,有生实体在英语中通常以代词形式予以指称,而较简短成分的加工往往先于较繁复成分,故有生实体经常出现在主语位置。⑧

生命度在简单句结构中的作用已有比较充分的研究,但在生成复杂结构比如关系从句时的作用则知之甚少。⑨ 基南与科姆里⑩⑪对50种不同类型语言中的关系从句的分析发现,所有语言都可以生成

---

① Branigan, H. P., Pickering, M. J., & Tanaka, M., "Contributions of animacy to grammatical function assignment and word order during production", *Lingua*, Vol. 118, No. 2, 2008, pp. 172-189.

② Slevc, L. R., "Saying what's on your mind: Working memory effects on sentence production", *Journal of Experimental Psychology: Learning, Memory, and Cognition*, Vol. 37, No. 6, 2011, pp. 1503-1514.

③ Bock, J. K., Loebell, H., & Morey, R., "From conceptual roles to structural relations: Bridging the syntactic cleft", *Psychological Review*, Vol. 99, 1992, pp. 150-171.

④ Ferreira, F., "Choice of passive voice is affected by verb type and animacy", *Journal of Memory and Language*, Vol. 33, 1994, pp. 715-736.

⑤ MacDonald, M. C., "Distributional information in language comprehension, production, and acquisition: Three puzzles and a moral", In B. MacWhinney (Ed.), *The Emergence of Language*, Mahweh, NJ: Erlbaum, 1999, pp. 177-196.

⑥ van Nice, K. Y., & Dietrich, R., "Task sensitivity of animacy effects: evidence from German picture descriptions", *Linguistics*, Vol. 41, 2003, pp. 825-849.

⑦ Prat-Sala, M., & Branigan, H. P., "Discourse constraints on syntactic processing in language production: A cross-linguistic study in English and Spanish", *Journal of Memory and Language*, Vol. 42, No. 2, 2000, pp. 168-182.

⑧ Hawkins, J., *A Performance Theory of Order and Constituency*, Cambridge: Cambridge University Press, 1994.

⑨ Gennari, S. P., & MacDonald, M. C., "Linking production and comprehension processes: The case of relative clauses", *Cognition*, Vol. 111, No. 1, 2009, pp. 1-23.

⑩ Keenan, E. L., & Comrie, B., "Noun phrase accessibility and universal grammar", *Linguistic Inquiry*, Vol. 8, 1977, pp. 63-99.

⑪ Keenan, E. L., & Comrie, B., "Data on the noun phrase accessibility hierarchy", *Language*, Vol. 55, 1979, pp. 333-351.

主语关系从句,但不一定生成可及性等级所有位置上的关系从句。因此他们认为主语关系从句是可及性最高、最容易生成的无标记关系从句类型。如果一种语言中存在关系从句,就一定优先存在主语关系从句。这一等级影响甚广,但其可及性主要指句法功能,未明确将可及性与生命度相联系。

众多关系从句理解的实验都证明,中心名词的生命度影响关系从句的理解。[1][2][3][4][5] 如,当宾语提取关系从句(DO)的中心名词为无生名词且施事为有生名词时,它们的理解难度与主语提取关系从句(SU)没有显著差异。预示着在语篇中心名词为有生名词的 SU 关系从句与中心名词为无生名词的 DO 关系从句分布频度更高,这一点也得到德语与荷兰语新闻语篇语料库的验证。[6] 部分研究虽在理论基础上有分歧,但结果依然支持基于生命度的提取顺序。[7] 即,有生中心名词条件下更倾向于生成主语提取关系从句,无生中心名词条件下更倾向于生成宾语提取关系从句。

福克斯(Fox)和汤普森(Thompson)[8] 通过口语语料库的发现也证实了这一点。当中心词为无生名词且做主语时,其后的关系从句倾向于为宾语提取关系从句,而在宾语条件下没有这种倾向。虽然该研究的侧重点是信息流中关系从句的定位功能,但解释角度是

---

[1] Traxler, M., Morris, R. & Seely, R., "Processing subject and object relative clauses: Evidence from eye movements", *Journal of Memory and Language*, Vol. 47, 2002, pp. 69–90.

[2] Weckerly, J., & Kutas, M., "An electrophysiological analysis of animacy effects in the processing of object relative sentences", *Psychophysiology*, Vol. 26, 1999, pp. 559–570.

[3] Wu, F., *Factors Affecting Relative Clause Processing in Mandarin*, PhD Dissertation. University of Southern California, Los Angeles, CA, USA, 2009.

[4] Wu, F., Kaiser, E., & Anderson, E., "Animacy effects in Chinese relative clause processing", *Language and Cognitive Processes*, iFirst, 2011, pp. 1–36.

[5] He, W. & Chen, B., "The role of animacy in Chinese relative clause processing", *Acta Psychologica*, Vol. 144, 2013, pp. 145–153.

[6] Mak, W. M., Vonk, W., & Schriefers, H., "The influence of animacy on relative clause processing", *Journal of Memory and Language*, Vol. 47, No. 1, 2002, pp. 50–68.

[7] Vasishth, S., Chen, Z., Li, Q., & Guo, Guei-lan., "Processing Chinese relative clauses: Evidence for the subject-relative advantage", *PLoS One*, Vol. 8, No. 10, 2013 e77006.

[8] Fox, B. A., & Thompson, S. A., "A discourse explanation of the grammar of relative clauses in English conversation", *Language*, Vol. 66, No. 2, 1990, pp. 297–316.

实时加工。即，当中心名词为无生实体时，定位功能会明确把它与语篇中的已知实体（通常为人称指示）联系起来，而人称指示词一般做主语，从而形成 SO 类的关系从句，这一结果与基于生命度的提取顺序不谋而合。

关系从句习得的研究也佐证了生命度与关系从句的相关性。许多研究都显示，学习者习得各类关系从句的难易程度和先后顺序与基于生命度的提取顺序基本一致，主语关系从句在各类关系从句中最容易习得，产出最多，出错最少。[1][2][3][4][5][6][7][8][9][10][11][12][13][14]

通过语料库研究汉语关系从句分布情况的文献不是很多，但结

---

[1] Gass, S., "Language transfer and universal grammatical relations", *Language Learning*, Vol. 29, 1979, pp. 327-344.

[2] Tavakolian, S., "The conjoined clause analysis of relative clauses", In S. Tavakolian (ed.), *Language Acquisition and Linguistic Theory*, Cambridge: MIT Press, 1981, pp. 167-187.

[3] Pavesi, M., "Markedness, discoursal modes, and relative clause formation in a formal and an informal context", *Studies in Second Language Acquisition*, Vol. 8, 1986, pp. 38-55.

[4] Doughty, C., "Second language instruction does make a difference: Evidence from an empirical study of SL relativization", *Studies in Second Language Acquisition*, Vol. 13, 1991, pp. 431-469.

[5] Wolfe-Quintero, K., "Learnability and the acquisition of extraction in relative clauses and wh-questions", *Studies in Second Language Acquisition*, Vol. 14, 1992, pp. 39-70.

[6] Aarts, F., & Schils, E., "Relative clauses, the accessibility hierarchy and the contrastive analysis hypothesis", *IRAL-International Review of Applied Linguistics in Language Teaching*, Vol. 33, No. 1, 1995, pp. 47-70.

[7] Bates, E., Devescovi, A., & DpAmico, S., "Processing complex sentences: A cross-linguistic study", *Language and Cognitive Processes*, Vol. 14, 1999, pp. 69-123.

[8] Izumi, S., "Processing difficulty in comprehension and production of relative clauses by learners of English as a second language", *Language Learning*, Vol. 53, 2003, 285-323.

[9] Diessel, H., & Tomasello, M., "A new look at the acquisition of relative clauses", *Language*, Vol. 81, 2005, pp. 882-906.

[10] 陈月红：《中国人学英语为什么回避使用关系从句》，《福建外语》1999 年第 1 期，第 49—55 页。

[11] 肖云南、吕杰：《中国学生对英语关系从句习得的实证研究》，《外语教学与研究》2005 年第 4 期，第 259—264 页。

[12] 李金满、王同顺：《当可及性遇到生命性：中国学习者英语关系从句使用行为研究》，《外语教学与研究》2007 年第 3 期，第 198—205 页。

[13] 汤春晓、许家金：《中国高中生英语关系从句习得顺序研究》，《外语教学与研究》2011 年第 1 期，第 96—108 页。

[14] 贾光茂：《涌现论视角下英语关系从句的习得》，《现代外语》2014 年第 1 期，第 85—95 页。

果比较一致,即 SU 关系从句多于 DO 关系从句。[1][2][3][4][5] 吴芙芸[6]对此做了较为全面的总结:

> Hsiao(2003)从宾州大学的 Chinese Treebank 3.0 语料库里提取了 882 个关系从句,其中主语关系从句占 57.5%,而宾语关系从句占 42.5%;Kuo & Vasishth(2006)对台湾 Sinica Corpus 3.0 语料库中的 164 个关系从句进行了分析,结果也显示主语关系从句(占 72.1%)比宾语关系从句(占 27.9%)出现得更频繁。除了这两项新闻语料研究之外。Pu(2007)创建了一个由四篇短篇小说和口语描述短片组成的语篇语料库,并从中确定了 271 个关系从句,其中主语关系从句占 74%,宾语关系从句占 26%,再次显示了自然语言生成时对主语关系从句的偏好。此外,唐正大(2007)对《骆驼祥子》、《四世同堂》、《过把瘾就死》、《京语会话》和叶永烈 35 种传记散文等书面真实语料的考察,也显示在总计为 398 个关系从句中,主语关系从句(321 个,占 81%)多于宾语关系从句(77 个,占 19%)。

此外,李金满和王同顺[7]统计分析了两个中国学习者语料库中的部分语料,并通过补全句子测试和合并句子测试两种手段考察了一组大学生对英语关系从句的使用情况,发现可及性和生命性都在

---

[1] Hsiao, F., *The Syntax and Processing of Relative Clauses in Mandarin Chinese*, The PhD dissertation of Department of Linguistics, MIT, Cambridge, MA, 2003.

[2] Kuo, K., & Vasishth, S., *Processing Relative Clauses: Evidence from Chinese*, Unpublished manuscript, University of Potsdam, 2006.

[3] Pu, Ming-Ming., "The distribution of relative clauses in Chinese discourse", *Discourse Process*, Vol. 43, No. 1, 2007, pp. 25-53.

[4] 唐正大:《关系化对象与关系从句的位置——基于真实语料和类型分析》,《当代语言学》2007 年第 2 期,第 139—150 页。

[5] Wu, F., Kaiser, E., & Anderson, E., "Animacy effects in Chinese relative clause processing", *Language and Cognitive Processes*, iFirst, 2011, pp. 1-36.

[6] 吴芙芸:《基于经验还是基于工作记忆?——来自汉语新闻语料库中关系从句生命度格局的证据》,《语言科学》2011 年第 4 期,第 396—407 页。

[7] 李金满、王同顺:《当可及性遇到生命性:中国学习者英语关系从句使用行为研究》,《外语教学与研究》2007 年第 3 期,第 198—205 页。

一定程度上影响学习者对不同类型关系从句的使用。从整体看，可及性的作用明显，主语关系从句比宾语关系从句使用更频繁，正确率更高；可当先行语为无生命名词时，主、宾语关系从句的使用差异会大幅度减小；而当从句内名词同时为有生实体时，宾语关系从句的使用则会超过主语关系从句。与此类似，吴芙芸、凯泽、安德森①也发现了中心名词与关系从句间的相关性。

利用语料库验证生命度与关系从句生成关系较为深入的如吴芙芸②，其研究利用宾夕法尼亚大学建立的大型新闻语料库 Chinese Treebank Corpus 5.0 第三期语料中的前 1000 篇，从中提取了 1209 个间隙性的关系从句（gapped relatives），根据中心名词在主句中的语法位置、在从句中的语法位置、从句动词的类型、中心名词的生命度及从句内名词的生命度予以标注，从中选出 331 个动词为二价动词的主语和宾语关系从句，对不同类型关系从句出现的频率以及从句内两个名词所构成的生命度格局的分布态势予以分析。分析发现，主语提取的关系从句比宾语提取的关系从句出现的频度更高。而且，双有生格局在真实语料中的实际分布比较罕见，分布最广的是由有生主语和无生宾语构成的对比生命度格局。其结果支持基于经验的理论，即，句子加工难度主要取决于理解者先前的语言经验，如对词语或结构的熟悉程度。这一点实际上与本书第二章将要介绍的生成—分布—理解观一致。

另一个较细致的研究为李金满、吴芙芸③，他们利用"HSK 动态作文语料库"中的部分数据，从中提取所需的关系从句，然后按照可及性、嵌入性和生命度予以标注。统计结果显示，在 308 个关系从句中，无生中心名词句共 182 个，占 59.09%，有生中心名词句共 126 个，占 40.91%，汉语二语学习者倾向于使用关系从句来修饰无生命名词

---

① Wu, F., Kaiser, E., & Anderson, E., "Animacy effects in Chinese relative clause processing", *Language and Cognitive Processes*, iFirst, 2011, pp. 1-36.
② 吴芙芸：《基于经验还是基于工作记忆？——来自汉语新闻语料库中关系从句生命度格局的证据》，《语言科学》2011 年第 4 期，第 396—407 页。
③ 李金满、吴芙芸：《类型学概括与二语学习者汉语关系从句产出研究》，《外语教学与研究》2013 年第 1 期，第 80—92 页。

(p=.002)。其中，有生中心名词条件下，主语提取关系从句共109个，占86.51%；无生中心名词条件下，宾语提取关系从句有102个，占56.04%。这一结果再次证明生命度在生成关系从句类型中的作用。

主动式和被动式关系从句在英语中都很普遍，但它们的生成频度因中心名词生命度的功能而不同。[①②] 一般而言，当中心名词的生命度为有生条件时，生成的被动结构更多一些；而当中心名词为无生条件时，生成的主动结构更多一些。因为有生中心名词更倾向于成为从句主语，当其语义角色为受事时，生成被动式的可能性增大；无生中心名词更容易获得宾语位置，因而主动式更普遍。换言之，生命度高的中心名词更容易被提取而关系化为主语，生命度低的中心名词更倾向于关系化为宾语。

上述研究分别从关系从句生成、理解和习得等不同视角探讨生命度在关系从句中的作用，无论是基于实验的，还是基于语料的研究，都发现中心名词的生命度在关系从句类型的选择中发挥一定的作用。当然，生命度不是唯一起作用的因素，还有其他因素需要纳入研究视野，比如名词短语概念相似性的形成的竞争、语境、语义角色等。例如，费雷拉（Ferreira）[③] 针对动词类型和生命度对句子语态的影响说明，相较于普通动词（施事—客事或感事—客事，如avoided），语义结构为客事—感事（如challenged）时，被动结构出现的频度更高；两个名词在无生—有生条件下，被动式频度更高。即，说话人倾向把更凸显的语义角色置于主语位置。

二 名词短语概念相似性与关系从句生成

在生成句子时，有多种因素共同发生作用。其中一个机制是句中概念相似的名词的共现，会形成竞争关系，这种竞争会影响句子

[①] Gennari, S. P., & MacDonald, M. C., "Linking production and comprehension processes: The case of relative clauses", *Cognition*, Vol. 111, No. 1, 2009, pp. 1-23.

[②] Roland, D., Dick, F., & Elman, J. L., "Frequency of basic English grammatical structures: A corpus analysis", *Journal of Memory and Language*, Vol. 57, No. 3, 2007, pp. 348-379.

[③] Ferreira, F., "Choice of passive voice is affected by verb type and animacy", *Journal of Memory and Language*, Vol. 33, 1994, pp. 715-736.

的最终形式。①②③④⑤

麦克维尼(MacWhinney)⑥⑦⑧⑨⑩⑪⑫及贝茨(Bates)、麦克维尼⑬⑭⑮对竞争做了深入研究并逐步提出、构建了竞争模型,其侧重

---

① Ferreira, V. S., & Firato, C. E., "Proactive interference effects on sentence production", *Psychonomic Bulletin & Review*, Vol. 9, No. 4, 2002, pp. 795–800.

② Fukumura, K., van Gompel, R. P. G., Harley, T., & Pickering, M. J., "How does similarity-based interference affect the choice of referring expression?", *Journal of Memory and Language*, Vol. 65, No. 3, 2011, pp. 331–344.

③ Meyer, A. S., "Lexical access in phrase and sentence production: Results from picture-word interference experiments", *Journal of Memory and Language*, Vol. 35, No. 4, 1996, pp. 477–496.

④ Smith, M., & Wheeldon, L., "High level processing scope in spoken sentence production", *Cognition*, Vol. 73, No. 3, 1999, pp. 205–246.

⑤ Smith, M., & Wheeldon, L., "Horizontal information flow in spoken sentence production", *Journal of Experimental Psychology: Learning, Memory, and Cognition*, Vol. 30, No. 3, 2004, pp. 675–686.

⑥ MacWhinney, B., "The competition model", In B. MacWhinney (Ed.), *Mechanisms of Language Acquisition*, New Jersey: Erlbaum, 1987, pp. 249–308.

⑦ MacWhinney, B., "Competition and teachability", In R. Schiefelbusch & M, Rice (Eds.), *The Teachability of Language*, New York: Cambridge University Press, 1988, pp. 63–104.

⑧ MacWhinney, B., "Competition and lexical categorization", In R. Corrigan, F. Eckman, & M. Noonan (Eds.), *Linguistic Categorization*, New York: Benjamins, 1989, pp. 195–242.

⑨ MacWhinney, B., "Second language acquisition and the competition model", In A. M. B. de Groot & J. E. Kroll (Eds.), *Tutorials in Bilingualism: Psycholinguistic Perspectives*, Mahwah, NJ: Lawrence Erlbaum and Associates, 1997, pp. 113–44.

⑩ MacWhinney, B., "The competition model: the input, the context, and the brain", In P. Robinson, (Ed.), *Cognition and Second Language Instruction*, Cambridge: Cambridge University Press, 2001, pp. 69–90.

⑪ MacWhinney, B., "Extending the competition model", In R. R. Heredia & J. Altarriba (Eds.), *Bilingual Sentence Processing*, New York: Elsevier, 2002, pp. 31–57.

⑫ MacWhinney, B., "A Unified Model", In P. Robinson & N. C. Ellis (Eds.), *Handbook of cognitive linguistics and second language acquisition*, NY: Routledge, 2008, pp. 341–372.

⑬ Bates, E., & MacWhinney, B., "Functionalist approaches to grammar", In E. Wanner & L. Gleitman (Eds.), *Language Acquisition: The State of the Art*, New York: Cambridge University Press, 1982, pp. 173–218.

⑭ Bates, E., & MacWhinney, B., "Competition, variation, and language learning", In B. MacWhinney (Ed.), *Mechanisms of language acquisition*, New Jersey: Erlbaum, 1987, pp. 157–193.

⑮ Bates, E., & MacWhinney, B., "Functionalism and the competition model", In B. MacWhinney & E. Bates (Eds.), *The Crosslinguistic Study of Sentence Processing*, New York: Cambridge University Press, 1989, pp. 3–73.

点在于语言理解、生成和习得时,形式和功能间投射的跨语言变异。该模型的根本理念是:语言加工系统的结构有七个核心概念——形式和功能二层结构及层级间的直接投射、竞争、线索效度、线索竞争力、形式和功能间的协调、线索代价及预测。其中的核心概念为竞争线索,即不同的信息源(即线索)通过整合、竞争来决定句子加工的结果,语言间不同的加工结果取决于线索的相对竞争力,这种竞争力的权重构成基本竞争模型,该模型存在跨语言差异。这一模型本质上是基于词汇功能主义的,认为语言加工是形式—功能投射的互动过程,受到句子的词项间的相互竞争与协调的调控。[1] 就感知而言,大脑中经常激活很多概念,但被选择的只是其中的一少部分,这一部分是最匹配刺激源的结构。一个概念越匹配其余概念,越容易在竞争中胜出,语言加工中的词汇项竞争也一样,[2] 其中,名词词汇语义信息的代表线索为生命性[3]。

谢尔斯特拉特(Schelstraete)和德格朗(Degand)[4] 在竞争模型下进行了三项实验,以考察语言学的理论成果如何能帮助揭示自然语言理解过程。实验涉及法语的三种关系从句:主语提取关系从句和两种宾语提取关系从句。实验采用的竞争线索为语序、生命度对比、一致标记和定指性。在关系从句与主句的关系上,实验还考虑了记忆负荷和视点保持。研究发现在法语中起作用的线索为生命度,定指性和一致性。生命度指向施事,定指性仅在理解过程中起作用,而一致性的作用只局限于关系从句的动词。特别值得注意的是,生命度的作用在与其他线索竞争时更多指向施事,既隐含了竞争,也涉及提取顺序。

---

[1] Year, J., "Sentence processing within the Competition Model", *TESOL & Applied Linguistics*, Vol. 3, No. 1, 2003, pp. 1-27.

[2] Ghaeni, F., & Haghani, M., "The competition model: From language processing to pedagogical implications", *Journal of Language and Culture*, Vol. 2, No. 11, 2011, pp. 194-200.

[3] 蔡振光、董燕萍:《竞争模型中的语义线索:纯生命性》,《外国语》2007年第2期,第45—52页。

[4] Schelstraete, M., & Degand, L., "Assignment of grammatical functions in French relative clauses", *Language Sciences*, Vol. 20, 1998, pp. 163-188.

史密斯和惠尔登[1][2]的图片—单词干扰实验表明,语义相关的名词会产生干扰,不论它们在句子的同一短语中还是在不同短语中。该发现推翻了多重词汇可及性的严格序列模式,证明在句子生成中,存在词汇间的语义信息流。即在语句计划阶段,提取多个名词时的时间重合会导致这些词汇之间产生干扰或竞争。比如从句 the dog that is next to the kite,如果在话语开始前就已激活了 kite,会缩短启动时间。换言之,关系从句中第二个名词的某些加工在话语开始前就已经发生。而若在话语启动前,仅第一个名词被激活,则第二个名词的前激活不会对启动时间产生任何影响。这一结果也与其他图片—词汇干扰效应研究结果一致。[3][4][5][6]

基于相似性的名词短语竞争的作用研究也见诸多种语言行为,包括命名生成,理解及语言工作记忆。其中,对生成调节指称表达(如代词对应限定描写)的因素研究表明,需要描写的对象之间的概念相似性影响指称表达的选择。[7][8] 即,当有竞争项存在时,说话

---

[1] Smith, M., & Wheeldon, L., "High level processing scope in spoken sentence production", *Cognition*, Vol. 73, No. 3, 1999, pp. 205-246.

[2] Smith, M., & Wheeldon, L., "Horizontal information flow in spoken sentence production", *Journal of Experimental Psychology: Learning, Memory, and Cognition*, Vol. 30, No. 3, 2004, 675-686.

[3] Costa, A., Alario, F. X., & Caramazza, A., "On the categorical nature of the semantic interference effect in the picture-word interference paradigm", *Psychonomic Bulletin & Review*, Vol. 12, No. 1, 2005, pp. 125-131.

[4] Glaser, W. R., & Dungelhoff, F. J., "The time course of picture-word interference", *Journal of Experimental Psychology: Human Perception and Performance*, Vol. 10, 1984, pp. 640-654.

[5] Glaser, W. R., & Glaser, M. O., "Context effects in stroop-like word and picture processing", *Journal of Experimental Psychology: General*, Vol. 118, 1989, pp. 13-42.

[6] Schriefers, H., Meyer, A. S., & Levelt, W. J. M., "Exploring the time course of lexical access in language production: Picture-word interference studies", *Journal of Memory and Language*, Vol. 29, 1990, pp. 86-102.

[7] Arnold, J. E., & Griffin, A. M., "The effect of additional characters on choice of referring expression: Everyone counts", *Journal of Memory and Language*, Vol. 56, 2007, pp. 52-536.

[8] Fukumura, K., van Gompel, R. P. G., Harley, T., & Pickering, M. J., "How does similarity-based interference affect the choice of referring expression?", *Journal of Memory and Language*, Vol. 65, No. 3, 2011, pp. 331-344.

人倾向于避免使用本无模糊语义的代词,代之以专有名词来指称最凸显的对象,从而降低了代词的可及性。罗莎与格里芬(Arnold & Griffin)将该现象归因于话语中注意资源的竞争效应。这一结果也得到了心理注意实验的验证[1]:说话人注意力分散时,更多使用具体指称表达,较少使用代词;而当听话人注意力不集中时,说话人更多使用代词或不用指称。

费雷拉与费拉托(Ferreira & Firato)[2]认为,句子生成的信息加工观预测:记忆提取难度影响句子的形式,说话人在表述句子时会延后表达较难提取的语言材料。对此,他们的研究检验说话人是否会用从句的引导词 that,以延后提及后面的名词短语。这些名词短语有两类:一类与本句先前的三个名词短语概念相似,前摄干扰[3]较大;另一类概念不相似,前摄干扰较小。实验表明,在概念相似的名词前,说话人生成更多的 that,表明句子生成中的提取难度影响了生成句子的句法结构。

福村等人(Fukumura et al.)[4]基于线索提取模型来预测语篇实体间的相似性如何影响说话人对指称表达的选择。实验发现,当竞争名词均指称同一情境(如马)时,说话人生成的代词较少;否则,会较多重复名词短语。当情境与要描述的动作(如下马)相关时,影响更大;相关性减小时(如脱帽),影响减小。表明相似性的影响受其与说话人其他概念表征相关性的调节,且该影响与避免语义模糊无关,而受说话人内在生成倾向的限制。

---

[1] Rosa, E. C., & Arnold, J. E., "The Role of attention in choice of referring expression", In L. Carlson, C. Hoelscher, & T. F. Shipley (Eds.), *Proceedings of the 33rd Annual Conference of the the Cognitive Science Society*, Austin, TX: Cognitive Science Society, 2011.

[2] Ferreira, V. S., & Firato, C. E., "Proactive interference effects on sentence production", *Psychonomic Bulletin & Review*, Vol. 9, No. 4, 2002, pp. 795-800.

[3] 前摄干扰指先前的与记忆有关的相似概念的加工导致的记忆难度(Ferreira & Firato, 2002:795)。简言之,指之前学习过的材料对保持和回忆以后学习的材料的干扰作用。

[4] Fukumura, K., van Gompel, R. P. G., Harley, T., & Pickering, M. J., "How does similarity-based interference affect the choice of referring expression?", *Journal of Memory and Language*, Vol. 65, No. 3, 2011, pp. 331-344.

迈耶（Meyer）[1]对荷兰语主语加工的实验发现，当语音干扰项与第一个或第二个名词在语义上相关时，话语的平均初动时间（onset time）更长；而与第一个名词在音系上相关时，比不相干情形的初动时间更短。这些结果表明，目标词元和第一个目标在表达初动前就已经选定。

热纳里等（Gennari et al.）[2]的五项实验研究发现：当中心名词为有生名词时，受试生成更多的被动式关系从句；概念相似的有生名词产生竞争，会导致被动句施事省略；在限定有生名词的主动式宾语提取关系从句中，关系代词的使用频率更高。

试验目标语为英语的诸多研究也表明，主动式宾语提取关系从句几乎只与无生中心名词共现，而有生名词做中心词的关系从句倾向于采用被动式，尽管在主句中这样的被动式很少见。[3,4,5,6,7] 如果结合费雷拉[8]和热纳里等人[9]的研究结果，可以发现，基于生命度的

---

[1] Meyer, A. S., "Lexical access in phrase and sentence production: Results from picture-word interference experiments", *Journal of Memory and Language*, Vol. 35, No. 4, 1996, pp. 477–496.

[2] Gennari, S. P., Mirković, J., & MacDonald, M. C., "Animacy and competition in relative clause production: A cross-linguistic investigation", *Cognitive Psychology*, Vol. 65, 2012, pp. 141–176.

[3] Fox, B. A., & Thompson, S. A., "A discourse explanation of the grammar of relative clauses in English conversation", *Language*, Vol. 66, No. 2, 1990, pp. 297–316.

[4] Gennari, S. P., & MacDonald, M. C., "Semantic indeterminacy in object relative clauses", *Journal of Memory & Language*, Vol. 58, 2008, pp. 161–187.

[5] Gennari, S. P., & MacDonald, M. C., "Linking production and comprehension processes: The case of relative clauses", *Cognition*, Vol. 111, No. 1, 2009, pp. 1–23.

[6] Mak, W. M., Vonk, W., & Schriefers, H., "The influence of animacy on relative clause processing", *Journal of Memory and Language*, Vol. 47, No. 1, 2002, pp. 50–68.

[7] Roland, D., Dick, F., & Elman, J. L., "Frequency of basic English grammatical structures: A corpus analysis", *Journal of Memory and Language*, Vol. 57, No. 3, 2007, pp. 348–379.

[8] Ferreira, F., "Choice of passive voice is affected by verb type and animacy", *Journal of Memory and Language*, Vol. 33, 1994, pp. 715–736.

[9] Gennari, S. P., Mirković, J., & MacDonald, M. C., "Animacy and competition in relative clause production: A cross-linguistic investigation", *Cognitive Psychology*, Vol. 65, 2012, pp. 141–176.

提取顺序与基于相似性的概念竞争共同发挥作用，影响关系从句的主动—被动结构以及被动结构施事的隐现。

对汉语被动式关系从句的研究目前很少见。就主句语态尤其是被动式而言，颜力涛[①]通过对70部现当代文学作品的考察，一共发现了108个"被给顺现句"[颜文把"被+NP1+给+（NP2）+VP"这一格式称为"被给顺现句"]，几乎所有的被给顺现句中"给"后都不出现宾语。即被动句"给"后名词的省略是允许的，不省略是常态。但这里的"给"后的名词不表示施事，"被"后的施事大多存在，是因为选择的结构中"被"是必需的。更重要的是，这里没有考虑概念相似的名词短语的竞争因素。

冯文贺和姬东鸿[②]的发现是，"被"的依存性质决定它必须控制两个动词，如"小D被阿Q打哭了"，因而具有控制全句的本质，似乎不受其他因素的制约。但考虑到汉语零回指的特点，在话题链或语境充分的条件下，被后的施事可以省略。且在关系从句中，名词短语间的竞争会否导致更多被动结构，以及当中心名词与被动式关系从句的施事发生竞争时，会否导致施事省略，都需要语言事实进一步验证。

至于汉语中名词短语的竞争是否会导致关系化标记的隐现，根据刘丹青[③]的考察，汉语关系化标记除了最常见的"的"外，还有指量短语等。后者更多出现在方言中，而前者是不可省略的，所以不能与英语一样用来验证名词短语的竞争对其的影响。

总之，名词短语的竞争作用出现在生成关系从句的语态选择、施事的隐现以及关系化标记的隐现中，但其作用究竟有多大，是否与其他因素协同作用，都需要自然语言的验证。

---

① 颜力涛：《复合把字句与复合被动句中"给"后宾语的省略问题及其诱因》，《中国语文》2008年第6期，第535—543页。

② 冯文贺、姬东鸿：《"把/被"及其相关句式的依存分析》，《外国语》2011年第5期，第21—31页。

③ 刘丹青：《汉语关系从句标记类型初探》，《中国语文》2005年第1期，第3—15页。

三 关系从句的生成、分布与理解

把生成、分布与理解的互动关系纳入研究视野，是麦克唐纳[1]首先提出来的，其最完善、成熟的架构见于2013年发表于 Frontiers in Psychlogy 的文章（详见第二章第三节）。语言生成系统的属性与表达生成的具体选择有关，具体选择与提供给理解者的输入的具体分布模式有关，即理解行为是受分布模式调控的。[2] 在句子加工层面，生成中的结构选择（至少其中的一部分）是由具体的生成机制决定的，这些选择有力地塑造了该语言的分布模式，这些模式在理解者日积月累的接触中逐步被学会。选择机制中很重要的一个部分是生命度，英语说话人一般将生命度高的名词置于句子起始位置。[3][4][5][6][7] 但关系从句与主句不同，主句的主动式和被动式有不同的名词顺序，但英语关系从句的中心名词无一例外地位于从句的起始位置，不论出于语篇考虑还是具体语言的限制。关系从句生成实验表明，名词短语的生命度与动词类型制约基于可及性的生成机制，该机制制约关系从句的生成。语料库研究证实了这些机制的作用。同时，关系从句的理解研究也发现，如果句子结构中存在说话人没有产出过的名词和动词类型，该结构更难理解。特别值得注意

---

[1] MacDonald, M. C., "Distributional information in language comprehension, production, and acquisition: Three puzzles and a moral", In B. MacWhinney (Ed.), *The Emergence of Language*, Mahweh, NJ: Erlbaum, 1999, pp. 177-196.

[2] MacDonald, M. C., & Thornton, R., "When language comprehension reflects production constraints: resolving ambiguities with the help of past experience", *Memory and Cognition*, Vol. 37, 2009, pp. 1177-1186.

[3] Clark, H. H., "Some structural properties of simple active and passive sentences", *Journal of Verbal Learning & Verbal Behavior*, Vol. 4, No. 5, 1965, pp. 365-370.

[4] Bates, E., & MacWhinney, B., "Functionalist approaches to grammar", In E. Wanner & L. Gleitman (Eds.), *Language Acquisition: The State of the Art*, New York: Cambridge University Press, 1982, pp. 173-218.

[5] Bock, J. K., "Toward a cognitive psychology of syntax: Information processing contributions to sentence formulation", *Psychological Review*, Vol. 89, 1982, pp. 1-41.

[6] Bock, J. K., "An effect of the accessibility of word forms on sentence structure", *Journal of Memory and Language*, Vol. 26, 1987b, pp. 119-137.

[7] Bock, J. K., Loebell, H., & Morey, R., "From conceptual roles to structural relations: Bridging the syntactic cleft", *Psychological Review*, Vol. 99, 1992, pp. 150-171.

的是，在特定生命度格局中，特定的动词类型生成被动结构的概率可以预测主动结构的理解难度。这样，通过习得的语言结构的分布模式把理解行为与生成机制联系起来了。[1]

生成过程的限制有两个后续效应：有助于形成对语言形式理解的规律；决定语言理解的诸多方面。麦克唐纳[2]对这一点阐述得最为详尽。她分三部分完整地阐述了生成、分布与理解的相互关系。首先是第一步——生成：生成困难与改善途径。本部分概述了语言生成中的记忆和控制需要、语言生成者减轻需求压力的途径及由此形成的语序模式、句法形式和词汇—句法匹配。其次是分布规律与语言类型：涉及语言生成对语言形式的影响，综述了语言何以有某些分布形态的解释。最后是理解的结果：把生成、分布和理解相联系对句子理解提供了不同的理论框架，对经典的生成结果也有不同的解释。

该文在 *Frontiers in Psychology* 引起热烈讨论，共有 11 篇文章就此做出评论［作者分别为阿诺德（Arnold）、弗雷泽（Frazier）、费雷拉（Ferreira）、哈古尔特与迈耶（Hagoort & Meyer）、耶格（Jaeger）、拉卡（Laka）、利维与吉布森（Levy & Gibson）、皮克林与加罗德（Pickering & Garrod）、瑞姆斯卡与巴伦（Ramscar & Baaren）、塔伦豪斯（Tanenhaus）、瓦索（Wasow）］。费雷拉[3]认为，生成—分布—理解（Production-Distribution-Comprehension，简称 PDC）的广度与简洁性决定了它是富有成效的，因而可以推广至韵律和不连贯现象的研究。瓦索[4]发现 PDC 与他提出的句子生成四大原则（连续性、难度后移、间接性及利他的听众设计）高度相似。例如，"易者优先"与"难度后移"殊途同归，"连续性"与"规划再利

---

[1] Gennari, S. P., & MacDonald, M. C., "Linking production and comprehension processes: The case of relative clauses", *Cognition*, Vol. 111, No. 1, 2009, pp. 1-23.

[2] MacDonald, M. C., "How language production shapes language form and comprehension", *Frontiers in Psychology*, Vol. 4, 2013, pp. 1-16.

[3] Ferreira, V. S., "The PDC framework applied to prosody and disfluency", *Frontiers in Psychology*, Vol. 4, 2013, p. 232. doi: 10.3389/fpsyg.2013.00232.

[4] Wasow, T., "The appeal of the PDC program", *Frontiers in Psychology*, Vol. 4, 2013, p. 236. doi: 10.3389/fpsyg.2013.00236.

用"异曲同工，两者一致认为利他的听众设计在句子生成中发挥作用等。阿诺德[1]认为它对心理语言学文献有两大贡献：一是引起人们重视认知压力影响生成加工的过程；二是语言理解受语言使用者经验的影响，PDC为其证据提供了理论解释，如高频词和高频结构更容易加工。其中最浓墨重彩的论断是加工对生成的限制是语言类型不同分布模式的主要源泉，而分布继而影响理解倾向。皮克林（Pickering）和加罗德（Garrod）[2]持生成—理解合成观，即，二者不是彼此孤立的，理解也涉及生成加工，且这一点应成为PDC生成与理解的基础。这一观点强化了生成与理解的互动关系。由于理解是一种行为感知方式，听话人会模仿所听的内容解读说话人的言语意图，并据此预测随后的言语。因此，理解的容易程度取决于生成的容易程度，生成与理解的关系比PDC阐述的更直接。耶格（Jaeger）[3]主要讨论了that的功能，认为that是可选择，其功能有二：一是降低信息密度，二是在说话人表达规划时使听话人开始加工（预测）随后的内容。这两点实际与麦克唐纳提出的降低生成难度及利他的听众设计类似。利维（Levy）和吉布森（Gibson）[4]完全赞同PDC关于关系从句生成的观点：主语关系从句和宾语关系从句的相对生成频度对很多因素都很敏感，包括语言、名词短语类型、施事与受事的生命度等。而且，大量研究都表明，这些因素可以很好地预测主语关系从句和宾语关系从句的相对加工难度。塔伦豪斯[5]评价麦克唐纳的PDC时，认为PDC能够回答困扰人们已久的语言实时理解与早期语言习得的问题。听话人学会并使用的概率限制

---

[1] Arnold, J. E., "Information status relates to production, distribution and comprehension", *Frontiers in Psychology*, Vol. 4, 2013, p. 235. doi: 10.3389/fpsyg.2013.00235.

[2] Pichering, M., & Garrod, S., "How tightly are production and comprehension interwoven?", *Frontiers in Psychology*, Vol. 4, 2013, p. 238. doi: 10.3389/fpsyg.2013.00238.

[3] Jaeger, T. F., "Production preferences cannot be understood without reference to communication", *Frontiers in Psychology*, Vol. 4, 2013, p. 230. doi: 10.3389/fpsyg.2013.00230.

[4] Levy, R., & Gibson, E., "Surprisal, the PDC, and the primary locus of processing difficulty in relative clauses", *Frontiers in Psychology*, Vol. 4, 2013, p. 229. doi: 10.3389/fpsyg.2013.00229.

[5] Tanenhaus, M. K., "All P's or mixed vegetable?", *Frontiers in Psychology*, Vol. 4, 2013, p. 234. doi: 10.3389/fpsyg.2013.00234.

一定源于说话人的语言输出结果。这一结果为什么在语内、语际都有系统的模式呢？一个答案是语言给孩子们提供了学习的最大可能性；另一个是说话（或扩展至语言结构）受制于交际效率；而麦克唐纳提供了一个基于生成的答案。具体而言，是生成过程中的计划加工限制发挥了重要作用，比如记忆提取、规划及线性序列行为等。塔伦豪斯认为这一答案是令人信服的。

瓦索[1]指出，PDC 面临三大挑战：一是麦克唐纳本人列举的日语和朝鲜语的长—短结构违背了易者优先原则，而她本人的分析不能解释 SVO 语言和 SOV 语言在难—易和繁—简序列上的不同表现；二是规避双论元结构中的歧义是语言的系统选择，但这一规避在 PDC 中不能有效解释；三是很多欧洲语言对名词词类的划分（如性别），需要从理解功能角度解释，而不是生成。其实，瓦索本人的模式也面临着这些问题，尤其是难度后移策略。阿诺德[2]提出信息状态（information status）与规划难度相关，比如与在线表达不连贯[3]和表达启动时间的相关性[4]，因而对于 PDC 至关重要。实际上，信息状态（新信息 vs 旧信息；话题 vs 焦点）与 PDC 主张的凸显的语篇地位和概念熟悉度殊途同归，其在句法操作过程中的作用与 PDC 降低生成难度的"易者优先"原则一致，故 PDC 能够自给自足，不需借助信息状态。拉卡[5]认为麦克唐纳的论述框架很充分，同时有两个值得讨论的问题。一是语言的外化（即生成）需要是否能充分说明语言形式，是否有其他因素参与对语言形式的调节。易

---

[1] Wasow, T., "The appeal of the PDC program", *Frontiers in Psychology*, Vol. 4, 2013, p. 236. doi: 10.3389/fpsyg.2013.00236.

[2] Arnold, J. E., "Information status relates to production, distribution and comprehension", *Frontiers in Psychology*, Vol. 4, 2013, p. 235. doi: 10.3389/fpsyg.2013.00235.

[3] Arnold, J. E., & Tanenhaus, M. K., "Disfluency effects in comprehension: how new information can become accessible", In Gibson E. & N. Perlmutter (Eds.), *The Processing and Acquisition of Reference*, Cambridge: MIT Press, 2011, pp 197–217.

[4] Kahn, J., & Arnold, J. E., "Aprocessing-centered look at the contribution of givenness to durational reduction", *Journal of Memory and Language*, Vol. 67, 2012, pp. 311–325.

[5] Laka, I., "On language production principles and the form of language: a más cómo, menos por qué", *Frontiers in Psychology*, Vol. 4, 2013. p. 231, doi: 10.3389/fpsyg.2013.00231.

者优先原则中的"易者"千人千解，其充分性存疑，比如存在句中 there 一定先于有可能更可及的名词。二是规划再利用原则预测说话人会频繁使用存在结构，这一点与易者优先原则相矛盾。耶格[1]也不赞同麦克唐纳把"生成容易度"作为生成倾向及影响语言分布模式的主导因素的观点，而认为不参照交际，就不可能理解生成倾向与语言形式的关系，因为交际倾向通过学习和对以往语言体验的概括影响生成倾向。人们说话最常见的原因是为了传递信息，这一倾向往往与生成容易度产生竞争，要在二者间寻得平衡，需要最大化信息传递率。但他本人也承认，信息传递与反馈对生成的影响究竟有多大，目前还没有明确的结论。瑞姆斯卡（Ramscar）和巴伦[2]则基于学习理论和信息理论，认为生成与理解的力量是同质的。学习过程导致学习者准确习得可预测的、区别性的语码，这些语码是信息理论为人工系统量身定做的，而人工交际过程本身强调学习；学习的区别性特征使得习得一种语言后，也掌握了语言形式如何区别说话人与听话人共享的丰富经验与目标；学习还能获得语言最佳预测语码的分布结构；学习的本质在童年是变化的，以适应习得普遍的预测性语码的需要。语言分布需要最优化以利于生成，但最优化的程度受听话人容忍程度的制约。此次讨论提出质疑最多的是弗雷泽[3]，他认为 PDC 还需要澄清以下问题：输入中语言分布模式的发现方式，其概括程度如何，存储程度，使用方式，统计数据的范围和目标，以及是否是统计数据本身指导了理解的预期，而不需了解生成系统如何运作。此外，降低难度三途径各自在某些情况下可能不适用等。也就是说，根据语言生成的特点，PDC 的原则、操作方式及表征都缺乏充分界定；从分布角度讲，也有点语焉不详，且内

---

[1] Jaeger, T. F., "Production preferences cannot be understood without reference to communication", *Frontiers in Psychology*, Vol. 4, 2013, p. 230, doi: 10.3389/fpsyg.2013.00230.

[2] Ramscar, M., & Baayen, H., "Production, comprehension and synthesis: a communicative perspective on language", *Frontiers in Psychology*, Vol. 4, 2013, p. 233, doi: 10.3389/fpsyg.2013.00233.

[3] Frazier, L., "Say what you please? Really?", *Frontiers in Psychology*, Vol. 4, 2013, p. 237. doi: 10.3389/fpsyg.2013.00237.

在机制也未清楚表述。利维与吉布森①认为 PDC 所倡导的内容实际上早有理论阐述过——即黑尔（Hale）②提出的惊异理论（surprisal）。该理论由利维③详细阐述如下：听话人利用从以往的语言经验中获得的详细的概率知识构筑预测，对输入中碰到的内容进行结构解读，并预测随后的输入。这些预期直接决定加工难度并引导解读偏好。该理论应用于诸多语言现象，也得到充分验证。惊异理论相对于 PDC 的优势是：它把输入中业已存在的结构歧义的概率解决法与对未来输入预测的形成统一了起来，而 PDC 未清楚表明在相应的概念上有什么进步。哈古尔特（Hagoort）和迈耶④发现麦克唐纳在 PDC 中提出的主导思想——语言的分布属性和理解中的加工倾向在很大程度上归因于语言生成的加工——源自齐普夫（Zipf）⑤等人⑥的最小努力（省力）原则。最小努力原则是说话人和听话人双方最小努力相互妥协的结果，而 PDC 把主要责任交由生成过程。简而言之，PDC 有两大缺点：一是把人类语言的使用者刻画为可以处在"纯粹生成"状态的人，而说话人实际上兼有说话人和听话人两重身份，彼此无法割裂；二是 PDC 主要建立在单句生成的基础上，这在日常语言使用中是很难发生的。这个评论有失偏颇，因为 PDC 并未把说话人与听话人完全分开，它清楚表明，在语言生成的计划阶段，需要计算生成难度，其中制定计划、检测计划执行、继续制定

---

① Levy, R., & Gibson, E., "Surprisal, the PDC, and the primary locus of processing difficulty in relative clauses", *Frontiers in Psychology*, Vol. 4, 2013, p. 229. doi: 10.3389/fpsyg.2013.00229.

② Hale, J., "A probabilistic Earley parser as a psycholinguistic model", In *Proceedings of the Second Meeting of the North American Chapter of the Association for Computational Linguistics* (Pittsburgh, PA), 2001, pp. 159-166.

③ Levy, R., "Expectation-based syntactic comprehension", *Cognition*, Vol. 106, 2008, pp. 1126-1177.

④ Hagoort, P., & Meyer, A., "What belongs to gether goes together: the speaker-hearer-per-spective. A commentary on MacDonald's PDC account", *Frontiers in Psychology*, Vol. 4, 2013, p. 228. doi: 10.3389/fpsyg.2013.00228.

⑤ Zipf, G. K., *Human Behavior and the Principle of Least Effort*, Cambridge, MA: Addison-Wesley Press, 1949.

⑥ Levelt, W. J. M., "A History of Psycholinguistics", *The Pre-Chomskyan Era*, Oxford: Oxford UniversityPress, 2013.

计划是同时进行的，"检测计划执行"实际上就把听话人的加工过程表述得很清楚了。至于哈古尔特和迈耶提出的生成与理解紧密相连，彼此难以分割，皮克林和加罗德表述得更坚定。塔伦豪斯[①]对 PDC 的质疑主要有三点。第一，说话比理解难得多吗？塔伦豪斯认为不一定。第二，语境与自然任务研究表明，语境提供的信息甚至超过以前的语言经验积累而成的对于语言分布模式的预测。第三，说话人为了避免干扰语言计划，可能不考虑听话人的需要。对此，塔伦豪斯也持怀疑态度。但他也承认，没有明确证据否定这一点。

对于以上质疑，麦克唐纳[②]主要从生成、分布与理解三方面做出回应。如果说生成并不比理解难度更大这一论断成立的话，那也是 PDC 减少难度三途径协同作用的结果；生成与理解的确共享加工与表征，难以区分，但二者的任务毫无疑问是不同的，PDC 阐述的重点首先是生成加工时减轻对线性序列成分进行规划的难度。交际目标很重要，但与 PDC 不一致。生成相对于理解的难度体现在以下几个方面：生成的习得落后于理解；大脑受伤或得病后影响更大；比理解的运动要求更高；比辨认需要更多的记忆提取；比理解的联系更少，因为我们感知的总比产出的多得多。孤立地看待生成策略是错误的，需要看它们的互动。

至于分布，语言加工与语法化的关系不存在，故 PDC 不讨论判断某一表达是否合乎语法，以及对语言类型的影响。名词词类及其一致性有利于听话人，更有利于说话人，可以帮助检测生成进展。

从理解角度看，学习的作用至关重要。学习分布模式有助于理解，分布不频繁的例子（比如在不需要 that 的地方使用了 that）可以帮助理解，因为 that 有助于消歧。部分文章（如利维和吉布森）误解了 PDC，所以得出了错误的论断。PDC 以及他们早先的 SRN

---

① Tanenhous, M. K., "All P's or mixed vegetable?", *Frontiers in Psychology*, Vol. 4, 2013, p. 234. doi: 10.3389/fpsyg.2013.00234.

② MacDonald, M. C., "Production is at the left edge of the PDC but still central: response to commentaries", *Frontiers in Psychology*, Vol. 4, 2013, p. 227. doi: 10.3389/fpsyg. 2013.00227.

(simple recurrent network)并非借自惊异理论,后者源自对语料库实例的归纳,不涉及学习和对词汇、结构相似性的概括。而 SRN 强调学习和对普通主句以及罕见从句的概括。无论如何,这些评论都承认 PDC 的核心观点。

尽管视角不同,但实际上,上述三个维度的研究可以相互补充。基于生命度的提取顺序研究侧重名词生命度对句子结构的决定作用,而基于概念相似性的竞争强调竞争在句子结构中的作用。其实这两种视角是兼容的,只是在名词的生命度等级划分方面存在粗细之分,没有根本的理念分野。而把生成、分布和理解整合起来后,其主要贡献是把生成、分布和理解的互动关系联系起来,全面完整地解释语言不同阶段的相互影响。由于生成阶段的困难牵涉多重名词短语条件下的竞争与前摄干扰,该研究实际与名词概念相似性的研究相接轨,并拓展到分布与理解中。因此,有必要把三种研究的理念整合成为一个更完整的理论框架,为考察关系从句生成的诸多方面提供理论支持。

第四节 研究的目的和意义

思想转换成语言时,受制于多种因素。了解这些因素的具体作用以及相互影响,有助于进一步接近语言事实,探究语言生成的本质。这些因素中,除了广受关注的名词短语的生命度外,还有名词的概念竞争,以及语言生成与分布、理解的互动关系。

一般而言,概念可及性高的词更容易进入语言生成规划,比如生命度高的词在英语中经常与主语位置对应,从而影响句子结构的选择:主动 vs 被动,双宾语 vs 介词表达与格,进而影响句法功能和语序。而概念相似度高的名词短语形成竞争关系,也会影响句子结构的语态、被动句施事的省略等。同时,这些作用会导致语言结构或形式的分布模式,这些模式反过来影响对语言的理解。

上述理念在简单句中的研究已经有了较大的进展,在复合句中的情况又如何呢?关系从句为此提供了一个极佳的研究领域,从中可以考察说话人如何整合表达选择。理由如下：

（1）关系从句的中心名词，由于语言特有的限制，总是处于固定位置，如英语前置于关系从句，汉语后置于关系从句，这样更方便考察各因素在生成关系从句不同类型和结构时的作用。

（2）主动式和被动式关系从句的生成，受制于中心名词的生命度，是否还有其他制约因素？哪些因素的作用更大？是否存在跨语言差异？中心名词的固定位置与关系从句的语序提供了理想的环境供研究者观察不同选择及其他的动因。

（3）一般认为，宾语关系从句比主语关系从句的理解难度大，关系从句在语言理解研究中比例非常高，进而引发了从语言生成角度予以研究的途径。由此引发的语言生成理论多由语言实验研究支持，但自然语言表现是否与实验结果一致？这一点可以通过建立自然语言数据库加以验证。

热纳里等人[1]基于实验，对英语（属日耳曼语系）、西班牙语（属罗曼语系）和塞尔维亚语（属斯拉夫语系）三者的研究结果，是否符合汉语（汉藏语系）的实际表现？因此，通过建立英汉关系从句的类比数据库，对上述问题进行考察，可以验证实验结果在自然语言中的表现，各制约因素的跨语言差异，也可以检验有关的语言生成理论的预测能力和价值，揭示概念、功能和句法位置加工界面的具体操作，在探究语言事实和检验理论解释充分性两方面均有实际意义。

此外，语义角色在关系从句生成中的作用也逐渐得到重视，[2][3]尤其在关系从句语态的选择方面。纳入这一因素有助于更全面探究关系从句生成的本质。

---

[1] Gennari, S. P., Mirković, J., & MacDonald, M. C., "Animacy and competition in relative clause production: A cross-linguistic investigation", *Cognitive Psychology*, Vol. 65, 2012, pp. 141-176.

[2] Lin, C. C., "Effect of thematic order on Chinese relatives", *Lingua*, Vol. 140, 2014, pp. 180-206.

[3] 王亚琼、冯丽萍：《汉语语义角色的关系化及关系化难度等级序列分析》，《云南师范大学学报》（对外汉语教学与研究版）2012年第5期，第6—14页。

第五节 本书概况

全书共分十章。第一章为引论，主要介绍研究背景、本书的研究问题、文献综述及研究的目的与意义。第二章对关系从句的三种生成理论——基于生命度的提取顺序观、基于相似性的竞争观以及生成—分布—理解观予以概述。第三章介绍了语料采集（包括语料来源和采集方法）、数据库建设以及分析框架。第四章通过数据分析，探讨了英语和汉语名词短语竞争与生成关系从句类型的关系，检验了热纳里等人[1]的实验结果及理论框架的解释力。第五章通过分析数据，检验名词短语竞争与生成关系从句语态的关系，找出实验结果与自然语言数据库查询结果的异同，并试图发现差异的原因。第六章探讨了名词短语竞争与被动式关系从句施事的隐现关系、跨语言差异，以及造成差异的动因。第七章试图找出名词短语竞争与关系化标记隐现的关系，以及隐现的类型。第八章旨在考察语义角色在生成关系从句类型及从句语态选择方面的作用，以及名词短语的竞争体系（尤其是生命度等级不同位置）与语义角色在上述两方面作用的异同。第九章通过翻译实例，从平行语料中对比了英汉关系从句生成的共性和差异，既作为数据库分析结论的验证，也为关系从句的英汉互译提供一定的借鉴。第十章总结了本书的主要发现及意义，指出本书的不足及以后的研究方向。

---

[1] Gennari, S. P., Mirković, J., & MacDonald, M. C., "Animacy and competition in relative clause production: A cross - linguistic investigation", *Cognitive Psychology*, Vol. 65, 2012, pp. 141-176.

第二章

句子生成观

第一章第三节"文献综述"部分提到的研究关系从句的三个视角——名词短语的生命度、名词概念的竞争以及生成、分布与理解的互动——可以概括为三种句子生成理论：基于生命度的提取顺序观，基于概念相似性的竞争观，以及生成—分布—理解观。它们的基本概要如下。

第一节 基于生命度的提取顺序观

一 语言生成是增量的

把思想转换成语言需要把非语言的概念系统要素投射到句子的句法角色上去，概念可及对句子的表层句法结构有着强烈而系统的影响。[1]

语言生成的特点是增量的，说话人的生成操作受到制约，即，生成的语言表达式必须在各方面符合要求，比如语义、句法、词汇和音系等结构，且生成过程应流畅，语速为每秒 2—3 词。[2] 这显然在计算上存在高密度信息加工问题。许多研究表明，说话人解决这

---

[1] Bock, J. K., & Warren, R. K., "Conceptual accessibility and syntactic structure in sentence formulation", *Cognition*, Vol. 21, 1985, pp. 47-67.
[2] Levelt, W. J. M., Roelofs, A., & Meyer, A. S., "A theory of lexical access in speech production", *Behavioral and Brain Sciences*, Vol. 22, 1999, pp. 1-75.

一问题的方式是增量、平行加工表达式中的不同要素。[1][2][3] 即，一旦出现信息片段，处理器立即进行加工，且一个结构的不同成分同时得到加工。这样，当输入最小信息时，说话人即开始生成表达式，而非等到表达式中所有成分全部齐备。[4]

二　提取顺序

因此，语言生成根本上受信息的相对可及性影响：易于提取的信息加工先于较难提取的信息，且前者在同等条件下加工完成得也较早。这一点接着影响了表达的最终体现形式（ibid）。这一思想来源于句法形式的信息加工理论，提倡者主要有博克（Bock）[5][6]、费雷拉[7]，及费雷拉和戴尔（Dell）[8]。其观点主要是：由于信息加工对句子生成机制产生了压力，语言的语法业已演进以允许不同句法结构表达大致相同的意义。其中压力之一来自生成句子时，该句的词项需从词汇记忆中提取，而提取是不可预测且可变的，一些词项提取迅速，另一些则较迟缓。重要的是，易于提取的词项最好先表达出来（以便为句子其他成分的提取让路），而提取缓慢的词最好较晚表达（从而为句子其他成分的生成赢得时间），这一点已得到句子生成研究的佐证，如费雷拉与费拉托[9]。其他类似的

---

[1] Ferreira, V. S., "Is it better to give than to donate? Syntactic flexibility in language production", *Journal of Memory and Language*, Vol. 35, 1996, pp. 724-755.

[2] Kempen, G., & Hoenkamp, E., "An incremental procedural grammar for sentence formulation", *Cognitive Science*, Vol. 11, 1987, pp. 201-258.

[3] Levelt, W. J. M., *Speaking: From Intention to Articulation*, Cambridge: MIT Press, 1989.

[4] Branigan, H. P., Pickering, M. J., & Tanaka, M., "Contributions of animacy to grammatical function assignment and word order during production", *Lingua*, Vol. 118, No. 2, 2008, pp. 172-189.

[5] Bock, J. K., "Toward a cognitive psychology of syntax: Information processing contributions to sentence formulation", *Psychological Review*, Vol. 89, 1982, pp. 1-41.

[6] Bock, J. K., "Coordinating words and syntax in speech plans", In A. W. Ellis. (Ed.), *Progress in the psychology of language*, London: Erlbaum, 1987, pp. 337-390.

[7] Ferreira, V. S., "Is it better to give than to donate? Syntactic flexibility in language production", *Journal of Memory and Language*, Vol. 35, 1996, pp. 724-755.

[8] Ferreira, V. S., & Dell, G. S., "Effect of ambiguity and lexical availability on syntactic and lexical production", *Cognitive Psychology*, Vol. 40, 2000, pp. 296-340.

[9] Ferreira, V. S., & Firato, C. E., "Proactive interference effects on sentence production", *Psychonomic Bulletin & Review*, Vol. 9, No. 4, 2002, pp. 795-800.

影响因素有重复[1]，音位可及性[2]，形象性[3]及生命度[4]，等等。

说话人在表达思想时，在语言结构、系统、音韵等方面有各种不同选择。为了表达的连贯，必须迅速选取其一。句子生成的研究力图解释说话人在众多选择中，如何聚合于（converge on）其中一种表达形式，因为这种选择结果能揭示内在的生成机制。[5]在表达规划阶段，有些成分先于其他成分出现，这样，对句子的其余形式产生限制作用。因此，句法结构往往不是有意选择生成系统的结果，而是词项按照可及性依次进入表达规划的结果。[6]

基于生命度的提取顺序观的代表人物为博克，他们认为：生命度决定着提取词元（lemma）和指派其功能的顺序，所以生命度高的词因其概念凸显主宰着句法选择，诸如主动式或被动式。在句子生成初期即功能加工期，首先提取到的词元与最显著的句法功能即主语功能相联系。这一阶段的发生先于句法位置信息，如语序、格标记或一致性的加工。[7][8][9][10]此外，句子的表层线性结构依提取顺序随机组成。当描述一个事件时，比如"女孩踢了男孩"，如果先

---

[1] Wheeldon L. R., & Monsell, S., "The locus of repetition priming of spoken word production", *Quarterly Journal of Experimental Psychology*, Vol. 44A, 1992, pp. 723-761.

[2] Bock, J. K., "An effect of the accessibility of word forms on sentence structure", *Journal of Memory and Language*, Vol. 26, 1987, pp. 119-137.

[3] Bock, J. K., & Warren, R. K., "Conceptual accessibility and syntactic structure in sentence formulation", *Cognition*, Vol. 21, 1985, pp. 47-67.

[4] McDonald, J. L., Bock, J. K., & Kelly, M. H., "Word and world order: Semantics, phonological, and metrical determinants of serial position", *Cognitive Psychology*, Vol. 25, 1993, pp. 188-230.

[5] Gennari, S. P., Mirković, J., & MacDonald, M. C., "Animacy and competition in relative clause production: A cross-linguistic investigation", *Cognitive Psychology*, Vol. 65, 2012, pp. 141-176.

[6] Bock, J. K., "Toward a cognitive psychology of syntax: Information processing contributions to sentence formulation", *Psychological Review*, Vol. 89, 1982, pp. 1-41.

[7] Bock, J. K., & Warren, R. K., "Conceptual accessibility and syntactic structure in sentence formulation", *Cognition*, Vol. 21, 1985, pp. 47-67.

[8] Bock, J. K., Loebell, H., & Morey, R., "From conceptual roles to structural relations: Bridging the syntactic cleft", *Psychological Review*, Vol. 99, 1992, pp. 150-171.

[9] Bock, J. K., & Levelt, W. J. M., "Language production: Grammatical encoding", In M. A. Gernsbacher (Ed.), *Handbook of Psycholinguistics*, pp. 945-984, San Diego: Academic Press, 1994.

[10] Chang, F., Dell, G. S., & Bock, K., "Becoming Syntactic", *Psychological Review*, Vol. 113, No. 2, 2006, pp. 234-272.

提取到的是"男孩",则说"男孩被女孩踢了";反之,则为"女孩踢了男孩"。

在表达规划中给某些成分首先指定位置会对句子其余的部分产生限制,因此,句法结构往往不是从生成系统中做有意的选择,而是在计划早期,词项基于生命度进入句子序列的结果。[①] 布兰尼根等(Branigan et al.)[②] 认为生命度通过与概念可及性的相关性在语言生成中施加影响(这里的概念可及指一个概念从记忆中提取的容易程度)。有生实体在概念上是高可及的,更容易提取。由于语言生成是增量的,容易提取的信息首先得到加工,故有生实体在生成的句法加工中享有特权,能影响语法功能指派和语序。

语法功能指派最典型的代表是主语。高可及概念(如生命度等级较高的概念)更易于获得主语的语法功能。一旦主语功能确立,句子结构的其余部分随之受到影响。如一个事件的参与者有 HE, SHE, A BOOK, 其语义角色[③]分别为施事[AGE],受益者[BEN],客事[THE];生命度[④]为第三人称[3RD],第三人称[3RD],无生客体[INA]。就生命度而言,HE 和 SHE 在同一等级位置,均高于 A BOOK, 故前二者更有可能获得主语语法功能。若 HE 被指派为主语,则句子生成为 He gave her a book。若 SHE 被指派为主语,则句子为 She was given a book (by him)。而 A BOOK 因其生命度低等原因(如非定指、话题性低等)被指派为主语的可能性很小,不大容易生成诸如 A book was given her (by him) 这样的句子,三者的语序和语态随之发生变化。

句法中蕴含的认知与交际特征与句子的结构特征有相关性,特别是句子的主语,即,最先表达的内容。[⑤] 表层结构中主语的指称

[①] Bock, J. K., "Coordinating words and syntax in speech plans", In A. W. Ellis. (Ed.), *Progress in the psychology of language*, London: Erlbaum, 1987a, pp. 337–390.

[②] Branigan, H. P., Pickering, M. J., & Tanaka, M., "Contributions of animacy to grammatical function assignment and word order during production", *Lingua*, Vol. 118, No. 2, 2008, pp. 172–189.

[③] 本书的语义角色划分及缩略形式详见第三章第二节第一目。

[④] 本书的生命度划分及生命度等级详见第三章第二节第二目。

[⑤] MacWhinney, B., "Starting points", *Language*, Vol. 53, 1977, pp. 152–168.

具有较高的生命度①②，较具体③，或较易想象。④ 一些成分，由于简短、出现频率高或概念上较凸显，所需的记忆提取努力较小，较容易在句子中首先表达出来，⑤⑥⑦⑧ 这一倾向在英语中表现为主语功能，因为该语言首先提到的词与句子主语显著相关。如图 2—1 所示。

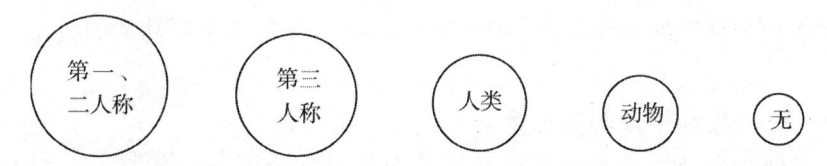

图 2—1　生命度高低与提取顺序示意图

有生命的名词，由于概念凸显，比无生名词更可及，其高可及性影响句子的语态选择和间接宾语的表达形式。⑨ 比如，英语倾向于将有生命的名词置于句子起始位置，即使它们不是施事⑩⑪，这

---

① Clark, H. H., "Some structural properties of simple active and passive sentences", *Journal of Verbal Learning & Verbal Behavior*, Vol. 4, No. 5, 1965, pp. 365-370.

② Harris, M., "Noun animacy and the passive voice: A developmental approach", *Quarterly Journal of Experimental Psychology*, Vol. 30, 1978, pp. 495-504.

③ Clark, H. H. & Begun, J. S., "The semantics of sentence subjects", *Language and Speech*, Vol. 14, 1971, pp. 34-46.

④ James, C. T., Thompson, J. G., & Baldwin, J. M., "The reconstructive process in sentence memory", *Journal of Verbal Learning and Verbal Behavior*, Vol. 12, No. 1, 1973, pp. 51-63.

⑤ Bock, J. K., "Coordinating words and syntax in speech plans", In A. W. Ellis. (Ed.), *Progress in the Psychology of Language*, London: Erlbaum, 1987a, pp. 337-390.

⑥ Bock, J. K., & Irwin, D. E., "Syntactic effects of information availability in sentence production", *Journal of Verbal Learning and Verbal Behavior*, Vol. 19, 1980, pp. 467-484.

⑦ Bock, J. K., & Warren, R. K., "Conceptual accessibility and syntactic structure in sentence formulation", *Cognition*, Vol. 21, 1985, pp. 47-67.

⑧ McDonald, J. L., Bock, J. K., & Kelly, M. H., "Word and world order: Semantics, phonological, and metrical determinants of serial position", *Cognitive Psychology*, Vol. 25, 1993, pp. 188-230.

⑨ Ibid..

⑩ Bock, J. K., Loebell, H., & Morey, R., "From conceptual roles to structural relations: Bridging the syntactic cleft", *Psychological Review*, Vol. 99, 1992, pp. 150-171.

⑪ Clark, H. H., "Some structural properties of simple active and passive sentences", *Journal of Verbal Learning & Verbal Behavior*, Vol. 4, No. 5, 1965, pp. 365-370.

样，会导致被动句的形成。而在其他语言中，生命度也会影响语序。[1][2][3][4]

一般认为，功能加工是增量的，包含在其他过程中，除了首先提取到的成分，词元和功能在句子生成早期没有运作，因而在随后的位置加工中不起作用，直到新的词元提取。由此，提取顺序观预测：先提取到的名词的生命度独立决定结构选择，尤其是主语功能的指派。

三 概念可及与生命度

概念可及指的是某一潜在指称能从记忆中激活或提取的容易程度。它与感知和概念表征的特征密切相关，高可及概念是那些在某种意义上最易"想到"（the most thinkable）的概念，它们的心理表征习得最早，在知识的表征中最丰富、最详细。这意味着概念可及性的连续体是语法关系等级[5]的基础，等级较高的语法关系由概念可及性较高的名词短语实现。[6] 概念可及与凸显类似。[7]

凯尔（Keil）[8]对本体知识的研究发现，如果用树形结构描述知

---

[1] Branigan, H. P., Pickering, M. J., & Tanaka, M., "Contributions of animacy to grammatical function assignment and word order during production", *Lingua*, Vol. 118, No. 2, 2008, pp. 172-189.

[2] Prat-Sala, M., & Branigan, H. P., "Discourse constraints on syntactic processing in language production: A cross-linguistic study in English and Spanish", *Journal of Memory and Language*, Vol. 42, No. 2, 2000, pp. 168-182.

[3] Tanaka, M., Branigan, H. P., McLean, J. F., & Pickering, M. J., "Conceptual influences on word order and voice in sentence production: Evidence from Japanese", *Journal of Memory and Language*, Vol. 65, No. 3, 2011, pp. 318-330.

[4] Yamashita, H., & Chang, F., "'Long before short' preference in the production of a head-final language", *Cognition*, Vol. 81, 2001, pp. B45-B55.

[5] 此处语法关系等级指 Keenan & Comrie（1977）的名词短语可及性等级（the noun phrase accessibility hierarchy），可及性与名词短语在具体语法角色上的关系化可能性有关，而 Bock & Warren 的可及性是认知心理学意义上的，指从记忆中提取信息的容易程度。

[6] Bock, J. K., & Warren, R. K., "Conceptual accessibility and syntactic structure in sentence formulation", *Cognition*, Vol. 21, 1985, pp. 47-67.

[7] Osgood, C. E., & Bock, J. K., "Salience and sentencing: Some production principles", In S. Rosenberg (Ed.), *Sentence Production: Developments in Research and Theory*, Hillsdale, NJ: Erlbaum, 1977, pp. 89-140.

[8] Keil, F. C., *Semantic and Conceptual Development: An Ontological Perspective*, Cambridge, MA: Harvard University Press, 1979.

识类型的话，大致有两类等级①：

人类/动物 > 植物 > 无生物体 > 液体 > 抽象物体 > 事件
人类/动物 > 植物 > 无生物体 > 液体 > 事件 > 抽象物体；或
动物/植物 > 无生物体 > 液体 > 抽象物体 > 事件
动物/植物 > 无生物体 > 液体 > 事件 > 抽象物体。

即，在知识增长过程中，客观物体范畴的知识先于抽象物体和事件，且前者更丰富，可及性更高。

概念可及不同于词汇可及，虽然后者也可以影响句子结构。② 词汇可及指词汇形式表征在记忆中提取的容易程度。③ 二者紧密相关，前者一般由后者表征，但各自独立，因为一个词可能想不起来，但该词表征的物体却能想到，④ 因此形象性是概念可及的本质特征。

佩维奥等人（Paivio et al.）⑤（1968）以形象性为指标对925个名词的概念可及性进行评分。这些词是从桑代克词频表中选出的，由272个高频词、295个中频词和358个低频词组成。评分结果显示，在具体性、形象性和意义三项指标中，形象性与具体性的相关系数为0.83，形象性与意义为0.72，均为显著相关。这一结果符合凯尔的本体知识等级，也与博克（Bock）和沃伦（Warren）的定义内涵一致，即，一个名词越形象具体，概念越可及，反之亦然。

生命度概念首见于黑尔⑥，其源头为格式塔心理学，反映的是谈论"目标"的重要凸显程度。其顺序为：言语行为人，人类，动

---

① 凯尔（1979：38-39）用的是树形图表示等级，本书为了与生命度等级等表达式保持一致，转写为线性等级样式。
② Bock, J. K., "Toward a cognitive psychology of syntax: Information processing contributions to sentence formulation", *Psychological Review*, Vol. 89, 1982, pp. 1-41.
③ Bock, J. K., & Warren, R. K., "Conceptual accessibility and syntactic structure in sentence formulation", *Cognition*, Vol. 21, 1985, pp. 47-67.
④ Brown, R., & McNeill, D., "The 'tip of the tongue' phenomenon", *Journal of Verbal Learning and Verbal Behavior*, Vol. 5, 1966, pp. 325-337.
⑤ Paivio, A., Yuille, J. C., & Madigan, S., "Concreteness, imagery, and meaningfulness values for 925 nouns", *Journal of Experimental Psychology*, Vol. 76, No. 1, Part 2, 1968.
⑥ Hale, K., "A note on subject-object inversion in Navajo", In B. B. Kachru (ed.), *Issues in linguistics: Papers in Honor of Henry and Renee Kahane*, Urbana etc.: University of Illinois Press, 1973, pp. 300-309.

物，植物，不连续的和具体的实体，集合，以及抽象实体。[1] 把这一概念连续体从"动物"与"植物"之间分开，就是有生—无生这一生命度最典型的模型。难怪热纳里等人[2]说：特别是有生名词，由于其概念凸显，往往比无生名词更可及。达尔（Dahl）[3] 认为生命度也属本体范畴，这一看法与凯尔对知识的看法相吻合。达尔和弗劳努德（Fraurud）[4] 则称，生命度，归根结底，是区分人的问题。即，它本质上区分了作为施事的人类与宇宙的其他部分。虽然生命度划分的精密度不同，但其核心内涵与概念可及性是统一的，被广泛用于考察和分析语言现象（参见科姆里[5]；山本（Yamamoto）[6]）。

如果比照兰盖克（Langacker）[7] 提出的视点等级体系：

说话人>听话人>人类>动物>客观物体>抽象实体（">"表示视点等级位置高于），

以及希尔弗坦斯[8]的生命度等级体系：

第一/第二人称>第三人称>专有名词/亲属称谓>人类名词短语>有生名词短语>无生名词短语（">"表示生命度高于），就可以发现三个等级异曲同工。

---

[1] Raible, W., "Language universals and language typology", In A. Burkhardt, H, Steger & H. E. Wiegand (Eds.), *Language Typology and Language Universals*, Berlin · New York: Walter de Gruyter, 2001, pp. 1–25.

[2] Gennari, S. P., Mirković, J., & MacDonald, M. C., "Animacy and competition in relative clause production: A cross-linguistic investigation", *Cognitive Psychology*, Vol. 65, 2012, pp. 141–176.

[3] Dahl, Ö., "Animacy and egophoricity: Grammar, ontology and phylogeny", *Lingua*, Vol. 118, No. 2, 2008, pp. 3141–150.

[4] Dahl, Ö., & Fraurud, K., "Animacy in grammar and discourse", In Thorstein Fretheim & Jeanette K. Gundel (Eds.), *Reference and Referent Accessibility*, Amsterdam: John Benjamins, 1996, pp. 47–64.

[5] Comrie, B., "Language Universals and Linguistic Typology", Chicago: University of Chicago Press, 1989.

[6] Yamamoto, M., *Animacy and Reference: A Cognitive Approach to Corpus Linguistics*, Vol. 46, Amsterdam/Philadelphia: John Benjamins, 1999.

[7] Langacker, R. W., *Foundations of Cognitive Grammar*, Vol. II, *Descriptive Application*, Beijing: Beijing University Press/California: Stanford University Press, 2004/1991.

[8] Silverstein, M., "Hierarchy of features and ergativity", In R. M. W. Dixon (Ed.), *Grammatical Categories in Australian Languages*, Canberra: Australian Institute of Aboriginal Studies, 1976, pp. 112–171.

即，如果视点等级从"动物"与"客观物体"之间分开，就形成了另一个精密度的生命度等级。兰盖克特别强调指出，尽管视点本身是主观的，但参与者在视点等级体系的位置绝大部分能客观地确定：实体是人、动物、客观物体、或抽象实体，是其本质属性决定的，很少有识解的误差。这与达尔与弗劳努德之于生命度的观点一脉相承。

总之，有生—无生的区分是根本性的，在一个人婴儿时期多种任务中都强劲地存在着，从很早开始就组织着儿童的经验[1]，包括语言。

第二节 基于相似性的竞争观

提取顺序观符合多数观察到的语言生成现象，但当生命度分析更为精密时，该观点则受到了一定程度的挑战。

根据希尔弗斯坦的生命度划分，有生—无生对立项可继续细化为下列等级：1 & 2 person > 3 person > proper name/kin term > human NP > animate NP > inanimate NP。如果两个名词位于相同等级位置，比如 human NP，则其概念相似性会引起（二者对语法功能的）竞争。[2][3][4][5][6] 热纳里等人[7]的实验也证明有生名词的概念相似性是不

---

[1] Gelman, S. A., & Opfer, J. E., "Development of the animate-inanimate distinction", In Goswami, U. (Ed.), *Blackwell Handbook of Childhood Cognitive Development*, Hoboken: John Wiley & Sons, 2008, pp.151-166.

[2] Costa, A., Alario, F. X., & Caramazza, A., "On the categorical nature of the semantic interference effect in the picture-word interference paradigm", *Psychonomic Bulletin & Review*, Vol.12, No.1, 2005, pp.125-131.

[3] Glaser, W. R., & Dungelhoff, F. J., "The time course of picture-word interference", *Journal of Experimental Psychology: Human Perception and Performance*, Vol.10, 1984, pp.640-654.

[4] Schriefers, H., Meyer, A. S., & Levelt, W. J. M., "Exploring the time course of lexical access in language production: Picture-word interference studies", *Journal of Memory and Language*, Vol.29, 1990, pp.86-102.

[5] Glaser, W. R., & Glaser, M. O., "Context effects in stroop-like word and picture processing", *Journal of Experimental Psychology: General*, Vol.118, 1989, pp.13-42.

[6] Smith, M., & Wheeldon, L., "Horizontal information flow in spoken sentence production", *Journal of Experimental Psychology: Learning, Memory, and Cognition*, Vol.30, No.3, 2004, pp.675-686.

[7] Gennari, S. P., Mirković, J., & MacDonald, M. C., "Animacy and competition in relative clause production: A cross-linguistic investigation", *Cognitive Psychology*, Vol.65, 2012, pp.141-176.

同的。比如成人、儿童和动物，虽然三者均属有生实体，但概念相似度不同。三者对应于生命度等级的 human NP 和 animate NP。其中，成人和儿童均属 human NP，概念相似度比成人和动物更高。

当两个名词均为有生命的名词时（尤其当它们在生命度等级上的位置相同时），都是句法凸显位置（如主语功能）的强有力竞争对手。如上文的例子，HE 和 SHE 在生命度等级上的位置相同，均有被指派为主语的潜势，且二者作为主语时生成的句子都是自然合法的。这说明，竞争也发生在功能加工阶段（如词元选择和功能指派），不仅在信息概念或词元选择层，也在主语和宾语功能的确定层，即根据概念和功能竞争的程度指派其中一个的功能。如下面的句子①：

1a：The man (who, that) the woman is punching.
1b：The sand bag (that) the woman is punching.

此时，第二个名词紧跟第一个，表达规划涉及两个名词规划时的时间重叠，因此它们的意义或概念间存在潜在干扰。

竞争机制在关系从句中的作用可能发生在概念层面，也可能发生在句法功能或语义角色指派层面。② 进入关系从句的两个名词不是一开始就选定了次序，而是经历了重叠期，这期间的竞争决定了其中一个被选择，同时另一个被抑制（inhibited）。两个有生名词，比如"男人"和"女人"，由于概念同样凸显，均具有典型的施事或主语特征而产生竞争。

选择哪一个，涉及诸多因素，比如语义角色、说话人的倾向或偏好、说话人的摄影角度（Camera Angle）或视点（Empathy）等。③ 池上嘉彦④把视点看作"事件把握"（construal，即"识解"），

---

① 这两个例子引自 Gennari et al., 2012。
② Gennari, S. P., Mirković, J., & MacDonald, M. C., "Animacy and competition in relative clause production: A cross-linguistic investigation", *Cognitive Psychology*, Vol. 65, 2012, pp. 141–176.
③ Kuno, S., *Perspective and Syntax: The Camera Angle of Sentence-formation and Its Reflection on Sentence Structure*, Keynote speech presented at An International Symposium on Perspective across Languages, Beijing, 2013.
④ 池上嘉彦：《从"视点"到"事件把握"——"自我隐含"的语言学和诗学》，2013 年 10 月北京跨语言视点研究国际研讨会。

认为识解这一"说话人"进行的认知行为具有普遍性特征和相对特征。所谓普遍性，指无论何种语言的使用者，都能够用几种不同的方式把握同一"事件"，并能够用不同的方式进行语言编码。而相对性则指即便针对同一"事件"，不同的语言使用者也可能会在事件把握方式和语言编码方式上具有不同偏好。但是，不同语言的使用者间的不同偏好并不是任意的，相同倾向下的偏好差异具有系统性。比如"他死于战争"和"He was killed in the war"。

一旦一个概念被选中或角色被指派，另一个会受到抑制导致可及性降低，位置移至句末，比如英语被动句的施动结构 by + NP。如图 2—2 所示。

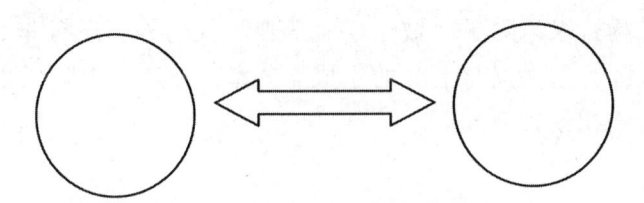

图 2—2 概念相似的名词短语竞争示意图

对比下面两句：

1a：The man (who, that) the woman is punching.

1b：The man (who's) being punched (by the woman).

热纳里等人[①]在中心词为有生名词的英语被动式关系从句的比例与关系从句中名词相似度评分之间计算相关性发现，口语体和书面语体均显示二者的显著相关性：有生实体间的相似性评分越高，关系从句省略施事的比例越大。西班牙语的表现类似，区别是西班牙语有被动式和非人称主动式结构两类现象。即，当两个相似度很高的有生名词投射到关系从句结构中时（the man is punched by the woman），施事 the woman 倾向于被省略，表明相似的实体间的竞争

---

① Gennari, S. P., Mirković, J., & MacDonald, M. C., "Animacy and competition in relative clause production: A cross-linguistic investigation", *Cognitive Psychology*, Vol. 65, 2012, pp. 141-176.

发挥作用，导致施事的省略。竞争越激烈，省略被动句施事的比率越高，因而被动句施事的省略与否可用来检验从句中心名词和施事的竞争过程。

但施事的省略也受具体语言使用条件的限制。英语施事的省略出现在被动式中，西班牙语（以及汉语）既出现在被动式中，也出现在非人称结构中。即，语言表达可能始于更可及的成分，但并不意味着这样的成分必须且自动地获得从句主语功能。简言之，除了中心名词生命度外，基于相似性的竞争也影响了名词功能和位置的选择，且受具体语言条件的限制。

这样，基于生命度的提取顺序和基于相似性的竞争同时在句子结构选择上有所贡献。同时，不同语言的结构选择自由度不同，比如被动结构，汉语除了"被"字式等典型结构外，还有非人称主动式可供选择，这一点与下节的生成—分布—理解观中降低生成难度的第三途径相衔接。

第三节 生成—分布—理解观

生成—分布—理解观（Production - Distribution - Comprehension，简称 PDC）认为语言的生成、分布与理解存在互动关系。它涉及语言生成过程初始阶段的难度计算、降低难度的途径、生成结果对语言形式分布频度的制约、分布模式对理解的影响以及理解反过来对生成的影响等复杂的互动关系。生成—分布—理解观认为，记忆和语言生成的计划需要强有力地影响着语言生成者[①]的表达形式。生成过程强加的限制有两个重要结果。其一，有助于理解语言形式的规则（regularities），即语言何以展现出特定的属性，且其分布频度

---

① 麦克唐纳经常用 producers 来指不同类型的语言生成者，如 speakers、writers 等。其所用表达（utterance）一词往往指各种模态，如说话、写作、符号标记等（MacDonald, 2013：2），故本书多用生成者，中间视情况不同也用说话人。

何以存在跨语言差异;其二,决定语言理解的诸多方面。[1]

麦克唐纳(2013)对生成—分布—理解观的阐述最为详尽,其思想比起1999年更为成熟,虽面临不少质疑(见第一章第一节第三目),但其对语言生成难度计算的阐述、降低生成难度的途径及其对语言分布模式的影响可在真实语料中找到较多的佐证。其理论建构由四部分组成:生成、分布、理解及三者的互动。

一 生成

语言生成是一项高度复杂的运动行为,需要把概念信息转换成错综复杂的运动指令序列以允许说话、标记、书写或打字得以进行。[2] 拉什利(Lashley)[3] 认为,各种复杂的序列行为(比如说话)必须由制定好的计划来引导执行。运动计划的建构在认知上是非常耗费精力的行为;有时制定(develop)表达规划可能比说话本身更费神。[4] 构建并维持表达规划的重要计算难度是PDC的关键组成部分。

语言生成的难度主要来自表达规划的建构与维护。

语言计划[5]与高层次非语言行为计划及更精细的运动控制享有许多共同特征[6],当语序等语言要素有较多的选项时,说话人须快速选择一种形式并抑制其他形式,以免造成形式混用。这种行为属

---

[1] MacDonald, M. C., "How language production shapes language form and comprehension", *Frontiers in Psychology*, Vol. 4, 2013, pp. 1-16.

[2] Ibid..

[3] Lashley, K. S., "The problem of serial order in behavior", In L. A. Jeffress (Ed.) *Cerebral Mechanisms in Behavior*; *The Hixon Symposium*, Oxford England: Wiley, 1951, pp. 112-146.

[4] Kempen, S., Hoffman, L., Schmalzried, R., Herman, R., & Kieweg, D., "Tracking talking: dual task costs of planning and producing speech for young versus older adults", *Aging Neuropsychological Cognition*, Vol. 18, 2011, pp. 257-279.

[5] 这里的语言计划(language planning)指语言生成前的心理计划,更具体而言是表达规划(utterance planning),包括要"记住接下来的表达"(Rosenbaum et al., 2007: 528)。有时,"语言计划"这一术语是国家或社会团体为了对语言进行管理而进行的各种工作的统称。为了加以区分,本书用"语言规划"。

[6] MacDonald, M. C., "How language production shapes language form and comprehension", *Frontiers in Psychology*, Vol. 4, 2013, pp. 1-16.

于"赢者通吃"过程,其神经机制是语言生成与非语言运动行为中的描写成分与计算模型[1][2],能表明运动计划的特性如何影响语言的分布模式。

生成难度的第一个成因是语言计划期各因素的博弈。构建表达规划时还必须保持该计划处于可执行状态,即记住接下来表达的内容[3],给其他短时记忆带来维持负荷,故生成计划有内在的工作记忆需求。语言生成是增量的,即,起始的部分计划、计划的执行和随后的计划是交错进行的[4],因此,先期计划的范围视情况有所区别,至少部分地受制于说话人的策略控制[5]。同时,生成行为还要保证最大化的表达流畅度,因而语言计划要在各种竞争的需求之间求得平衡。

生成难度的第二个成因是计划、计划执行、跟踪计划进展同时进行带来的压力。跟踪计划进展本身承担大量额外的注意或维持负荷。[6] 同时,已表达的内容在记忆中不可能一直那么鲜活,并可能与即将进行的执行行为相互干扰,导致各种语言失误。[7] 故说话人必须平衡表达规划中的各种子任务以"激活当下,冰封过去,并准

---

[1] Hartley, T., & Houghton, G., "A linguistically constrained model of short-term memory for nonwords", *Journal of Memory and Language*, Vol. 35, No. 1, 1996, pp. 1–31.

[2] Dell, G. S., Burger, L. K., & Svec, W. R., "Language production and serial order: a functional analysis and a model", *Psychological Review*, Vol. 104, 1997, pp. 123–147.

[3] Rosenbaum, D. A., Cohen, R. G., Jax, S. A., Weiss, D. J., & Vanderwel, R., "The problem of serial order in behavior: Lashley's legacy", *Human Movement Science*, Vol. 26, 2007, pp. 525–554.

[4] MacDonald, M. C., "How language production shapes language form and comprehension", *Frontiers in Psychology*, Vol. 4, 2013, pp. 1–16.

[5] Ferreira, F., & Swets, B., "How incremental is language production? Evidence from the production of utterances requiring the computation of arithmetic sums", *Journal of Memory and Language*, Vol. 46, 2002, pp. 57–84.

[6] Botvinick, M., & Plaut, D. C., "Doing without schema hierarchies: a recurrent connectionist approach to normal and impaired routine sequential action", *Psychological Review*, Vol. 111, 2004, pp. 395–429.

[7] Tydgat, I., Diependaele, K., Hartsuiker, R. J., & Pickering, M. J., "How lingering representations of abandoned context words affect speech production", *Acta Psycholica*, Vol. 140, 2012, pp. 218–229.

备激活将来"[1]。

因此，有必要采取有效途径降低生成难度。麦克唐纳提出三种缓解生成困难（或曰最小化生成难度）的途径（或曰倾向）。

第一，易者优先。已有研究表明，一些词语较容易从记忆中提取。这一事实对语言形式产生巨大影响，因为易于提取的词和短语更多地出现在表达早期，占据更突出的句法位置（比如主语）。[2][3] 易者优先倾向在增量生成中允许表达执行尽早开始，以容易计划的成分为先导，留给较难的表达成分更多的计划时间。比如英语表达中这类句子很常见：It is well known that …。易者优先倾向使较简短、可及性更高的it被提取出来，进而影响了句子的语态（与基于生命度的提取顺序的作用类似），从而把较难提取的成分置于that从句中，前面的It is well known作为先导，为后面较复杂的成分赢得更多的计划时间。

易者优先倾向本质上遵循行为计划的计算模型，其中，次级备选计划通过序列规划的选择机制相竞争而成为行为规划[4][5]，或通过认知控制模型选择注意的功能，在制定计划时，注意需求较少、较熟练/较容易提取的成分总是先于难度较大的要素出现。这表明语言计划随时间推移呈线性出现的方式对语言生成的语序和句式结构有实质性影响。[6]

第二，计划再利用。如前所述，语言生成本质上承担多重任

---

[1] Dell, G. S., Burger, L. K., & Svec, W. R., "Language production and serial order: a functional analysis and a model", *Psychological Review*, Vol. 104, 1997, pp. 123-147.

[2] Bock, J. K., "Toward a cognitive psychology of syntax: Information processing contributions to sentence formulation", *Psychological Review*, Vol. 89, 1982, pp. 1-41.

[3] Tanaka, M., Branigan, H. P., McLean, J. F., & Pickering, M. J., "Conceptual influences on word order and voice in sentence production: Evidence from Japanese", *Journal of Memory and Language*, Vol. 65, No. 3, 2011, pp. 318-330.

[4] Grossberg, S., "A theory of human memory: self-organization and performance of sensory-motor codes, maps, and plans", *Progress in Theoretical Biology*, Vol. 5, 1978, pp. 233-374.

[5] Hartley, T., & Houghton, G., "A linguistically constrained model of short-term memory for nonwords", *Journal of Memory and Language*, Vol. 35, No. 1, 1996, pp. 1-31.

[6] MacDonald, M. C., "How language production shapes language form and comprehension", *Frontiers in Psychology*, Vol. 4, 2013, pp. 1-16.

务，是十分耗费精力的。若不断地创造新的表达方式，无疑会增加生成难度，于是，语言生成者一个明显的倾向是：再次使用新近执行过的表达规划。这样，当说话人最近听过、读过或表达过一个被动句时，其生成另一个被动句的可能性会增加。[1][2] 语言使用者不断地学习自己和他人的语言表达方式，每一个表达形式都可能在将来的句法规划中再次得到使用。[3]

拉卡[4]认为上述两个倾向似乎冲突，麦克唐纳的解释是：易者优先倾向指单个词汇的提取对语序的影响，而计划再利用倾向则指句子结构本身的提取，这两条限制共同对表达形式施加影响：即使是语序很自由的语言，在形成表达形式时，遵循偏好结构（计划再利用）也与易者优先倾向协同作用[5]。

第三，减少干扰。麦克唐纳[6]认为，与前两条途径不同，减少干扰途径反映了即时记忆（immediate memory）的特性。语言和非语言短时记忆任务的核心发现是：需要记忆的要素在表征与回忆的短时间隙中相互干扰，当各要素存在相似性时，干扰增强，无论在语音、意义、空间位置抑或其他层面。[7][8] 因表达规划在执行前持续存在，计划中的要素相互干扰便不足为怪了。语言生成者一般通过

---

[1] Weiner, E. J., & Labov, W., "Constraints on the agentless passive", *Jounal of Linguistics*, Vol. 19, 1983, pp. 29–58.

[2] Ferreira, V. S., & Bock, K., "The functions of structural priming", *Language & Cognitive Processes*, Vol. 21, 2006, pp. 1011–1029.

[3] MacDonald, M. C., "How language production shapes language form and comprehension", *Frontiers in Psychology*, Vol. 4, 2013, pp. 1–16.

[4] Laka, I., "On language production principles and the form of language: a más cómo, menos por qué", *Frontiers in Psychology*. Vol. 4, 2013, p. 231. doi: 10.3389/fpsyg.2013.00231.

[5] Christianson, K., & Ferreira, F., "Conceptual accessibility and sentence production in a free word order language (Odawa)", *Cognition*, Vol. 98, 2005, pp. 105–135.

[6] MacDonald, M. C., "How language production shapes language form and comprehension", *Frontiers in Psychology*, Vol. 4, 2013, pp. 1–16.

[7] Conrad, R., & Hull, A. J., "Information, acoustic confusion and memory span", *British Journal of Sychology*, Vol. 55, 1964, pp. 429–432.

[8] Anderson, J. R., "Retrieval of information from long-term memory", *Science*, Vol. 220, 1983, pp. 25–30.

不同表达方式的选择减轻这些干扰,① 比如选择不同的语序、语态、名词短语、代词等。

上述三种途径相互协作,共同降低了语言生成的难度。费雷拉②认为 PDC 的上述三途径准确地捕捉到了影响词汇和语法选择的竞争力量。

第一章第三节第三目提到部分对 PDC 的质疑,认为易者优先与计划再利用倾向的作用力可能是相反的,前者促进了语序灵活性,允许容易提取的词置于不易提取的词之前,后者通过再次使用先前的表达结构强化了语序的刚性。实际上,在语言生成中,三种途径并非彼此独立作用或相互抵触,而是协同中的博弈,协同作用的倾向非常突出,且协同作用在被动句使用的变化上做出可验证的预测。③

三者的协同运作基本程式为:易者优先倾向使得易于提取的词位于句法凸显位置(如主语);计划再利用倾向导致分布频度较高的结构被频繁使用(如英语中的被动式);若上述结构和语序选择是源自减轻生成计划中计算要求的努力,则可以看出减轻干扰与另两者之间的相互作用。如:girl 和 boy 都容易提取,但分布规律决定了此时更多的情形(计划再利用)是施事后移或被省略,生成 The girl was pushed (by the boy)。其中施事 boy 被降级到 by 短语中,或可完全省略,以便减轻记忆干扰。

二 分布

特定的生成限制导致特定的语言分布模式,包括某一种语言内部特定的分布模式及语言类型的共性倾向的形成。生成—分布—理解观认为,语言生成者的需要对句法结构的影响最直接。语言生成

---

① Gennari, S. P., Mirković, J., & MacDonald, M. C., "Animacy and competition in relative clause production: A cross-linguistic investigation", *Cognitive Psychology*, Vol. 65, 2012, pp. 141–176.

② Ferreira, V. S., "The PDC framework applied to prosody and disfluency", *Frontiers in Psychology*, Vol. 4, 2013, p. 232. doi: 10.3389/fpsyg.2013.00232.

③ Ibid..

中的表达规划过程在影响语言类型和历史变化中起了重要作用,这一观点也见诸其他研究者的著述。[1][2][3]但麦克唐纳[4]认为,语言生成过程鲜见于语言类型学及语言共性研究的文献,一个显而易见的原因是两个学科的研究者缺乏互动,学科没有桥接。此外,还有五个可能的原因,这些原因同时反映PDC在解析语言类型分布模式方面的相对优势。

原因之一,传统的语言研究用概念表征解释语言形式,而不依赖语言生成机制。语言学家的共识是,概念更凸显的成分在表达中较早出现。这一模式或被归因于普遍语法的施事优先原则[5],或被功能主义者解释为语篇中凸显的成分获得句子的显著位置[6][7]。后者与生成观的易者优先原则原理相通,但生成观超越了凸显观:易者优先倾向把概念凸显的影响根植在从长时记忆中进行回忆的容易程度中,这一认识是一大进步,因为概念凸显本身并不能直接作用于句法的显著位置,而需通过回忆(即提取)的容易程度,意味着易者优先原则能正确预测出句法结构,且其他影响记忆容易度的非凸显因素(如词长)同样能影响语序。

原因之二,语言生成与语言类型的关系存在误解,生成在语言分布中的作用被低估。英语及许多其他语言都有一个共同倾向:较短的词和短语位于较长的词和短语之前,这一点也归为易者优先原

---

[1] Bock, J. K., "Toward a cognitive psychology of syntax: Information processing contributions to sentence formulation", *Psychological Review*, Vol. 89, 1982, pp. 1-41.

[2] Bock, J. K., & Warren, R. K., "Conceptual accessibility and syntactic structure in sentence formulation", *Cognition*, Vol. 21, 1985, pp. 47-67.

[3] Jäger, G., & Rosenbach, A., "Priming and unidirectional language change", *Theoretical Linguistics*, Vol. 34, 2008, pp. 85-113.

[4] MacDonald, M. C., "How language production shapes language form and comprehension", *Frontiers in Psychology*, Vol. 4, 2013, pp. 1-16.

[5] Jackendoff, R., *Foundations of Language: Brain, Meaning, Grammar, Evolution*, Oxford: Oxford University Press, 2002.

[6] Chafe, W., "Givenness, contrastiveness, definiteness, subjects, topics, and point of view", In C. Li (Ed.) *Subject and Topic*, New York, NY: Academic Press, 1976, pp. 25-55.

[7] Goldberg, A., *Constructions at Work: The Nature of Generalization in Language*, Oxford: Oxford University Press, 2006.

则,[1] 成为 PDC 的重要支柱之一。而霍金斯[2]在研究日语和其他"末尾中心"的语言时发现有明显例外,即较长的词和短语可以位于较短的相应成分之前,不受易者优先原则的制约,从而质疑生成导致语序类型模式的观点。常(Chang)[3] 的研究也表明,当日语受试接触简短词组前置模式后能够学会应用该模式,同样,其他语言的受试在培训中接触日语的长词—短结构后,也会加以应用。分析表明,计划再利用是培养这种语序偏好的重要力量。换言之,繁—简结构违背易者优先原则,但符合计划再利用原则,因此不能就此推翻生成在语言类型分布中的作用。

原因之三,语法—语言行为研究脱节,但相互借鉴与交叉研究初露端倪。语言能力(或语法)与语言行为的区分历来是语言学论争的焦点。近来的研究有两个趋势:一是一些语言学研究范式把语法本身看作语言实例体验的分级表征[4][5],这一立场是近来基于生成观描述语序变异研究的核心部分[6];二是表达规划本身深刻地塑造了表达形式,因此,要更好地理解语言能力与语言行为,语言生成研究就必须更多关注语言类型。此外,语言生成的实验室变量控制研究范式与类型学家宏大的跨语言研究兴趣相左,但现在这一现象正在改观。如对个体的语言现象与群体语言现象的关系研究,大型

---

[1] Stallings, L. M., MacDonald, M. C., & O'Seaghdha, P. G., "Phrasal ordering constraints in sentence production: Phrase length and verb disposition in heavy-NP shift", *Journal of Memory and Language*, Vol. 39, 1998, pp. 392-417.

[2] Hawkins, J. A., *Efficiency and Complexity in Grammars*, Oxford: Oxford University Press, 2004.

[3] Chang, F., "Learning to order words: a connectionist model of heavy NP shift and accessibility effects in Japanese and English", *Journal of Memory and Language*, Vol. 61, 2009, pp. 374-397.

[4] Bybee, J., "From usage to grammar: the mind's response to repetition", *Language*, Vol. , 2006, pp. 711-733.

[5] Bresnan, J., Cueni, A., Nikitina, T., & Baayen, R. H., "Predicting the dativealternation", In G. Boume, I. Kraemer, & J. Zwarts (Eds.) *Cognitive Foundations of Interpretation*, Amsterdam: Royal Netherlands Academy of Science, 2007, pp. 69-94.

[6] Kuperman, V., & Bresnan, J., "The effects of construction probability on word durations during spontaneous incremental sentence production", *Journal of Memory and Language*, Vol. 66, 2012, pp. 588-611.

语料库用于语言生成研究等都对语言类型研究有所启示[1]等。

原因之四,语言类型与共性反映语言习得而非生成,但要更好地认识语言分布的原因,需要深入了解语言生成。生成—分布—理解观认为,区分成人与儿童两个阶段来认识语言的共性和变异实际是个伪命题,因为在生成(与理解)中,学习从未停止,也不存在先习得后使用的阶段划分。[2][3] 儿童语言学习者经常把输入规律化,产生过度概括(或曰错误类推),其原因可能是为了降低生成难度,过度使用了计划再利用策略。因此,语言类型与共性更多地反映的是语言习得的事实。且语言生成的赢者通吃性质必然导致生成者在一个既定表达中只用一种形式,从而形成特定的分布模式。这一点对更深入理解语言习得与语言类型的关系大有裨益:学习者何以更容易掌握某些形式(且语言为什么更普遍地呈现这些形式)。[4]

原因之五,说话人调整语言表达以利听话人导致特定的语言分布。生成—分布—理解观倡导语言生成塑造语言形式的中心作用,同时也承认其他力量的作用,比如利他的听众设计(audience design),即,语言生成者调整自己的表达以适应理解者的需要。然而,很难严格区分说话人与听话人的作用。说话人的表达调整也未必一定能够投其所好,听话人也有能力适应说话人的需要[5],甚至当说话人使用简短而语义较模糊的词汇时,交际效率可能更高[6],因为听话人有足够的消歧能力。这可以概括为一种广义的听众设

---

[1] Piantadosi, S. T., Tily, H., & Gibson, E., "The communicative function of ambiguity in language", *Cognition*, Vol. 122, 2012, pp. 280-291.

[2] Seidenberg, M. S., "Language acquisition and use: learning and applying probabilistic constraints", *Science*, Vol. 275, 1997, pp. 1599-1604.

[3] Chang, F., Dell, G. S., & Bock, K., "Becoming Syntactic", *Psychological Review*, Vol. 113, No. 2, 2006, pp. 234-272.

[4] Aslin, R. N., & Newport, E. L., "Statistical learning: from acquiring specific items to forming general rules", *Current Directions in Psychological Science*, Vol. 21, 2012, pp. 170-176.

[5] Duran, N. D., Dale, R., & Kreuz, R. J., "Listeners invest in an assumed other's perspective despite cognitive cost", *Cognition*, Vol. 121, 2011, pp. 22-40.

[6] Piantadosi, S. T., Tily, H., & Gibson, E., "The communicative function of ambiguity in language", *Cognition*, Vol. 122, 2012, pp. 280-291.

计，说话人和听话人相互适应，彼此调整，使会话顺利进行。因此，问题的关键是说话人针对特定的交际目标，满足何种语言生成的计算需要从而形成特定的分布模式。

三　理解

理解的结果反映语言的分布规律，而分布规律源于表达规划期的易者优先、计划再利用和减少干扰三者的协同作用。因此，生成、分布与理解环环相扣，是一个完整的互动系统。

语言分布规律有助于理解及预测。语言符号在表达中逐步展开，造就了长距离依存关系。要解读信息输入就需依赖已阅读符号与即将读到的符号，即向前和向后两个方向捕捉潜在的信息。向前捕捉信息也涉及大致的预测，尽管它并非十分精确。符合语言分布规律的语言符号具有预测价值，而有预测价值的符号不仅能加速预测成分的加工，其本身也比其他符号的加工更迅速。[1] 语言符号在逐步展开时总是存在语义模糊性，已阅读的与未读到的符号信息的不确定性正是加工难度的一种诱因，[2][3] 而运用分布规律减少这些不确定性是理解的一个强大的优势。因此，分布规律经常在语言理解中起帮助消歧的作用，比如，动词局部修饰语和主语关系从句分布较广泛、较容易理解，等等。

关系从句的研究在 PDC 中占有重要地位。首先，它能例证语言生成中三个生成倾向的复杂互动关系，且在句法理论与语言理解两方面均起超越预期的作用。其次，关系从句的研究能很好地揭示 PDC 的论点：要降低生成难度，就必须选择特定的表达形式；选择特定的表达形式必然形成特定的分布规律，分布规律继而影响理解模式。

---

[1] O'Brien, J. L., & Raymond, J. E., "Learned predictiveness speeds visual processing", *Psychological Science*, Vol. 23, 2012, pp. 359-363.

[2] Hale, J., "Uncertainty about the rest of the sentence", *Cogntive Science*, Vol. 30, No. 4, 2006, pp. 643-672.

[3] Levy, R., "Expectation-based syntactic comprehension", *Cognition*, Vol. 106, 2008, pp. 1126-1177.

麦克唐纳[①]对关系从句的界定简单、实用：关系从句是名词修饰语，包含一个动词。该文选择的例句如下：

2a. The ball [that I threw to Harold] went over his head and broke a window.

2b. The woman [who yelled at me] said I'd have to pay for the broken glass.

其中，(2a) 为宾语关系从句，(2b) 为主语关系从句。句子生成的三个倾向（易者优先、计划再利用及减少干扰）导致主语关系从句的分布更广泛，更容易理解。生成语言学区分语言能力与语言行为，而主语关系从句和宾语关系从句在这种区分中起核心作用。比如，乔姆斯基（Chomsky）和米勒（Miller）[②]观察发现，把一个宾语关系从句嵌入到另一个从句中去，这样不断重复的递归操作会产生难以理解的句子，如广为引用的例子：The rat [the cat [the dog chased] killed] ate the malt。他们认为理解这类句子之所以比较困难，原因是语言能力与语言行为脱节：一方面，语言能力（此处指递归）是无限的；另一方面，语言行为，特别是利用知识理解这种中心嵌入结构的能力，受制于短时记忆能力的局限。[③] 上述例句中多重名动依存关系的不完整增加了记忆负荷，要理解这类句子，首先要为每个名词（The rat, the cat, the dog）预期一个动词，把这些依存关系不完整的名词存入记忆，在碰到动词（chased, killed, ate）时再一一联想匹配。[④⑤] 因此，关系从句的理解涵盖递归、语

[①] MacDonald, M. C., "How language production shapes language form and comprehension", *Frontiers in Psychology*, Vol. 4, 2013, pp. 1–16.

[②] Chomsky, N., & Miller, G. A., "Introduction to the formal analysis of natural languages", In R. D. Luce, R. R. Bush, & E. Galanter (Eds.), *Handbook of Mathematical Psychology*, NY: Wiley, 1963, pp. 269–321.

[③] Miller, G. A., "The magical number seven, plus or minus two: some limits on our capacity for processing information", *Psychological Review*, Vol. 63, 1956, pp. 81–97.

[④] Wanner, E., & Maratsos, M., "An ATN approach to comprehension", In M. Halle, J. Bresnan, & G. A. Miller (Eds.), *Linguistic Theory and Psychological Reality*, Cambridge, MA US: MIT Press, 1978, pp. 119–161.

[⑤] Gibson, E., "Linguistic complexity: locality of syntactic dependencies", *Cognition*, Vol. 68, 1998, pp. 1–76.

言能力—语言行为及工作记忆三者的竞赛,是语言的无限可能性与语言能力—行为及记忆局限性之间的博弈。

麦克唐纳[1]特别强调关系从句在记忆理论与语言使用中的核心位置及其动因,尤其对理解的意义。

首先,研究者普遍认为,关系从句没有句法歧义[2],因此,其理解困难不能归因于消歧加工,从而有利于更深入认识理解困难的成因。

其次,主语关系从句和宾语关系从句在造句时可能只在两个短语的位置上有区别,如下列例句(3a 和 3b),研究者因此可以对比词汇内容完全匹配的句子的理解。换言之,既然理解难度的差异不在词汇因素或消歧加工,该难度一定反映纯粹的句法操作和所需的记忆能力。[3]

3a. 宾语关系从句:The reporter [that the senator attacked] admitted the error.

3b. 主语关系从句:The reporter [that attacked the senator] admitted the error.

两个从句的词汇相同,但从句类型不同,语义相异。从句法操作看,主语关系从句和宾语关系从句的语序不同,施事和受事的位置不同;从记忆需求看,主语关系从句的记忆需求明显小于宾语关系从句,因为前者的记忆遵循线性序列,后者被施事名词短语与相应的动词短语阻隔,增加了记忆负荷,因而更难理解。

此外,要深入了解宾语关系从句的理解难度,还需关注生成者的选择自由度,尤其在描写关系从句动作的受事/客事时有两种方式可供选择,如宾语关系从句或被动式关系从句。[4] 如:

---

[1] MacDonald, M. C., "How language production shapes language form and comprehension", *Frontiers in Psychology*, Vol. 4, 2013, pp. 1-16.

[2] Babyonyshev, M., & Gibson, E., "The complexity of nested structures in Japanese", *Language*, Vol. 75, 1999, pp. 423-450.

[3] Grodner, D., & Gibson, E., "Consequences of the serial nature of linguistic input for sentential complexity", *Cognitive Science*, Vol. 29, 2005, pp. 261-290.

[4] MacDonald, M. C., "How language production shapes language form and comprehension", *Frontiers in Psychology*, Vol. 4, 2013, pp. 1-16.

4a. 宾语关系从句：The boy/toy [that the girl splashed] was dripping wet.

4b. 被动式关系从句：The boy/toy [that was splashed ｛by the girl｝] was dripping wet.

宾语关系从句比主语关系从句较难理解，PDC 解释的程式是生成（a）、分布（b）与理解（c）的互动关系：

a. 当中心名词为无生名词时，（4a）很普遍；当中心名词为有生名词时，避免使用（4a），代之以（4b）的被动式。[1][2] 这一模式遵循三种句子生成倾向：

易者优先：有生名词概念更凸显，易于从记忆中提取，因而在句法位置上更早出现或更凸显。比如（4b）中的被动式，它把中心名词置于关系从句的突出位置——主语位置，从而形成被动结构。

计划再利用：被动式关系从句的比率随该语言被动式的活跃度（viability）变化，该结构越活跃，越可能重复使用被动结构而放弃其他句子结构。[3] 即，被动式分布频度越高，该结构被重复使用的可能性越大。

减少干扰：当一个有生实体（如 4a 中的 girl）作用于无生命的实体（toy）时，干扰较小；概念相似的实体（如 boy/girl）间的干扰会增大。若在表达规划中省略施事，可以减少这种干扰。这在 4b 的被动式中是可能的，但在 4a 的宾语关系从句中不可能。因此，被描写事件参与者的概念相似度越高，说话人越倾向生成省略施事

---

[1] Montag, J. L., & MacDonald, M. C., "Word order doesn't matter: relative clause production in English and Japanese", In N. A. Taatgen & H. vanRijn（Eds.）, *Proceedings of the 31th Annual Conference of the Cognitive Science Society*, Austin, TX: Cognitive Science Society, 2009, pp. 2594-2599.

[2] Gennari, S. P., Mirković, J., & MacDonald, M. C., "Animacy and competition in relative clause production: A cross-linguistic investigation", *Cognitive Psychology*, Vol. 65, 2012, pp. 141-176.

[3] Montag, J. L., & MacDonald, M. C., "Word order doesn't matter: relative clause production in English and Japanese", In N. A. Taatgen & H. vanRijn（Eds.）, *Proceedings of the 31th Annual Conference of the Cognitive Science Society*, Austin, TX: Cognitive Science Society, 2009, pp. 2594-2599.

的被动式关系从句。[1]

b. 人们很容易了解生命度与关系从句类型的相关关系[2]，即特定语言的典型分布模式，比如有生中心名词更倾向与被动式关系从句共现，无生中心名词更倾向与宾语关系从句共现等。这些典型的分布模式有利于帮助理解。

c. 因此，当理解者遇到关系从句时，被描述对象是有生或无生实体，会对理解者的预期结果产生不同影响，理解结果也会不同。若关系从句描述无生命的实体，如 toy，理解者马上预期 4a 那样的宾语关系从句；若描述的是有生命的实体，如 boy，宾语从句则较少见，难以做出类似预期。[3]

反过来，语言生成者越不愿意使用宾语关系从句表达某一具体信息，理解者越不预期这种宾语关系从句；当一个句子确实包含宾语关系从句时，理解难度会增加。[4]

综上，PDC 把生成、分布和理解的关系整合成了一个完整的机制，可以从生成倾向去了解语言形式的分布模式，也可从分布回溯生成过程；语言分布影响理解预期，理解也反拨语言生成。如此一来，语言生成就有了一个完整的研究体系。肖和麦克唐纳[5]构建了简单复现网络（SRN）来检验汉语理解中的限制—满足过程，发现理解具体结构需要考虑以前对相似结构的经验，实际是对分布与理解关系的具体化。

---

[1] Gennari, S. P., Mirković, J., & MacDonald, M. C., "Animacy and competition in relative clause production: A cross-linguistic investigation", *Cognitive Psychology*, Vol. 65, 2012, pp. 141-176.

[2] Wells, J. B., Christiansen, M. H., Race, D. S., Acheson, D. J., & MacDonald, M. C., "Experience and sentence processing: statistical learning and relative clause comprehension", *Cognitive Psychology*, Vol. 58, 2009, pp. 250-271.

[3] Gennari, S. P., & MacDonald, M. C., "Semantic indeterminacy in object relative clauses", *Journal of Memory & Language*, Vol. 58, 2008, pp. 161-187.

[4] Gennari, S. P., & MacDonald, M. C., "Linking production and comprehension processes: The case of relative clauses", *Cognition*, Vol. 111, No. 1, 2009, pp. 1-23.

[5] Hsiao, Y., & MacDonald, M. C., "Experience and generalization in a connectionist model of Mandarin Chinese relative clause processing", *Frontiers in Psychology*, No. 4, 2013, pp. 1-19.

第四节 句子生成观的整合

基于生命度的提取顺序观一般建立在对生命度的简单划分上，即有生—无生对立项，这样的划分操作方便，因为有生实体和无生实体在概念相似度上有明显区别，[1] 二者体现在句法位置的选择潜势上也有明显差异。比如蔡振光、董燕萍[2]发现，在汉语和英语中，当动词的语义特征得到控制时，观察到了生命性的主效应，即有生命的名词被更多地选择为句子的主语。这表明了纯生命性线索在句子理解中的作用，即人们在理解句子时，倾向于把有生命名词和句子的主语联系起来。

但简单的区分也存在问题，尤其有生实体内部的相似性与差异也是复杂多样的，需要对有生实体的生命度进行更精密的划分。希尔弗斯坦[3]的生命度等级就是一例。该等级为：1 & 2 person > 3 person > proper name/kin term > human NP > animate NP > inanimate NP （以下缩写为：1ST&2ND>3RD>PRN/KIN>HUM>ANI>INA）。

热纳里等人[4]将名词短语间的竞争限定在有生名词间，认为有生命的实体和无生命实体概念相似度低，所以不存在概念竞争，竞争只发生在有生名词内部。他们的研究中对概念相似度评分的名词主要对应于希尔弗斯坦的生命度等级中 human NP 和 animate NP 两

---

[1] Gennari, S. P., Mirković, J., & MacDonald, M. C., "Animacy and competition in relative clause production: A cross-linguistic investigation", *Cognitive Psychology*, Vol. 65, 2012, pp. 141-176.

[2] 蔡振光、董燕萍：《竞争模型中的语义线索：纯生命性》，《外国语》2007 年第 2 期，第 45—52 页。

[3] Silverstein, M., "Hierarchy of features and ergativity", In R. M. W. Dixon (Ed.), *Grammatical Categories in Australian Languages*, Canberra: Australian Institute of Aboriginal Studies, 1976, pp. 112-171.

[4] Gennari, S. P., Mirković, J., & MacDonald, M. C., "Animacy and competition in relative clause production: A cross-linguistic investigation", *Cognitive Psychology*, Vol. 65, 2012, pp. 141-176.

个位置,① 如 man、woman、adult、child、dog 等。这一观点实际蕴含下列命题:既然名词短语间的竞争可以发生在 human NP 和 animate NP 两个位置,也应发生在该等级左侧另外三个位置,即,1 & 2 person,3 person,proper name/kin term NP。由此,竞争应发生在每个有生命实体的位置之间,且位置相距越近,概念相似度越高,竞争越激烈。某一位置内部的名词短语间的概念相似度最高,竞争也尤为激烈。在竞争突出句法位置(比如主语)或语法功能方面,其竞争力自左向右依次递减。

如本章第一节第三目所述,这一等级实际是一个连续体。如此,竞争自然延续到 inanimate NP 这个位置。比如,在 animate NP 中,有这样的例子:Crimea to vote on joining Russia, Moscow wields U. N. veto. 其中,Moscow 单纯从字面判断,生命度应位于 inanimate NP,但当它代表一国政府,特别是该国或该政府领导人意志时,经常归为 animate NP。而在童话故事中,无生实体经常被拟人化为有生实体,因此,animate NP 和 inanimate NP 的界限并不是泾渭分明的,其划分也不是绝对的,存在中间过渡项,使得整个等级成为一个连续体。

这样一来,竞争自然延续到有生实体和无生实体之间,以及有生和无生实体内部。有生实体与无生实体间的概念相似性低,竞争力不如有生实体间那么激烈,属于不平等竞争。同理,无生实体内部的竞争也是很激烈的。换言之,生命度等级位置间和位置内部实体的竞争是一个命题的两个子命题,二者只是精密度不同:前者侧重有生—无生实体间的竞争,后者强调生命度等级各位置间及位置内实体间的竞争。由此,基于生命度的提取顺序观与基于概念相似性的竞争观是同质的理论架构,可以纳入统一体系,称为名词短语基于生命度等级的概念相似度竞争体系,简称名词短语竞争体系。

在这一体系下,名词短语的生命度等级位置自左向右,对凸显

---

① 参见 Gennari et al. (2012) 研究的附录 (http://www.sciencedirect.com/science/article/pii/S0010028512000278)。

语法位置（即主语）的竞争力递减。等级各位置间的竞争不同：位置距离越远，概念相似度越低，竞争力越小，反之亦然。在同一等级位置内的名词，概念相似度越高，竞争越激烈。这一竞争在生成关系从句的类型、语态选择、被动句施事及关系化标记的隐现中均发挥作用。

同时，概念的相互竞争和干扰也是生成—分布—理解观的核心内容：概念间的干扰会增加表达规划阶段的记忆负荷、干扰计划与执行的转换，从而增加生成的困难，需要三种途径来缓解——易者优先，计划再利用及选择不同表达方式以减少干扰，这样会导致语言分布模式的不同，分布模式进而导致语言理解模式的形式，并反过来影响句子的生成。其中，选择不同表达方式也是热纳里等学者的[1]研究中独立于提取顺序观和竞争观的第三个要素，在此可以整合在一起。因此，竞争的概念又与生成—分布—理解观接轨，共同成为本书的理论框架。

---

[1] Gennari, S. P., Mirković, J., & MacDonald, M. C., "Animacy and competition in relative clause production: A cross-linguistic investigation", *Cognitive Psychology*, Vol. 65, 2012, pp. 141-176.

第三章

研究方法

验证实验研究的结果,一个有效的途径是通过自然语言构成的数据库。分析数据库、观察数据库中的语料,不仅可以反向验证实验结果,还能发现实验研究中未控制但在语言生成中起作用的变量,以及各种变量之间的关系。因此,本书涉及语料采集、数据库建设以及分析框架。

第一节 语料采集

语料选自叙述文本,因为叙述语篇的形式不拘泥于一种体裁或媒介,与许多其他语篇形式相比,语言的"自然"程度相对很高,[1][2] 且书面叙述语篇需要大量的描写以表明人物或其他实体的状态,或设置场景[3],或在语篇中"锚定"(anchor)中心名词短语[4],

---

[1] Brown, C., "Topic continuity in written English narrative", In Talmy Givón (ed.), *Topic Continuity in Discourse: Quantitative Cross-Language Studies*, Amsterdam: John Benjamins, 1983, pp. 313-344.

[2] Hopper, P. J., & Thompson, S. A., "Transitivity in grammar and discourse", *Language*, Vol. 56, 1980, pp. 251-299.

[3] Hogbin, E., & Song, J. J., "The Accessibility Hierarchy in Relativisation: The Case of Eighteenth- and Twentieth-Century Written English Narrative", *SKY Journal of Linguistics*, Vol. 20, 2007, pp. 203-233.

[4] Fox, B. A., "The noun phrase accessibility hierarchy reinterpreted: subject primacy or the absolute hypothesis?", *Language*, Vol. 63, No. 4, 1987, pp. 856-870.

或区分其他潜在指称语①，因而产生大量关系从句。与其他语体相比较，叙述语体文本中关系从句的密度更大，更容易采集到足够多的语料，故而是语料来源的首选。

一 语料来源

本书选取中国作家老舍和美国作家德莱塞的小说各五部。选择理由如下：

首先，两位作家生活的时代背景相似。老舍生于1899年，卒于1966年；德莱塞生于1871年，卒于1945年。作为同时代的作家，他们使用的语言大致处于同一发展时期，有利于进行共时对比。两人童年均经历了贫困等磨难，需受人资助方能就学；都接触到下层社会形形色色的人物和阴暗面，为日后创作积累了丰富的素材。胡风即认为"舍予是经过了生活底甜酸苦辣的，深通人情世故的人"②。而德莱塞唯一的本钱是家庭和个人不幸的回忆，是一双习惯于摄取各种社会不幸的眼睛，而记者的生涯扩大了他的视野。③

其次，两位作家作品的主题类似。老舍和德莱塞均着重刻画城市人民的生活与现实。他们在各自的小说中如实地描写了城市生活的状况，既无褒扬也并不刻意谴责。德莱塞对文学创作进行了深刻的思考，他认为"作家的职责不在于控诉而在于诠释"。老舍也曾做过类似的评论："我恨坏人，可是坏人也有好处；我爱好人，而好人也有缺点。'穷人的狡猾也是正义'，这是我近来的发现……"④

再次，二者均有以刻画乡下人进城图发展而以悲剧结束为主题的代表作——《骆驼祥子》和《嘉莉妹妹》，均有三部曲——《四

---

① Hogbin, E., & Song, J. J., "The Accessibility Hierarchy in Relativisation: The Case of Eighteenth- and Twentieth-Century Written English Narrative", *SKY Journal of Linguistics*, Vol. 20, 2007, pp. 203-233.

② 参见 http://baike.baidu.com/link? url=l9ENMcDBa3SJ4j-hzbE4iiOMvA2PNqxtL_FIKAl0Z7gEHLIxdP_w5_mpcbCIho9。

③ 董衡巽：《德莱塞："一位文笔拙劣的大作家"》，《美国研究》1992年第2期，第141—151页。

④ 孙宏：《德莱塞与老舍小说中的城市化之路》，《英美文学研究论丛》2010年第1期，第194—211页。

世同堂》三部曲（《惶惑》、《偷生》和《饥荒》）与欲望三部曲（《金融家》、《巨人》和《斯多葛》）。另外，《美国悲剧》是德莱塞公认的代表作，《骆驼祥子》是老舍公认的代表作，尽管老舍认为《离婚》是自己最喜爱的作品。① 本书选取的正是上述十部作品。

　　最后，二者的语言风格具有代表性。脱胎于文言文的现代白话语言由于诞生不久，过分欧化的缺点十分明显，现代白话文仍是一种非常西化的书面白话文体。由于过多的关系从句，特别是层层叠叠的定语从句，副词修饰语，以及大量的西方语言的新词汇包括英语的音译词汇和日语的转译词汇，使得诞生不久的现代白话文对于广大平民阶层来说，相当费解。新文学的作家们在开启了中国现代文学大门后，又在现代白话语言的民族化方向上进行了艰苦的努力，使得现代白话真正成为中华民族自己的语言形式，其中，老舍先生堪为代表。他从大量的现代白话言语中提炼出俗白、生动、纯净而优美的隶属中华民族自己的现代文学语言，大大推动了中国现代文学语言的民族化、大众化②，他所使用的是一种真正艺术化了的活的语言。与此对应，尽管索尔·贝娄称德莱塞为"一位文笔拙劣的大作家"，他的创作摆脱不了"记者的习惯"，"特写作家的习惯"，而新闻体语言同文学语言相比，自然少一点弹性，少一点美感，③ 但辛克莱·刘易斯的评价更公平："他扫清了道路，使美国小说从维多利亚时代豪威尔斯那种谨小慎微、温文尔雅的风格转到了开诚坦白、直言无畏、充满生活激情的风格。"④ 这种语言直接的描写和叙述为关系从句的生成提供了有利的条件，适合本书研究的目的。且在德莱塞的作品中，who 和 whom 同时出现，不像现代很多作品那样用前者代替后

---

　　① 对《离婚》这部著作，老舍在《我怎样写〈离婚〉》和《关于〈离婚〉》中都有论述。20 世纪 40 年代初，老舍在云南龙泉镇要求北平研究院历史研究所的一批研究生选举他的最佳作品，大家一致投《骆驼祥子》的票，老舍说："非也，我喜欢《离婚》。"（转引自吴晓铃《老舍先生在云南龙泉镇》，《昆明晚报》1985 年 7 月 26 日）

　　② 刘东方、宋益乔：《文学语言观的现代化与民族化——以胡适和老舍为中心》，《中国文学研究》2007 年第 3 期，第 57—60 页。

　　③ 董衡巽：《德莱塞："一位文笔拙劣的大作家"》，《美国研究》1992 年第 2 期，第 141—151 页。

　　④ 同上。

者，易于区分；whom 时隐时现，可供观察其隐现的条件。

本书从老舍和德莱塞众多著作中选取的各五部作品，是公认的他们的代表作。见表 3—1：

表 3—1　　　　　　　　　　语料来源简况

语言	作者	作品		主题	创作时间（年）	备注
中文	老舍 (1899—1966)	《离婚》		个人不幸；社会悲剧；个人奋斗失败后堕落；抗日战争，日本残暴罪行，中国人民的爱国精神	1933 1939 1940	以城市人民生活为题材，专注城市现实生活，因自杀与诺奖失之交臂
		《骆驼祥子》				
		《四世同堂》	《偷生》			
			《饥荒》			
			《惶惑》			
英文	Theodore Dreiser (1871—1945)	The Financier The Titan The Stoic Sister Carrie An American Tragedy		垄断资产阶级巧取豪夺、弱肉强食的发家过程；个人奋斗，失败；奋斗，毁灭	1900 1912 1914 1915 1925	美国文学史上最杰出的现实主义小说家，以探索充满磨难的现实生活著称的自然主义作家

二　语料采集步骤

上述十部作品均采用原著的 PDF 版本，对应的纸质版为：

《离婚》，老舍著，舒济、舒乙编，长江文艺出版社，2004 年；

《骆驼祥子》，老舍著，舒济、舒乙编，长江文艺出版社，2004 年；

《四世同堂》三部曲：《惶惑》，《偷生》，《饥荒》，老舍著，舒济、舒乙编，长江文艺出版社，2004 年。[①]

《嘉莉妹妹》（*Sister Carrie*），西奥多·德莱塞（Theodore Dreiser）著，外语教学与研究出版社，1992 年；

《美国悲剧》（*An American Tragedy*），西奥多·德莱塞（Theo-

[①] 这五部作品均来自《老舍小说全集》，该文集由老舍的子女舒乙和舒济收编，每部作品的"说明"都特别强调："现在根据初版本并参照手稿校勘，增加了一些必要的简注"，确保了内容的可靠性，故采用。

dore Dreiser)著，上海译文出版社，2007 年；

《金融家》（*The Financier*），西奥多·德莱塞（Theodore Dreiser）著，Penguin Classics，2008 年；

《巨人》（*The Titan*），西奥多·德莱塞（Theodore Dreiser）著，Hayes Barton Press，1961 年；

《斯多葛》（*The Stoic*），西奥多·德莱塞（Theodore Dreiser）著，University of Illinois Press，2008 年。

将上述作品的电子版与纸质版交叉校对无误后，作为采集语料的原始资料。

关系从句语料检索与筛选的标准以定义为准。

本书对关系从句的定义主要采用基南和科姆里[1]的定义，判断标准主要为语义：

如果一个句法构体分如下两步来具体确定一个实体的集合，那么这个句法构体便是一个关系从句：首先确定一个母集，称为关系化领域；然后将其限定为某个子集，使得关于该子集的某个句子（称为限定句）的真值条件义为真，该子集可以仅含单个元素。在表层结构中，关系化领域由一个中心名词来表达；限定句（restricting sentence）由一个限定小句（restricting clause）来表达。[2]

汉语的形容词修饰名词短语时是否应归为关系从句存在很大争议。比如"那个漂亮的运动员是俄罗斯选手"，根据上面的定义，关系化域为"运动员"，子集为"漂亮的运动员"，那么限定句"那个运动员（很）漂亮"的真值条件义为真。这样看来，形容词修饰名词短语似乎符合关系从句的定义。但是，这会带来令人头疼的问题，比如《骆驼祥子》最后一段是一句话："体面的，要强的，好梦想的，利己的，个人的，健壮的，伟大的，祥子，不知陪着人家送了多少回殡；不知道何时何地会埋起他自己来，埋起这堕落的，自私的，不幸，社会病胎里的产儿，个人主义的末路鬼！"其

---

[1] Keenan, E. L., & Comrie, B., "Noun phrase accessibility and universal grammar", *Linguistic Inquiry*, Vol. 8, 1977, pp. 63–99.

[2] 许余龙：《名词短语的可及性与关系化——一项类型学视野下的英汉对比研究》，《外语教学与研究》2012 年第 5 期，第 643—657 页。

中,"好梦想的"有动词,可以当作关系从句,但其余的如果都算作关系从句,就成了关系从句的堆砌,这种叠床架屋的结构非但不能执行关系从句的描写、消歧与锚定功能,反而增加了理解的加工负荷。同时,也不利于语料标注与分析,故需要对上述定义补充一条限制:关系从句是名词修饰语,包含一个动词。[1] 正如杨彩梅[2]所说:"在显性句法中,所有汉语关系从句都处在动词的辖域内。"

因此,本书所涉及的关系从句的选择标准为:定指的限定性关系从句,且从句中必须包含动词。

汉语关系从句的标记为"的",因此,语料的检索以"的"为关键词,利用 PDF 的"查找"工具对符合上述关系从句定义的语料进行筛选,然后收集于相应的 WORD 文档,以供再次甄别。

英语语料的检索关键词主要有 that、which、who、whom、whose、such…(as)。为了检索到省略关系代词 that 的关系从句,再以 the 为关键词进行检索和筛查,以保证最大限度地检索到目标语料。[3]

采集步骤如下:

首先,从原始资料中检索目标语料,通过"复制"、"粘贴"将检索到的语料收集于相应的 WORD 文档,文件名为原始资料作品名。

其次,从上述 WORD 文档中再次进行甄别、筛选,然后一一录入数据库。

最后,根据要求一一进行标注。(标注详情见下节"数据库结构")

第二节　数据库结构

软件版本:Microsoft access(2007)。

---

[1] MacDonald, M. C., "How language production shapes language form and comprehension", *Frontiers in Psychology*, Vol. 4, 2013, pp. 1–16.

[2] 杨彩梅:《界定关系从句限制性—非限制性句法区别的形式手段》,《外语教学与研究》2011 年第 6 期,第 814—827 页。

[3] 仍有可能遗漏一小部分不是以 the 为限定词的关系从句,如 his position she had taken over,但通过对两章小说内容的检索发现这类从句的数量极少,忽略后不致影响统计结果的信度。

建设数据库的目的是为了检验中心名词及被关系化名词的生命度、语义角色、语法功能、语态、施事的隐现等与生成关系从句的关系问题，所以数据库的结构根据上述内容新建各字段名，具体如下。

一　数据库字段

汉语关系从句数据库结构

英语关系从句数据库结构

英语和汉语关系从句数据库结构基本相同，唯一的区别是：汉语的 POM 和英语的 PRN，分别指"限定词位置"和"关系代词"。所有符号意义如表 3—2 所示。

表 3—2　　　　　　　　数据库字段名符号及意义

符号	字段名全拼	字段名意义	备注
ID	Identification	记录编号（自动序号）	
TT	Title	（原著）作品名称	
PAG	Page	实例在原著中的页码	
MOD	Modifier	限定词	
POM	Position of the modifier	限定词位置	
RPN	Relative pronoun	关系代词	
GRH	Grammaticalrole of the head noun in the matrix clause	中心名词在主句中的语法功能	

续表

符号	字段名全拼	字段名意义	备注
SRH	Semantic role of the head noun in the matrix clause	中心名词在主句中的语义角色	
AOH	Animacy of the head noun	中心名词的生命度	
GRR	Grammatical role of the relativized noun in the clause	被关系化名词在关系从句中的语法功能	
SRR	Semantic role of the relativised noun in the clause	被关系化名词短语在关系从句中的语义角色	
VRC	Voice of the relative clause	关系从句的语态	
ACN	Animacy of the competing noun	竞争名词的生命度	
PAA	Presence and absence of the agent	施事的隐现	
INS	Instance	实例	

二 数据库各字段内容（见表3—3、3—4）

表3—3　　　　数据库各字段有效输入值

字段	有效输入值	备注
ID	1，2，3，……	自动生成
TT	骆驼祥子、离婚、四世同堂（惶惑、偷生、饥荒），*Sister Carrie*, *An American Tragedy*, *The Financier*, *The Titan*, *The Stoic*	
PAG	1，2，3……n	
MOD	这（些），那（些），the, that, all, all the, those, such, these	
POM	关前，关后，两关中	
RPN	that, which, who, whom, whose, as, 0	
GRH	SU, DO, IO, OBL, GEN, OCOM	
SRH	AGE, CAU, INS, EXP, PAT, THE, REC, BEN, LOC, POS	
AOH	1st, 2nd, 3rd, PRN/KIN, HUM, ANI, INA	
GRR	SU, DO, IO, OBL, GEN, OCOM	

续表

字段	有效输入值	备注
SRR	AGE, CAU, INS, EXP, PAT, THE, REC, BEN, LOC, POS	
VRC	ACT, PAS, IMP	
ACN	1st, 2nd, 3rd, PRN/KIN, HUM, ANI, INA	
PAA	被（等等），by, 0	
INS		具体实例

表3—4　　　　部分字段输入值代码的含义

字段	输入值代码	代码含义	汉语表述	出处
GFH/GFR	SU	Subject	主语	Keenan & Comrie, 1977
	DO	Direct object	直接宾语	
	IO	Indirect object	间接宾语	
	OBL	Oblique	旁语	
	GEN	Genitive	属格语	
	OCOM	Object of comparison	比较宾语	
SRH/SRR	AGE	Agent	施事	Berk, 1999
	CAU	Causer	致事	
	INS	Instrument	工具	
	EXP	Experiencer	感事	
	PAT	Patient	受事	
	THE	Theme	客事	
	REC	Recipient	接受者	
	BEN	Benefactive	受益者	
	LOC	Location	方所	
	POS	Possessor	所有者	

续表

字段	输入值代码	代码含义	汉语表述	出处
AOH/ACN	1st	The first person	第一人称	希尔弗斯坦
	2nd	The second person	第二人称	
	3rd	The third person	第三人称	
	PRN/KIN	Proper name/Kin term	专有名词/亲属称谓	
	HUM	Human NP	人类名词短语	
	ANI	Animate NP	有生名词短语	
	INA	Inanimate NP	无生名词短语	
VRC	ACT	Active	主动式	
	PAS	Passive	被动式	
	IMP	Impersonal	非人称主动式	

注：生命度等级（ANH）

Animacy: 1 & 2 person > 3 person > proper name/kin term > human NP > animate NP > inanimate NP[①]

其中，">"表示"生命度等级位置高于后者"。

名词短语可及性等级（AH）

SU > DO > IO > OBL > GEN > OCOMP[②]

其中，">"表示"比后者更可及"。

三 语义角色

语义角色有很多分类，并无一致结论，[③④⑤⑥⑦] 对汉语语义角色

[①] Silverstein, M., "Hierarchy of features and ergativity", In R. M. W. Dixon (Ed.), *Grammatical Categories in Australian Languages*, pp. 112-171, Canberra: Australian Institute of Aboriginal Studies, 1976.

[②] Keenan, E. L., & Comrie, B., "Noun phrase accessibility and universal grammar", *Linguistic Inquiry*, Vol. 8, 1977, pp. 63-99.

[③] 范晓：《说语义成分》，《汉语学习》2003年第1期，第1—9页。

[④] 鲁川、林杏光：《现代汉语语法的格关系》，《汉语学习》1989年第5期，第11—15页。

[⑤] 袁毓林：《语义角色的精细等级及其在信息处理中的应用》，《中文信息学报》2007年第4期，第10—20页。

[⑥] 邵敬敏：《现代汉语通论》，上海教育出版社2007年版，第220页。

[⑦] 王亚琼、冯丽萍：《汉语语义角色的关系化及关系化难度等级序列分析》，《云南师范大学学报》（对外汉语教学与研究版）2012年第5期，第6—14页。

的分析达 30 多种①。本书以伯克（Berk）②的分类为基础，借鉴了 Summary of Semantic Roles and Grammatical Relations③ 的总结和补充。这一分类基本满足语料标注的需要，且简明、易操作。具体如下：

施事（AGENT）：一个动作的典型的有生施动者，如下面各例中的 Percival 和"珀西瓦尔"：

Percival ate all the kimchi. 珀西瓦尔吃光了所有的泡菜。

All the kimchi was eaten by Percival. 所有的泡菜都被珀西瓦尔吃光了。

It was Percival who ate the kimchi. 是珀西瓦尔吃了泡菜。

Why did Percival eat the kimchi? 为什么珀西瓦尔吃泡菜？

致事（CAUSER）：无意识地导致某事件发生的参与者，如下面各例中的 water 和"水"：

The water destroyed my computer. 水破坏了电脑。

The city was inundated by water. 城市被大水淹没了。

工具（INSTRUMENT）：间接的"动力"，通常施事作用于工具，工具影响事件或情境，如下面各例中的 hammer 和"锤子"：

Percival broke the window with the hammer. 珀西瓦尔用锤子打破了玻璃。

This hammer will break the window. 锤子将打破玻璃。

The window was broken by the hammer. 玻璃是（被）锤子打破的。

感事（EXPERIENCER）：通常为有生实体，但是感觉印象或心

---

① 参见网络资源：http://wenku.baidu.com/link?url=niGMfjC4ZBR1tFZbPOXTb-5NMRN6OBL7222SSsfMaH7HP。osQanoQWxTdRQpQyyYYCMUw56kywHzsU7ey-kpTPKWg-guzb10_cz0h2fOa0bQ7。

② Berk, L. M., *English syntax*: *from word to discourse*, Oxford: Oxford University Press, 1999, pp. 15-21。

③ 此文源自网络，出处为 pages.uoregon.edu/tpayne/EG595/HO-Srs-and-GRs.pdf，下载于 2013 年 5 月 10 日。该文增加了 Berk 未明确表示的"方所"和"所有者"，尤其是"所有者"的设立方便分析关系化 genitive 的现象。此外，此文不赞同 Berk（1999：21-23）把空位 it 和下指的 it 作为语义角色，认为它们是满足英语必须有主语的语法需要的一种手段，是合乎语言事实的。

理状态的无意识体验者①，如下面各例中的 Percival 和"珀西瓦尔"：

Percival heard a train coming. 珀西瓦尔听到火车来了。

Percival felt sad when he heard the news. 珀西瓦尔听到这个消息感到很难过。

The answer seemed wrong to Percival. 珀西瓦尔觉得这个答案是错误的。

受事（PATIENT）：受动词行为影响的参与者。参与者受动词行为的影响越明显、越具体，受事角色越典型。如下例中的 Percival 和"珀西瓦尔"：

Percival fell off the ladder. 珀西瓦尔从梯子上掉下来了。

Lucretia slapped Percival. 卢克丽霞打了珀西瓦尔一耳光。

Percival died. 珀西瓦尔死了。

She dropped the flowerpot on Percival. 她把花盆砸到了珀西瓦尔的身上。

客事（THEME）：Berk 定义其为"被描述"或"定位"的参与者；述谓是关于参与者的属性、处所或非主动行为的。如下例中的 ball 或"球"：

The ball rolled into the kitchen. 球滚进了厨房。

Percival saw the ball. 珀西瓦尔看到了球。

The ball is in the kitchen. 球在厨房。

There is a ball in the suitcase. 手提箱里有个球。

The ball is red. 球是红色的。

接受者（RECIPIENT）：被转移物品的接收终端，是典型的有生实体。如下例中的 Percival 和"珀西瓦尔"：

Percival received the letter. 珀西瓦尔收到了信。

Lucretia sent the letter to Percival. 卢克丽霞把信送给了珀西瓦尔。

Lucretia sent Percival the letter. 卢克丽霞送信给珀西瓦尔。

受益者（BENEFACTIVE）：典型的有生参与者，从一个动作或

---

① Berk, L. M., *English syntax: from word to discourse*, Oxford: Oxford University Press, 1999, p. 17.

情境中获益。① 如下例中的 Percival 和"珀西瓦尔":

This book is for Percival. 这本书是给珀西瓦尔的。

I mowed the lawn for Percival. 我替珀西瓦尔割草坪。

I made Percival a sandwich. 我给珀西瓦尔做了个三明治。

方所（LOCATION 或 LOCATIVE）：描述动作或情境的方位，或移动物体的来源、路径或目标的任意参与者。如下面各例中的 table 和"桌子"：

Your sandwich is on the table. 你的三明治在桌子上。

He put the book under the table. 他把书放在桌子的下面。

He had to walk around the table. 他只好绕桌（走）一周。

The pen fell off the table. 笔从桌子上掉下去了。

客事与方所的区别可用下例说明：

The table is in the bedroom. 桌子在卧室。

上面两句中，The table 和"桌子"分别为客事，the bedroom 和"卧室"分别为方所。

所有者（POSSESSOR）：典型的有生参与者，拥有或暂时控制其他参与者。如下面各例中的 Percival 和"珀西瓦尔"：

Percival has three cats. 珀西瓦尔有三只猫。

Percival's cats are annoying. 珀西瓦尔的猫很烦人。

Those cats are Percival's. 那些猫是珀西瓦尔的。

四 数据库建设步骤

将保存在 WORD 文档中的语料针对选择标准再次进行甄别筛选，把符合条件的句子依照页码顺序录入数据库，按照数据库结构中的字段名一一进行标注。如 *An American Tragedy* 中有这样一个句子：Because of his parents, and in spite of his looks, which were really agreeable and more appealing than most, he was inclined to misinterpret the interested looks which were cast at him occasionally by young girls in

---

① Berk, L. M., *English Syntax: From Word to Discourse*, Oxford: Oxford University Press, 1999, p. 291.

very different walks of life from him—the contemptuous and yet rather inviting way in which they looked to see if he were interested or disinterested, brave or cowardly. 根据数据库的结构，标注为：

ID	TT	PAG	MOD	PRN	GFH	SRH	AOH	GRR	SRR	VRC	ACN	PAA
43	An American Tragedy	15	the	which	DO	THE	INA	SU	PAT	PAS	HUM	by

为了便于检查和修改，每一本原著建立一个数据库，经过交叉验证，确认修改无误后再按照语种进行合并。

数据库建成以后，可以通过 ACCESS 的查询功能，查询和统计任何所需信息。例如，要统计数据库中中心名词的语法功能和关系从句的提取类型，可以依照以下步骤实现："创建—查询设计—添加数据表—选择字段—GFH+GFR—汇总—计算"。

这样，通过对自然语篇中所需信息的标注和统计分析，就可以检验实验条件下得出的结论是否符合实际语料，二者有何差异，以及差异可能的动因。

第三节　分析框架

本书采用定性和定量相结合的对比研究方法。定性研究主要用于构建适合本书的理论框架，确定关系从句的选择标准，根据统计分析结果概括关系从句生成的各种倾向或规律；定量研究主要用于关系从句数据库的建设，数据的统计、计算，以及与试验数据的比较。

理论框架：名词短语基于生命度等级的概念相似性竞争体系（简称名词短语竞争体系，它是通过整合基于生命度的提取顺序观、基于概念相似性的竞争观以及生成—分布—理解观而成的）。

分析软件：SPSS19.0

分析样本：名词短语的生命度、竞争与生成英汉关系从句提取的类型的关系；

名词短语的生命度、竞争与生成英汉关系从句的语态的关系；

名词短语的生命度、竞争与英汉关系从句被动句施事隐现的关系；

名词短语的生命度、竞争与英语关系从句关系化标记的关系；

被关系化名词的语义角色与生成关系从句的提取类型及语态的关系。

第四章

名词短语竞争与关系从句类型

第一节 关系从句类型分布

本书数据库共收录符合标准的关系从句 6166 条，其中英语 4230 条，汉语 1936 条。具体如表 4—1 所示。

表 4—1　　　　英语、汉语关系从句来源及总数

语言	作品	作品总字/词数	关系从句数	关系从句总数
英语	An American Tragedy	359500	1630	4230
	Sister Carrie	197100	655	
	The Financier	198900	721	
	The Stoic	195000	525	
	The Titan	127000	699	
汉语	《骆驼祥子》	135000	337	1936
	《离婚》	120000	211	
	《四世同堂》(《惶惑》)	320000	517	
	《四世同堂》(《偷生》)	346000	574	
	《四世同堂》(《饥荒》)	214000	297	
关系从句总计				6166

所有关系从句按照 SU, DO, IO, OBL, GEN, OCOM（分别表示关系化主语、直接宾语、间接宾语、旁语、属格语及比较宾语）

的类型观察，其分布如表 4—2 所示：

表 4—2　　　　　　关系从句提取类型分布

语言	作品	SU	DO	OBL	GEN	合计
英语	*An American Tragedy*	721	589	312	8	1630
	Sister Carrie	310	275	63	7	655
	The Financier	346	249	117	9	721
	The Stoic	254	207	60	4	525
	The Titan	331	257	105	6	699
合计		1962	1577	657	34	4230
比例		46.38%	37.28%	15.53%	0.80%	100%
汉语	《骆驼祥子》	229	91	16	1	337
	《离婚》	139	72			211
	《四世同堂》（《惶惑》）	346	165	2	4	517
	《四世同堂》（《偷生》）	441	124	5	4	574
	《四世同堂》（《饥荒》）	212	80	3	2	297
合计		1367	532	26	11	1936
比例		70.61%	27.48%	1.34%	0.57%	100%

数据库分布情况表明，英语和汉语关系从句的分布趋势相同，都是 SU > DO > OBL > GEN（">"表示分布频度大于），基本符合 Keenan & Comrie[①] 的名词短语可及性等级（SU > DO > IO > OBL > GEN > OCOMP，其中 ">" 表示更可及），只是 IO 和 OCOM 两类关系从句在实际语料中没有出现。如果对比英语和汉语各自的分布情况，可以发现，英语从 SU、DO、OBL 到 GEN 呈逐步递减态势（比例分别为 46.38%、37.28%、15.53% 及 0.80%），而汉语这四个关系从句类型呈锐减态势（比例分别为 70.61%、27.48%、1.34% 及 0.57%），且汉语关系化旁语（OBL）的从句比例远比英

---

① Keenan, E. L., & Comrie, B., "Noun phrase accessibility and universal grammar", *Linguistic Inquiry*, Vol. 8, 1977, pp. 63-99.

语小。也就是说,英语和汉语总体上都体现出关系化主语的优势,但汉语的优势更明显。参考第四章第二节表4—4则发现,中心名词的语法功能为主语时,英语的主语提取关系从句比宾语提取关系从句略多(381 vs 308);汉语同样条件下的两类关系从句的数量明显不同(363 vs 116)。当中心名词的语法功能为宾语时,英语的主语提取关系从句与宾语提取关系从句相当(669 vs 687);汉语同样条件下的两类关系从句的数量同样差异明显(853 vs 356)。即,无论中心名词的语法功能是主语还是宾语,汉语主语提取关系从句的比例均高于宾语提取关系从句,因此,汉语 SU 的比例比其他类型的关系从句比例高出很多。

此外,汉语关系化旁语的频度不如英语高,这可能与英语的介词比汉语更发达有关。[1][2]

第二节 中心名词的语法功能与关系从句提取类型

中心名词在主句(或上一级从句)中的语法功能与关系从句提取类型的分布是否有大致规律可循?即,从纯句法角度看,当中心名词在主句中充当主语时,关系从句更有可能关系化为主语、宾语,还是其他成分?依此类推,中心名词在主句中的语法功能是否影响关系从句被关系化的成分,其倾向是否明显?归纳这一点可为下一步探讨中心名词生命度与关系从句生成的关系奠定基础。

当中心名词在主句中充当主语(SU)、关系从句关系化的也是主语(SU)时,形成的关系从句提取类型缩写为 SS;同理,当中心名词的语法功能与被关系化成分的语法功能构成主语—直接宾语格局时缩写为 SO;直接宾语—主语为 OS;直接宾语—直接宾语为 OO;间接宾语—主语为 IS;间接宾语—直接宾语为 IO;属格语—主语为 GS;属格语—直接宾语为 GO,依此类推。由于旁语的缩写

---

[1] 沈家煊:《英汉介词对比》,《外语教学与研究》1984年第2期,第1—8页。
[2] 连淑能:《英汉对比研究》,高等教育出版社1993年版。

为 OBL，首字母 O 与 DO 的缩写易导致混淆，故将 OBL 缩写为 B，如旁语—旁语为 BB，其余类推。

中心名词的语法功能与关系从句提取类型的分布见表4—3。

表4—3　　中心名词语法功能与关系从句提取类型①

	OS	OO	BS	SS	BO	SO	BB	OB	SB	BG
A	224	235	366	130	247	105	185	79	48	5
C	113	125	145	48	93	56	26	22	15	3
F	113	125	143	89	68	56	52	39	26	6
S	94	89	111	49	77	41	32	16	12	3
T	125	113	141	65	94	50	49	29	27	2
骆	130	60	21	76	6	24	2	7	7	1
离	87	46	8	41	7	19				
四	636	250	93	246	45	73	3	7		2
合计	1522	1043	1028	744	637	424	349	199	135	22

	IS	OG	GS	SG	OSS	IO	OSO	OSG	GO
A		2	1	1		2			
C	4	3		1		1			
F	1			3					
S		1							
T		3		1					
骆			1		1		1		
离	2		1						
四	12	7	6	1	4		1	1	1
合计	19	16	9	7	5	3	2	1	1
总计					6166				

① 因页面所限，表内项目名称有缩略。左列分别指来源作品，其中 A, C, F, S, T 分别指 An American Tragedy, Sister Carrie, The Financier, The Stoic 及 The Titan。骆、离、四分别指《骆驼祥子》、《离婚》和《四世同堂》（包括《惶惑》、《偷生》与《饥荒》）。

上表显示，从英汉语关系从句的总体分布趋势看，中心名词语法功能与关系从句提取类型的分布频度较高的为：OS、OO、BS、SS、BO、SO、BB、OB及SB。这一结果似乎无章可循，不能揭示中心名词的语法功能与从句提取类型之间的关系，最多表明关系化主语的优势。

为了进一步观察英语和汉语中心名词的语法功能与关系从句提取类型的异同，通过分表予以显示（见表4—4）。

表4—4　　中心名词在主句中的语法功能与关系从句提取类型

语言	中心名词的语法功能 从句提取	SU	DO	IO	OBL	GEN	DO&SU
英语 4230	SU	381	669	5	906	1	0
	DO	308	687	3	579	0	0
	IO	0	0	0	0	0	0
	OBL	128	185	0	344	0	0
	GEN	6	9	0	19	0	0
语言	中心名词的语法功能 从句提取	SU	DO	IO	OBL	GEN	DO&SU
汉语 1936	SU	363	853	14	122	8	5
	DO	116	356	0	58	1	2
	IO	0	0	0	0	0	0
	OBL	7	14	0	5	0	0
	GEN	1	7	0	3	0	1

与本书相关的从句类型为SS、OS、SO、OO，故其余项目不作为本书的重点考察对象。

表4—4的结果表明，英语中心名词的语法功能与关系从句提取类型的分布趋势为：OO>OS>SS>SO；汉语中心名词的语法功能与关系从句提取的分布趋势为：OS>SS>OO>SO。这与蒲（Pu）[①] 的

[①] Pu, Ming-Ming, "The distribution of relative clauses in Chinese discourse", *Discourse Process*, Vol. 43, No. 1, 2007, pp. 25-53.

结果略有不同（SS > OS > OO > SO），但其研究的样本较小，总数为271，所以就此断言哪一个分布态势更有价值稍嫌仓促。

为了比较上述四个项目的构成比有无关联及差异是否显著，特用卡方检验（Chi-square test）予以检验。检验将英语和汉语分开，以供对比。① 结果如表4—5。

表4—5 英语中心名词语法功能与关系从句提取类型的卡方检验结果

语法功能 * 提取成分 交叉制表

			提取成分		合计
			提取主语	提取宾语	
语法功能	主句主语	计数	381	308	689
		期望的计数	353.8	335.2	689.0
		提取成分中的%	55.3%	44.7%	100.0%
	主句宾语	计数	669	687	1356
		期望的计数	696.2	659.8	1356.0
		提取成分中的%	49.3%	50.7%	100.0%
合计		计数	1050	995	2045
		期望的计数	1050.0	995.0	2045.0
		提取成分中的%	51.3%	48.7%	100.0%

卡方检验

	值	df	渐进 Sig.（双侧）	精确 Sig.（双侧）	精确 Sig.（单侧）
Pearson 卡方	6.499[a]	1	.011		
连续校正[b]	6.262	1	.012		
似然比	6.508	1	.011		
Fisher 的精确检验				.011	.006

---

① 对比研究需要对比基础，或曰对比中立项［埃利斯（Ellis），1966；克尔采斯佐斯基（Krzeszowski），1984；许余龙，1988；1992；2002；2009；2010；约翰森（Johanssen），2007；伊根（Egan），2013 等］，英语和汉语均有关系从句，且表4—3显示，两种语言关系化的可及性相当，故关系从句是英汉语言默认的（default）对比基础。

78   名词短语竞争与关系从句生成——一项基于英汉对比数据库的研究

续表

	值	df	渐进 Sig.（双侧）	精确 Sig.（双侧）	精确 Sig.（单侧）
线性和线性组合	6.496	1	.011		
有效案例中的 N	2045				

a. 0 单元格（.0%）的期望计数少于 5。最小期望计数为 335.23。
b. 仅对 2×2 表计算。

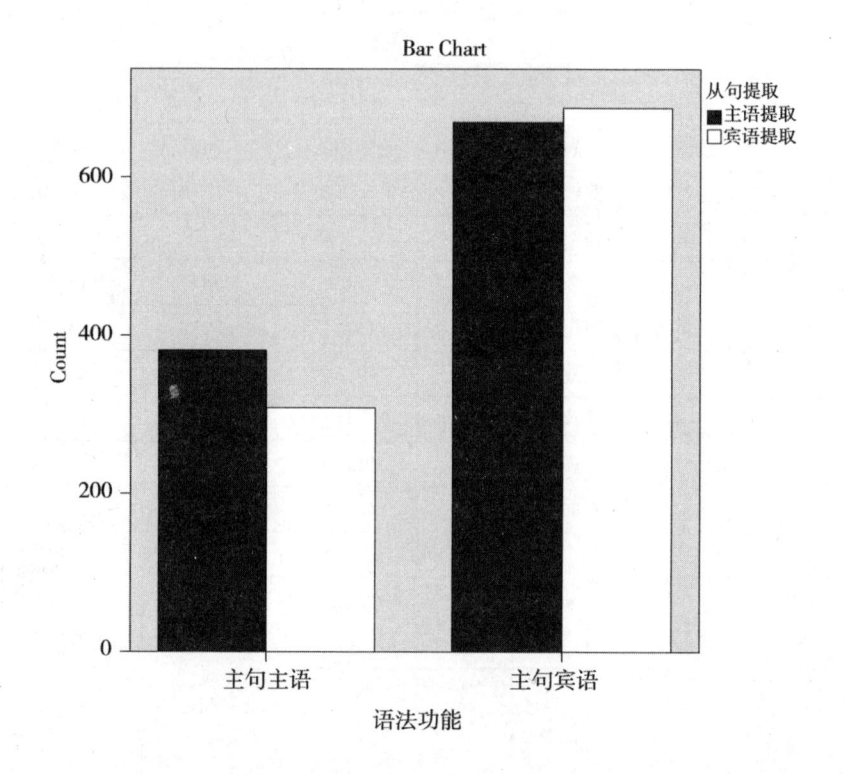

Bar Chart

表4—5显示，卡方值为 6.499[a]，p=0.011 < 0.05，中心名词的语法功能与关系从句提取有一定的关系。当英语中心名词的语法功能为主语时，主语提取（SS）和宾语提取关系从句（SO）的比例分别为 55.3%和 44.7%，前者略多于后者；当中心名词的语法功能为宾语时，主语提取和宾语提取关系从句（OS 和 OO）的比例分别为 49.3%和 50.7%，后者略多于前者。即，当中心名词为主语

时，生成的主语提取关系从句较多；当中心名词为宾语时，生成的宾语提取关系从句较多。上述条形图直观地表明了这一点。

汉语的情况有何不同呢？

表4—6显示，卡方值为4.656^a，p=0.031 < 0.05，即中心名词的语法功能与关系从句提取有一定的关系。但列联表表明，无论汉语的中心名词的语法功能为主语还是宾语，主语提取关系从句的比例均高于宾语提取关系从句。只是当中心名词为宾语时，主语提取的关系从句的比例比在中心名词为主语时略低（75.8% vs 70.6%），这一点与英语不同。与英语相似之处为：当中心名词做宾语时，宾语提取关系从句比例略高于中心名词做主语时的比例（分别为29.4%和24.2%）。

表4—6 汉语中心名词语法功能与关系从句提取类型卡方检验结果

语法功能 * 提取成分 交叉制表

			从句提取		合计
			关系化主语	关系化宾语	
语法功能	主句主语	计数	363	116	479
		期望的计数	345.1	133.9	479.0
		语法功能中的%	75.8%	24.2%	100.0%
	主句宾语	计数	853	356	1209
		期望的计数	870.9	338.1	1209.0
		语法功能中的%	70.6%	29.4%	100.0%
合计		计数	1216	472	1688
		期望的计数	1216.0	472.0	1688.0
		语法功能中的%	72.0%	28.0%	100.0%

卡方检验

	Value	df	Asymp. Sig.（2-sided）	Exact Sig.（2-sided）	Exact Sig.（1-sided）
Pearson 卡方	4.656^a	1	.031		
连续校正^b	4.400	1	.036		

续表

	Value	df	Asymp. Sig.（2-sided）	Exact Sig.（2-sided）	Exact Sig.（1-sided）
似然比	4.742	1	.029		
Fisher 的精确检验				.035	.017
线性和线性组合	4.654	1	.031		
有效案例中的 N	1688				

a. 0 cells (.0%) have expected count less than 5. The minimum expected count is 133.94.
b. Computed only for a 2×2 table.

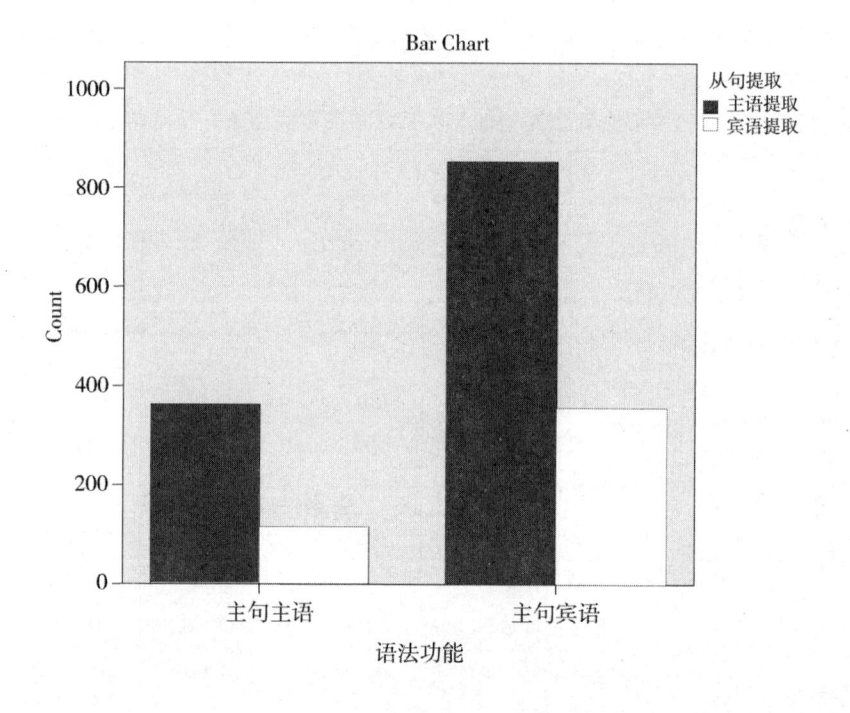

总体而言，两种语言关系从句的卡方检验结果显示，$p < 0.05$，英语为 0.011，汉语为 0.031，即，主语提取的关系从句（SS 和 OS）比例均高于宾语提取的关系从句（SO 和 OO）。但是，英语和汉语存在差异。列联表中实际观测值与理论推断值之间的偏离程度，以及主语提取和宾语提取的总体比例都显示，汉语表现出强烈的关系

化主语的倾向,受中心名词语法功能的影响明显小于英语。

两种语言实际语料的比例也说明了这一点。汉语中心名词充当主句(或上一级从句)主语时的主语提取关系从句比率为75.8%,相应的宾语提取关系从句为24.2%;修饰主句(或上一级从句)宾语的主语提取关系从句比率为70.6%,相应的宾语提取关系从句为29.4%。英语的情况与此不尽相同。中心名词充当主句(或上一级从句)主语时主语提取关系从句比率为55.3%,相应的宾语提取关系从句为44.7%;充当主句(或上一级从句)宾语时主语提取关系从句比率为49.3%,相应的宾语提取关系从句为50.7%。尽管总体上提取主语的关系从句(SS和OS)比率高于提取宾语的关系从句(SO和OO),比例分别为51.3%和48.7%,但其显著性远不及汉语(比例分别为:72.0% vs 28.0%)。

由此发现:(1)英语和汉语修饰主句宾语的关系从句(OS、OO)频度高于修饰主句主语(SS、SO)的关系从句;(2)关系化主语(SU)的关系从句频度高于关系化宾语(DO)的关系从句;(3)当中心名词在主句中的语法功能为主语时,英语的主语提取关系从句略多,而当中心名词在主句中的语法功能为宾语时,宾语提取关系从句略多;汉语在两种条件下的主语提取关系从句比例均高于宾语提取关系从句;只是当中心名词为宾语时,宾语提取关系从句的比例略高于中心名词为主语条件时。即,中心名词的语法功能对于英语关系从句的生成有比较明显的影响,但对汉语关系从句的提取没有明显影响。

第三节 中心名词的生命度与关系从句类型

既然中心名词的语法功能对关系从句提取的作用不是很明显,那么中心名词生命度的作用是否更重要呢?

本书中心名词的生命度划分为七种类别,本节因不涉及有生实体生命度等级位置之间和内部的竞争,为了分析方便,暂且把这七类简化为有生—无生两类,以观察四个目标关系从句的分布及其关联性。

一 中心名词的生命度与语法功能

首先需要探明中心名词的生命度与其语法功能之间的关系。为此,从数据库中创建查询,选择 AOH-GFH-GFR 进行筛选,将结果输入 SPSS 进行卡方检验,结果如表 4—7 所示。

表 4—7　英语中心名词的生命度与语法功能卡方检验结果

生命度 * 语法功能 交叉制表

			语法功能		合计
			充当主句主语	充当主句宾语	
中心名词的生命度	有生	计数	231	290	521
		期望的计数	175.5	345.5	521.0
		生命度中的%	44.3%	55.7%	100.0%
		语法功能中的%	33.5%	21.4%	25.5%
		总数的%	11.3%	14.2%	25.5%
	无生	计数	458	1066	1524
		期望的计数	513.5	1010.5	1524.0
		生命度中的%	30.1%	69.9%	100.0%
		语法功能中的%	66.5%	78.6%	74.5%
		总数的%	22.4%	52.1%	74.5%
合计		计数	689	1356	2045
		期望的计数	689.0	1356.0	2045.0
		生命度中的%	33.7%	66.3%	100.0%
		修饰成分中的%	100.0%	100.0%	100.0%
		总数的%	33.7%	66.3%	100.0%

卡方检验

	值	df	渐进 Sig.(双侧)	精确 Sig.(双侧)	精确 Sig.(单侧)
Pearson 卡方	35.466[a]	1	.000		
连续校正[b]	34.830	1	.000		

续表

	值	df	渐进 Sig.（双侧）	精确 Sig.（双侧）	精确 Sig.（单侧）
似然比	34.559	1	.000		
Fisher 的精确检验				.000	.000
线性和线性组合	35.449	1	.000		
有效案例中的 N	2045				

a. 0 单元格（.0%）的期望计数少于 5。最小期望计数为 175.53。
b. 仅对 2×2 表计算。

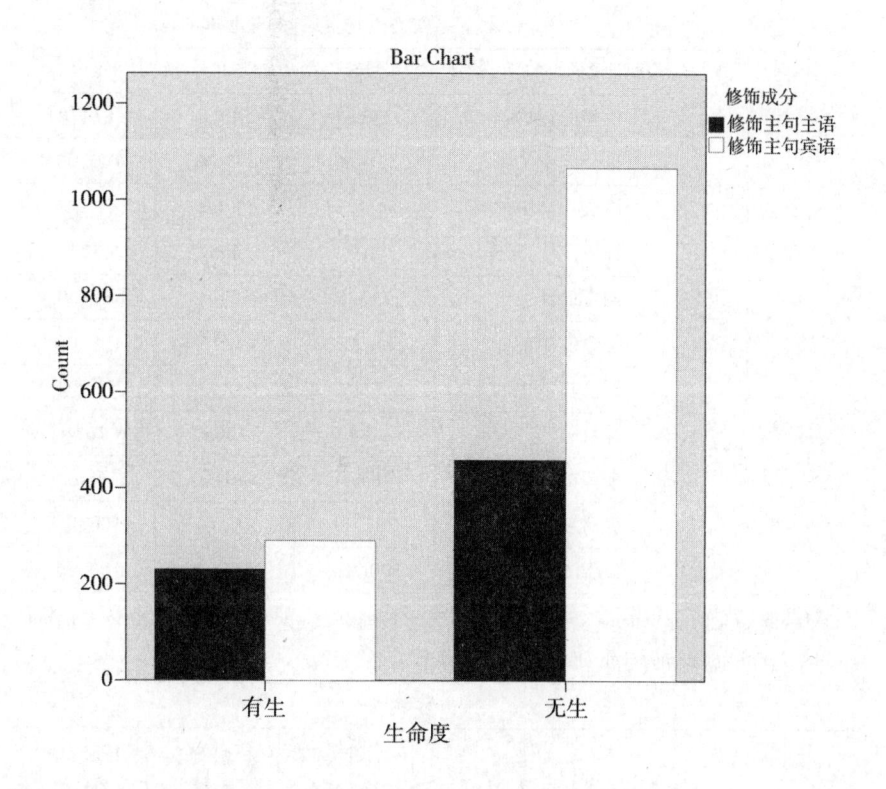

Bar Chart

（柱状图：横轴为生命度，分"有生"与"无生"；图例为修饰成分，分修饰主句主语、修饰主句宾语）

表 4—7 显示，卡方值为 35.466^a，$p < 0.0006$，即中心名词的生命度与其语法功能存在相关性。列联表说明，当英语中心名词为有生实体时，其充当主句主语和主句宾语的比率差异不够大（分别为 44.3% 和 55.7%），未显示显著差异；当中心名词为无

生实体时，其充当主句主语和宾语的比例为 30.1% 和 69.9%，存在显著差异。即，当中心名词为无生实体时，更倾向于充当主句的宾语。

从数据库中查询汉语的相应情况，并通过卡方检验，结果如表4—8所示。

表4—8　汉语中心名词生命度与语法功能卡方检验结果

中心名词的生命度 ＊ 语法功能 交叉制表

中心名词的生命度			语法功能		合计
			充当主句主语	充当主句宾语	
有生		计数	265	549	814
		期望的计数	233.4	580.6	814.0
		生命度中的%	32.6%	67.4%	100.0%
		语法功能中的%	54.8%	45.6%	48.2%
无生		计数	219	655	874
		期望的计数	250.6	623.4	874.0
		生命度中的%	25.1%	74.9%	100.0%
		语法功能中的%	45.2%	54.4%	51.8%
合计		计数	484	1204	1688
		期望的计数	484.0	1204.0	1688.0
		生命度中的%	28.7%	71.3%	100.0%
		%语法功能	100.0%	100.0%	100.0%

Each subscript letter denotes a subset of 修饰成分 categories whose column proportions do not differ significantly from each other at the .05 level。

卡方检验

	值	df	渐进 Sig.（双侧）	精确 Sig.（双侧）	精确 Sig.（单侧）
Pearson 卡方	11.586[a]	1	.001		
连续校正[b]	11.222	1	.001		
似然比	11.590	1	.001		

续表

	值	df	渐进 Sig.（双侧）	精确 Sig.（双侧）	精确 Sig.（单侧）
Fisher 的精确检验				.001	.000
线性和线性组合	11.579	1	.001		
有效案例中的 N	1688				

a. 0 单元格（.0%）的期望计数少于 5。最小期望计数为 228.96。

b. 仅对 2×2 表计算。

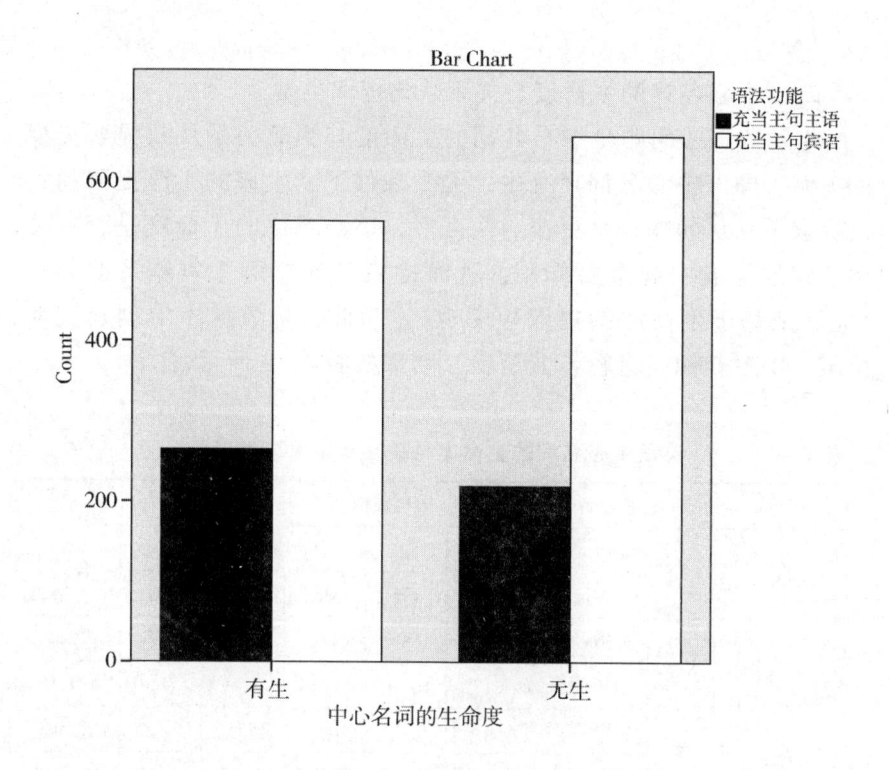

表4—8 显示：卡方值为 11.586[a]，不及英语的 35.466[a]。p 值（0.001）也比英语的高。总体上，无论中心名词为有生还是无生实体，其充当主句宾语的比例均高于主语。只是当中心名词为有生实体时，其充当主句主语和宾语的差异较小（分别为 32.6% 和 67.4%）；当中心名词为无生实体时，差异较大（分别为 25.1% 和

74.9%），其充当主句宾语的倾向更明显。

单纯从中心名词的生命度与其在主句中的语法功能的分布来看，可以看出大致的倾向：中心名词的生命度与其在主句中的语法功能存在一定的相关性，当中心名词为无生实体时，其充作主句宾语的比例高于其为有生实体时。至于当中心名词为有生实体时，没有表现出充当主句主语的倾向，原因是，选择语料时增加了变量，即，语料为全部含有主语提取和宾语提取关系从句的句子。去掉这些变量，方可验证提取顺序观的内容预测（参见第一章第三节第一目）。

二 中心名词的生命度与关系从句提取类型

本章的核心问题是中心名词的生命度与生成关系从句提取类型的关系。即，中心名词在有生、无生条件下，生成的主语提取和宾语提取关系从句哪一个更多。换言之，中心名词的生命度是否在关系从句的生成中起重要作用，进而检验名词短语竞争体系的预测（尤其是基于生命度的提取顺序观）。为此，从数据库中创建查询 AOH—GFH—GFR，进行卡方检验，结果如表4—9所示。

表4—9　　英语中心名词的生命度与关系从句提取类型

中心名词的生命度 * 从句提取 交叉制表

			从句提取				合计
			SS	OS	SO	OO	
中心名词的生命度	有生	计数	188	211	43	79	521
		期望的计数	97.1	170.4	78.5	175.0	521.0
		生命度中的%	36.1%	40.5%	8.3%	15.2%	100.0%
		提取从句中的%	49.3%	31.5%	14.0%	11.5%	25.5%
	无生	计数	193	458	265	608	1524
		期望的计数	283.9	498.6	229.5	512.0	1524.0
		生命度中的%	12.7%	30.1%	17.4%	39.9%	100.0%
		提取从句中的%	50.7%	68.5%	86.0%	88.5%	74.5%

续表

		从句提取				合计
		SS	OS	SO	OO	
合计	计数	381	669	308	687	2045
	期望的计数	381.0	669.0	308.0	687.0	2045.0
	生命度中的%	18.6%	32.7%	15.1%	33.6%	100.0%
	提取从句中的%	100.0%	100.0%	100.0%	100.0%	100.0%

卡方检验

	值	df	渐进 Sig.（双侧）
Pearson 卡方	219.469[a]	3	.000
似然比	219.668	3	.000
线性和线性组合	204.604	1	.000
有效案例中的 N	2045		

a. 0 单元格（.0%）的期望计数少于 5。最小期望计数为 78.47。

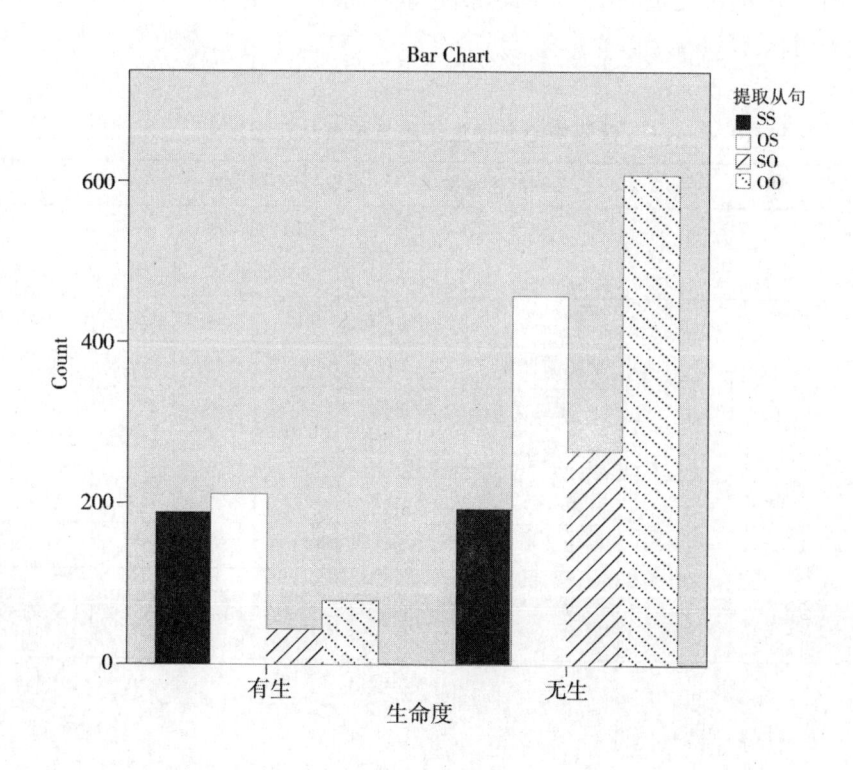

Bar Chart

表4—9显示，卡方值为219.469^a，p<0.0003，表明英语中心名词的生命度与关系从句提取类型存在显著相关性。当中心名词为有生实体时，英语更倾向于生成主语提取关系从句（SS、OS），其数量为399；而此条件下宾语提取关系从句（SO、OO）的数量为122，分别占76.6%和23.4%。当中心名词为无生实体时，倾向于生成更多的宾语提取关系从句，主语—宾语提取关系从句的数量及比例分别为：651 vs 864；42.72% vs 57.28%。结果符合名词短语竞争体系的预测。

同样条件下汉语的表现见表4—10。该表显示，卡方值为231.193^a，p<0.0008，表明中心名词的生命度与关系从句提取有比较显著的相关性。其中，当中心名词为有生实体时，生成更多的主语提取关系从句，SS和OS占比例为89.2%；当中心名词为无生实体时，没有这么明显的倾向，主语提取和宾语提取关系从句的比例分别为56.6%和43.4%。即，当中心名词为有生实体时，生成的关系从句类型符合名词短语竞争体系；无生条件下倾向不如英语明显。

表4—10　汉语中心名词生命度与关系从句提取

中心名词的生命度 * 从句提取 交叉制表

			从句提取				合计
			SS	OS	SO	OO	
中心名词的生命度	有生	计数	236	485	24	63	808
		期望的计数	173.8	409.7	54.6	169.9	808.0
		中心名词的生命度中的%	29.2%	60.0%	3.0%	7.8%	100.0%
	无生	计数	127	371	90	292	880
		期望的计数	189.2	446.3	59.4	185.1	880.0
		中心名词的生命度中的%	14.4%	42.2%	10.2%	33.2%	100.0%

续表

		从句提取				合计
		SS	OS	SO	OO	
合计	计数	363	856	114	355	1688
	期望的计数	363.0	856.0	114.0	355.0	1688.0
	中心名词的生命度中的%	21.5%	50.7%	6.8%	21.0%	100.0%

Chi-Square Tests

	Value	df	Asymp. Sig.（2-sided）
Pearson 卡方	231.193[a]	3	.000
似然比	246.283	3	.000
线性和线性组合	212.661	1	.000
有效案例中的 N	1688		

Bar Chart

中心名词的生命度

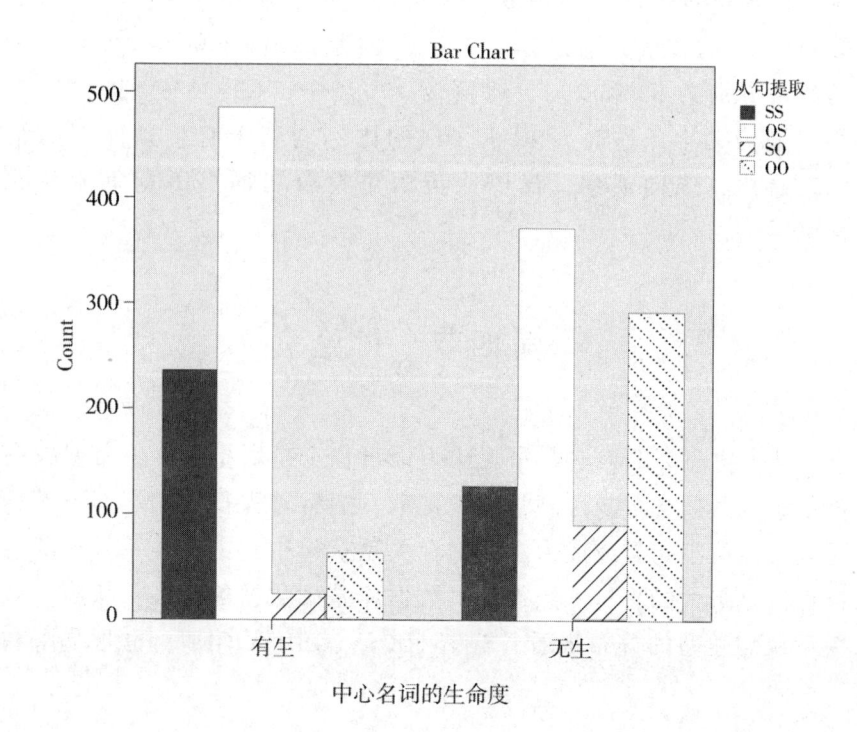

从单项看，英语中心名词在有生条件下的 SS 为 188 个，无生条件下为 193 个，相应比例为 49.3% 和 50.7%，没有明显反映名词短语竞争体系（特别是基于生命度的提取顺序观）的预测。而相应的 OS 数量分别为 211 和 458，比例为 31.5% 和 68.5%，与提取顺序观的预测相左。但宾语提取关系从句的数值符合该体系：中心名词为有生和无生条件下，SO 关系从句的数量分别为 43 和 265，比例为 14% 和 86%；OO 的数量分别为 79 和 608，比例为 11.5% 和 88.5%，后者显著多于前者，说明当中心名词为无生实体时，生成更多的宾语提取关系从句（包括 SO 和 OO）。

汉语的情形略有不同。

当中心名词为有生条件时，SS 共 236，无生条件时共 127，比例分别为 65.01% 和 34.99%，符合名词短语竞争体系。相应条件下的 OS 数量分别为 485、371，比例为 56.66% 和 43.34%，也符合名词短语竞争体系的预测。宾语提取关系从句的情况也有这种倾向：SO 的数量分别为 24、90，比例为 21.05% 和 78.95%；OO 的数量分别为 63 和 292，比例为 17.75% 和 82.25%。即，当中心名词为无生条件时，SO 和 OO 的比例均高于有生条件下的结果。总之，纵向观察，汉语比英语更符合名词短语竞争体系的预测。

第四节 讨论

基于生命度的提取顺序观认为语言加工是增量的，生命度较高的信息因其概念可及性高，易于提取，通常首先得到加工，因而有更大可能位于句首或成为主语。在关系从句中，主语被关系化的可能性也是最大的，这一点得到了数据库基础数据的印证：从第一节关系从句类型的分布来看，SU > DO > OBL > GEN，也与基南和科姆里①通过考察约 50 种语言后得出的名词短语可及性等级（Accessibility Hierarchy，缩写为 AH）相一致。该等级（SU > DO > IO > OBL > GEN > COMPO）表明了名词短语在简单主句中关系化的相对可及性。基南和科姆里也承认，并非任何语言一定区分全部上述六个关系化位置。值得思考的是，英语和汉语都区分该等级每个位置，特别是等级位置较高的间接宾语，但有趣的是，两种语言都没有出现关系化 IO 的实例。因此，至少在关系化角度，英语和汉语 IO 的等级位置应更靠后。实例说明，一个重要的原因是，IO 的关系化是通过关系化 OBL 实现的。如

（1）"Oh, yes, I like candy. Why?" asked Clyde on the instant feeling teased and disturbed, since <u>the girl for whom he was buying the candy</u> was Roberta.

(*An American Tragedy*)

在这个意义上说，提取顺序观在 IO 这个位置并未受到实质挑战，因为基南和科姆里也试图找出名词短语可及性等级的心理动因。不过，更多的 OBL 分布说明，介词较发达的英语更倾向于关系化旁语。汉语的介词虽不及英语那么丰富，但是在语言加工时，要关系化间接宾语，一般会出现多个概念的相互干扰，造成语言规划阶段更大的负荷，因而不便使用。如："我给了他一本书的那个学生回家了"，除了中心名词"那个学生"外，还涉及"我"，回指的"他"，以及他收到的"一本书"。即，在语言规划阶段，要说明（锚定）他的身份，大脑加工先从"那个学生"开始，然后在表达阶段，在之前加上关系从句，该从句又涉及三个实体，形成强烈干扰，增加生成难度。根据 PDC 的模式，一般说话人会选择其他表达方式以避免干扰，降低生成难度。

中心名词在主句（或上一级从句）中的语法功能是否影响关系从句的提取？它的作用是否更大呢？第二节卡方检验的结果显示，英语和汉语语料都证明：主语提取的关系从句显著多于宾语提取的

---

① Keenan, E. L., & Comrie, B., "Noun phrase accessibility and universal grammar", *Linguistic Inquiry*, Vol. 8, 1977, pp. 63–99.

关系从句；但中心名词在主句（或上一级从句）中的语法功能对关系从句的提取产生影响有跨语言差异，英语受此影响较大，汉语没有明显影响。

当英语关系从句修饰主句的主语时，主语提取关系从句多于宾语提取关系从句，计数分别为381和308，比例为55.3%和44.7%；但当关系从句修饰主句宾语时，计数则为669和687，总体比例也无明显差异（49.3% vs 50.7%），表明中心名词在主句（或上一级从句）中的语法功能对生成关系从句有一定的影响。其他研究①②③④与本书研究共同的发现是SU > DO，但此处未发现SS的频度最高。

汉语则不同。表4—4显示，无论中心名词在主句中充当主语还是宾语，其主语提取关系从句数量均大于宾语提取关系从句，且差异显著，这一点从提取关系从句的简单比例即可判断：SS为72.4%，OS为27.6%。即，汉语中心名词的语法功能对关系从句的提取有一定的偏好，不论其做主语还是宾语，都偏好SU。但并未出现中心名词为主语时偏好生成SU，或中心名词为宾语时偏好生成DO，因而中心名词的语法功能对关系从句的生成类型没有明显影响。

另一个需要澄清的问题是：中心名词的生命度与中心名词的语法功能是否存在相关性？卡方检验的结果否定了这一假设。无论中心名词是有生还是无生实体，其宾语语法功能的分布均高于主语语法功能，显然与提取顺序观相悖。因为根据提取顺序观，当中心名词为有生条件时，其充当主语的频度应该更高，这符合名词短语基于生命度的竞争；而在中心名词为无生条件下，其充当宾语的可能性更高。但这一结论不能否定提取顺序观，因为观察对象排除了大

---

① Hsiao, F., *The Syntax and Processing of Relative Clauses in Mandarin Chinese*, The PhD dissertation of Department of Linguistics, MIT, Cambridge, MA, 2003.

② Kuo, K., & Vasishth, S., *Processing Relative Clauses: Evidence from Chinese*, Unpublished manuscript, University of Potsdam, 2006.

③ Ming, T. & Chen, L., "A discourse-pragmatic study of the word order variation in Chinese relative clauses", *Journal of Pragmatics*, Vol. 42, 2010, pp. 168-189.

④ 吴芙芸：《基于经验还是基于工作记忆？——来自汉语新闻语料库中关系从句生命度格局的证据》，《语言科学》2011年第4期，第396—407页。

多不受关系从句修饰的句子,抽样的选择性导致这一结果发生,而已有的研究的确证明中心名词的生命度与其语法功能存在相关性。①②③④⑤⑥⑦⑧⑨⑩

本章的核心问题是:中心名词的生命度与生成关系从句类型的关系。表4—9和表4—10表明,当中心名词为有生条件时,英语和汉语的主语提取关系从句均显著高于宾语提取从句,非常符合名词短语竞争体系,即生命度高的名词短语在获得主语语法地位的竞争力更强。当中心名词为无生条件时,英语的主语提取从句频度低于宾语提取频度,也符合基于生命度的提取顺序观,即,生命度低的名词短语获得宾语语法地位的竞争力更强;而汉语则没有如此表现,即,无生中心名词条件下,主语提取从句(SS 和 OS)比例高于宾语提取从句(SO 和 OO),不符合竞争体系。

此外,当中心名词为有生条件时,英语和汉语分布频度最高的是 OS;而当中心名词为无生条件时,汉语依然为 OS,英语则为 OO。因此,英语比汉语更符合名词短语竞争体系,而汉语则表现出明显的关系化主语的优势,生命度的作用受到了削弱。

---

① Clark, H. H., "Some structural properties of simple active and passive sentences", *Journal of Verbal Learning & Verbal Behavior*, Vol. 4, No. 5, 1965, pp. 365-370.

② MacWhinney, B., "Starting points", *Language*, Vol. 53, 1977, pp. 152-168.

③ Harris, M., "Noun animacy and the passive voice: A developmental approach", *Quarterly Journal of Experimental Psychology*, Vol. 30, 1978, pp. 495-504.

④ Givón, T., "Topic continuity and word order pragmatics in Ute", In T. Givón (Ed.), *Topic Continuity in Discourse: Quantitative Cross-language Study*, *Typological Studies in Language Series* 3, Amsterdam: John Benjamins, 1983, pp. 343-363.

⑤ Bock, J. K., & Warren, R. K., "Conceptual accessibility and syntactic structure in sentence formulation", *Cognition*, Vol. 21, 1985, pp. 47-67.

⑥ Tomlin, R., *Basic Word Order: Functional Principles*, London: Croom Helm, 1986.

⑦ Bock, J. K., "An effect of the accessibility of word forms on sentence structure", *Journal of Memory and Language*, Vol. 26, 1987, pp. 119-137.

⑧ Croft, W., *Typology and Universals*, Cambridge: Cambridge University Press, 1990.

⑨ McDonald, J. L., Bock, J. K., & Kelly, M. H., "Word and world order: Semantics, phonological, and metrical determinants of serial position", *Cognitive Psychology*, Vol. 25, 1993, pp. 188-230.

⑩ Ferreira, V. S., & Firato, C. E., "Proactive interference effects on sentence production", *Psychonomic Bulletin & Review*, Vol. 9, No. 4, 2002, pp. 795-800.

总之，从总的情况看，英语和汉语大致符合名词短语竞争体系的预测，但分析越细致，情况越复杂。两种语言都有提取顺序观及名词间竞争不能解释的现象，需要求助于生成—分布—理解观（PDC）。

PDC认为语言生成存在难度，如早期计划部分地受制于记忆负荷和说话人的策略控制，也受流畅最大化的潜在策略的影响；计划本身跟踪进展状态要付出代价，因为跟踪计划进展本身承担大量额外的注意或维持负担。生成要顺利进行，需要通过三种途径最小化生成难度：易者优先、计划再利用和通过选择其他表达方式减少干扰。PDC分析模式分三步：生成—分布—理解，即，根据易者优先原则，更可及或较短的词组位于较长词组之前；长距离修饰歧义句比局部修饰歧义句少得多；理解模式反映第二步的语言分布统计；有意生成长距离修饰语的说话者很容易生成这样的句子，其分布较普遍，且容易理解，换言之，先前的语言体验影响生成计划与理解。如：

（2）And if he did, could he avoid that which would preclude any claim in the future? (*An American Tragedy*)

（3）He had not the poetry in him that would seek a woman out under such circumstances and console her for the tragedy of life.
(*Sister Carrie*)

（4）He knew after two days of financial work—after two days of struggle to offset the providential disaster which upset his nefarious schemes—that he had exhausted every possible resource save one, the city treasury, and that unless he could compel aid there. (*The Financier*)

（5）And she wished also to test the new coiffures that were being suggested by her hairdresser. (*The Stoic*)

（6）So they had gone on and on, adding lines only where they were sure they would make a good profit from the start, putting down the same style of cheap rail that had been used in the beginning, and employing the same antique type of car which rattled and trembled as it ran, until the patrons were enraged to the point of anarchy. (*The Titan*)

上文提到，当中心名词充当主句主语时，未发现"SS 的频度最高"，反而 OS 频度更高，这是名词短语竞争与 PDC 最小化生成难度三途径协同作用的结果。观察主句的主语和宾语发现，两个名词短语的语法功能符合名词短语竞争体系，特别是提取顺序观的预测。然后是 PDC 的易者优先（that 比较简短）、计划再利用（上文用过类似的 that）和减少干扰（用 that 代替相应的名词短语）促使例（2）用 that 指代上文提到的内容，并重复关系化 that 使之做从句主语。这一条也见诸例（3）的 poetry 及例（4）的插入语及与后面的关系从句。

（5）中的两个名词短语 the new coiffures 和 her hairdresser 很典型，根据更精密的生命度划分，二者均属 HUM，属于有生大类下的分项。根据基于相似性的竞争观，二者在同一生命度等级位置，但对于主语 she 而言，her hairdresser 由于熟悉与亲密程度更高，概念更可及，而 the new coiffures 显然不如前者，因此前者具有更强的竞争力，成了从句的主语。第二章第三节第三目中 PDC 解释宾语关系从句比主语关系从句更难理解的程式为：遵循最小化生成难度三途径，当中心名词为无生命的名词时，（4a）很普遍；当中心名词为有生命的名词时，避免使用（4a），代之以（4b）的被动式。因此，（5）用了被动式，形成了 OS 结构。

同理，遵循三原则，例（6）也是被动式。

根据这样的生成模式，当中心名词为无生条件［例（5）除外］时，英语的 SS 不如 OS 多，解释了表 4—7OS 分布更高的原因。

表 4—10 中，当汉语中心名词为无生条件时，主语提取关系从句（SS、OS）的频度高于宾语提取关系从句（SO、OO），同样在 PDC 中找到根据。如：

（7）立起来，他看着那对直勾勾的"神"眼，和那 t 烧透了的红亮香苗，闻着香烟的味道，心中渺茫的希望着这个阵式里会有些好处，呆呆的，他手心上出着凉汗。　　　　（《骆驼祥子》）

（8）t 新买来的花草摆上，死了的搬开，院子又像个样子了，可惜没有莲花，现种是来不及了，买现成的盆莲又太贵。

（《离婚》）

（9）都握完手，大家站了一圈儿，心中都感到应当出点声音，打破屋中的 t 被潮湿浸透了的沉寂。　　　　（《四世同堂·惶惑》）

（10）她穿起大红的呢子春大衣，金的高跟鞋，戴上 t 插着野鸡毛的帽子，大摇大摆的走出去。　　　　（《四世同堂·饥荒》）

（11）假若瑞宣也有点野心的话，便是作牛教授第二——有 t 被国内外学者所推崇的学识，有那么一座院子大，花草多的住宅，有简单而舒适的生活，有许多图书。　　　　（《四世同堂·偷生》）

　　一般地，当中心名词为无生条件时，更倾向于生成宾语提取的关系从句，但汉语语料显示并非如此。观察上述例句，中心名词均为无生实体，但都生成了主语提取关系从句。根据 PDC，最小化生成难度三途径协调作用，但由于汉语关系从句前置，起始位置往往并非简短和更可及的词，易者优先途径不大适合汉语，因而汉语更多地采用后两条途径——计划再利用和选择不同表达方式以减少干扰。上述例子（7）、（8）和（10）都采用了计划再利用途径。如（7）：他看着那对……的"神"眼，和那 t……的红亮香苗；（8）：t 新买来的花草摆上，t 死了的搬开；（10）她穿起……，戴上……。根据表达选择，上述例句都有不同表达方式，如（7）："烧透了的红亮香苗"；（8）：摆上新买来 t 的花草，搬开 t 死了的；（10）：野鸡毛插着的帽子。而真实的语料正是遵循了重复利用表达规划和选择不同的表达方式以避免歧义，导致在无生中心名词条件下，生成更多的主语提取关系从句。

　　（9）和（11）略有不同。二者相同之处是：它们均有自然的可供选择的语言表达，如："打破屋中的潮湿浸透了 t 的沉寂"；"有国内外学者所推崇 t 的学识"。但是，二者都用了被动标记"被"，看似多余，实则为了强调，凸显重要性。二者的不同之处是：（9）因为句长的缘故，观察不到计划再利用的迹象，只有选择不同表达方式的影子，但（10）有典型的计划再利用痕迹：有……的学识，有……的住宅，有……的生活，有……图书。

　　这两种最小化生成难度的途径导致汉语关系从句生成后的分布中，中心名词均为无生条件下，生成了更多的主语提取关系从句。

第五节　小结

数据库整体分布趋势为 SU > DO > OBL > GEN，英语和汉语关系从句各自的分布趋势与之一致，基本符合基南与科姆里[①]的名词短语可及性等级。

当中心名词在主句中的语法功能为主语时，英语的主语提取关系从句略多，而当中心名词在主句中的语法功能为宾语时，宾语提取关系从句略多；汉语在两种条件下的主语提取关系从句比例均高于宾语提取关系从句。即中心名词的语法功能与关系从句提取在英语中表现出一定的相关性，汉语没有这种倾向。

修饰主句宾语的关系从句（SO、OO）频度高于修饰主句主语（SS、OS）的关系从句，英语和汉语的表现类似。但分析越细致，情况越复杂。

英语和汉语关系化主语的关系从句比率均高于关系化宾语的关系从句，但英语中的比率显著性远不及汉语。

中心名词生命度与关系从句提取的相关性也有跨语言差异。当中心名词为有生实体时，英语更倾向于生成主语提取关系从句；当中心名词为无生实体时，倾向于生成更多的宾语提取关系从句。当中心名词为有生实体时，汉语生成的主语提取关系从句占压倒多数，占比为 89.2%；当中心名词为无生实体时，没有这么明显的倾向，主语提取从句比例甚至略高于宾语提取关系从句。因此，总体上，英语比汉语更符合名词短语竞争体系。

但关系从句单项的表现却不尽相同。当中心名词的生命度为有生条件时，英语的 SS 和 OS 均未生成比在无生条件下更多的关系从句，不符合名词短语竞争体系的预测。SO 和 OO 则不同，有生中心名词条件下生成的从句比例远低于无生条件下的比例，符合提取顺

[①] Keenan, E. L., & Comrie, B., "Noun phrase accessibility and universal grammar", *Linguistic Inquiry*, Vol. 8, 1977, pp. 63-99.

序观。汉语的表现更优秀：有生中心名词条件下，SS 和 OS 的比例均高于无生中心名词条件，SO 和 OO 则远低于中心名词条件。即，从 SS、OS、SO 及 OO 单项来看，汉语关系从句提取类型的分布比英语更符合名词短语竞争体系。

总之，英语和汉语在生成关系从句时，总体上遵循名词短语竞争模式：生命度越高，名词短语竞争力越强，越容易生成主语提取关系从句；生命度越低，越倾向生成宾语提取关系从句。但英语和汉语在总体趋势和单项从句提取类型上的表现不尽一致，其动因可从生成—分布—理解观（PDC）中得到启示。

当英语关系从句修饰主语时，SS 的频度不是预期中的最高，反而 OS 更多，原因是生成关系从句时，PDC 主张的最小化生成难度三途径协同作用的结果。

同理，当汉语中心名词为无生条件时，主语提取关系从句（SS、OS）的频度高于宾语提取关系从句（SO、OO），有悖于名词短语间的竞争模式，原因是 PDC 的计划再利用和减少干扰两个途径单独作用或协同作用的结果。

第五章

名词短语竞争与关系从句语态

　　有生名词因其概念凸显，比无生名词更可及。而有生名词的高可及性影响句子的主动/被动结构和双宾语/与格介词形式的选择。[1] 出于语篇因素和具体语言限制，英语关系从句被动式的中心词均位于被动结构的起始位置，即，英语是中心词前置的语言，或关系从句后置的语言，故一些作用于简单句之外的因素可能在关系从句生成中发挥了作用。[2] 关系从句主动式和被动式在英语中相对均常见，其生成频度因中心名词生命度的作用有所不同，[3][4] 这样创造了一个良好的语境供观察两类语态，考察与生命度协同作用生成不同语态从句的因素。[5]

　　为了考察语言生成中构成结构选择的因素，热纳里等人（2012）采用三种语言，它们在生成关系从句时提供了不同的选择。这些具体语言限制与基于生命度的可及性共同作用，影响句法功能指派，其中一个重要的作用源于从句中概念相似名词的

---

[1] McDonald, J. L., Bock, J. K., & Kelly, M. H., "Word and world order: Semantics, phonological, and metrical determinants of serial position", *Cognitive Psychology*, Vol. 25, 1993, pp. 188-230.

[2] Gennari, S. P., Mirković, J., & MacDonald, M. C., "Animacy and competition in relative clause production: A cross-linguistic investigation", *Cognitive Psychology*, Vol. 65, 2012, pp. 141-176.

[3] Gennari, S. P., & MacDonald, M. C., "Linking production and comprehension processes: The case of relative clauses", *Cognition*, Vol. 111, No. 1, 2009, pp. 1-23.

[4] Roland, D., Dick, F., & Elman, J. L., "Frequency of basic English grammatical structures: A corpus analysis", *Journal of Memory and Language*, Vol. 57, No. 3, 2007, pp. 348-379.

[5] Gennari, S. P., Mirković, J., & MacDonald, M. C., "Animacy and competition in relative clause production: A cross-linguistic investigation", *Cognitive Psychology*, Vol. 65, 2012, pp. 141-176.

存在。①②③④⑤ 即，基于生命度的可及性和基于相似性的竞争性共同产生作用，影响关系从句结构的语态。

热纳里等人⑥选用的语言分别是英语、西班牙语和塞尔维亚语，因为后两者的被动式有不同选择：典型的被动式和非人称主动式。后者指关系从句事件的施事不被提及，采用主动式表达被动意义。如西班牙语：

El hombre (al) que estan golpeando.

The man (whom) are punching. = the man being punched.

因而，结构语态的选择不一定与主语功能重合，即，西班牙语和塞尔维亚语的表达可能始于可及性更高的成分，但该成分在从句中并非一定获得主语功能。

汉语也有类似的非人称主动式结构选择，因此，本书选用英语和汉语，以满足检验上述结果的需求。

第一节 名词短语竞争与英语关系从句语态选择

热纳里等人⑦的两项实验表明，实验参与者在有生中心名词条件下生成的关系从句被动式比无生中心名词条件下更多。其中，书

---

① Ferreira, V. S., & Firato, C. E., "Proactive interference effects on sentence production", *Psychonomic Bulletin & Review*, Vol. 9, No. 4, 2002, pp. 795-800.

② Fukumura, K., van Gompel, R. P. G., Harley, T., & Pickering, M. J., "How does similarity-based interference affect the choice of referring expression?", *Journal of Memory and Language*, Vol. 65, No. 3, 2011, pp. 331-344.

③ Meyer, A. S., "Lexical access in phrase and sentence production: Results from picture-word interference experiments", *Journal of Memory and Language*, Vol. 35, No. 4, 1996, pp. 477-496.

④ Smith, M., & Wheeldon, L., "High level processing scope in spoken sentence production", *Cognition*, Vol. 73, No. 3, 1999, pp. 205-246.

⑤ Smith, M., & Wheeldon, L., "Horizontal information flow in spoken sentence production", *Journal of Experimental Psychology: Learning, Memory, and Cognition*, Vol. 30, No. 3, 2004, pp. 675-686.

⑥ Gennari, S. P., Mirković, J., & MacDonald, M. C., "Animacy and competition in relative clause production: A cross-linguistic investigation", *Cognitive Psychology*, Vol. 65, 2012, pp. 141-176.

⑦ Ibid..

面语实验结果是：有生—受事条件下生成的关系从句被动式占97%；无生—客事条件下生成的比例为50%。口语实验结果是：有生—受事条件下生成的关系从句被动式占93%；无生—客事条件下生成的从句比例为44%。威尔科克森符号秩检验（Wilcoxon Sign Rank Test）表明该差异效度很高（by-item z=3.82, p<0.0001, by-participant z=－4.56, p<0.0001）。为了检验表达模态在被动式关系从句生成中是否存在差异，实验中进行了曼-惠特尼检验（Mann-Whitney tests），结果显示，模态不影响生成结果，by-items 和 by-participant 分析均显示 p's＞.1，即，口语和书面语结果一致。

为检验上述结果，本书从数据库中创建查询——AOH - GFH - GFR - SRH - VRC。

数据库查询显示，在所有 6166 个关系从句中，主动结构（ACT）共 5578 个，被动结构（PAS）共 407 个，汉语非人称主动式（IMP）181 个，英语有一个从句既是主动式，又是被动式。其中，汉语主动式关系从句共 1701 个，被动式 45 个，非人称主动式 181 个；英语主动式 3867 个，被动式 362 个，外加一个主动＆被动式。

一 名词短语竞争+语义角色与英语关系从句语态选择

根据热纳里等人的研究中书面语体的实验结果，英语在有生—受事（ANI-PAT）条件下生成的关系从句被动式占 97%，无生—客事（INA-THE）条件下生成的关系从句比例为 50%。在热纳里等人（2012）的研究中，共 505 个回答选项，符合研究要求的分别是 205 和 183 个。据此推算，该研究符合要求的关系从句语态分布约为（见表5—1）。

表 5—1　热纳里等人的研究中英语关系从句语态选择分布

条件＼语态	ACT	PAS	总计
ANI-PAT	6	199	205
比例	2.9%	97.1%	100%
INA-THE	92	91	183
比例	50.3%	49.7%	100%

根据上述条件，从数据库中创建查询，以求得同等条件下英语实际语料中语态选择的情况，结果如表5—2所示。

表5—2　　名词短语竞争+语义角色条件下英语关系从句语态的选择分布

条件＼语态	ACT	PAS	总计
ANI-PAT	47	65	112
比例	41.96%	58.04%	100%
INA-THE	2201	169	2370
比例	92.87%	7.13%	100%

为了对比实验研究的结果和实际语料反映的结果，需要对两组数据进行相同处理——进行卡方检验，以提高二者的可比性。检验结果如表5—3所示。

表5—3　　英语实验中关系从句语态选择的卡方检验结果

条件 ＊ 语态 交叉制表

			语态		Total
			ACT	PAS	
条件	有生—受事	计数	6	199	205
		期望的计数	51.8	153.2	205.0
		条件中的%	2.9%	97.1%	100.0%
	无生—客事	计数	92	91	183
		期望的计数	46.2	136.8	183.0
		条件中的%	50.3%	49.7%	100.0%
合计		计数	98	290	388
		期望的计数	98.0	290.0	388.0
		条件中的%	25.3%	74.7%	100.0%

续表

<table>
<tr><th colspan="6">卡方检验</th></tr>
<tr><th></th><th>Value</th><th>df</th><th>Asymp. Sig. (2-sided)</th><th>Exact Sig. (2-sided)</th><th>Exact Sig. (1-sided)</th></tr>
<tr><td>Pearson 卡方</td><td>114.812[a]</td><td>1</td><td>.000</td><td></td><td></td></tr>
<tr><td>连续校正[b]</td><td>112.317</td><td>1</td><td>.000</td><td></td><td></td></tr>
<tr><td>似然比</td><td>130.672</td><td>1</td><td>.000</td><td></td><td></td></tr>
<tr><td>Fisher 的精确检验</td><td></td><td></td><td></td><td>.000</td><td>.000</td></tr>
<tr><td>线性和线性组合</td><td>114.516</td><td>1</td><td>.000</td><td></td><td></td></tr>
<tr><td>有效案例中的 N</td><td>388</td><td></td><td></td><td></td><td></td></tr>
</table>

a. 0 cells (.0%) have expected count less than 5. The minimum expected count is 46.22.
b. Computed only for a 2×2 table.

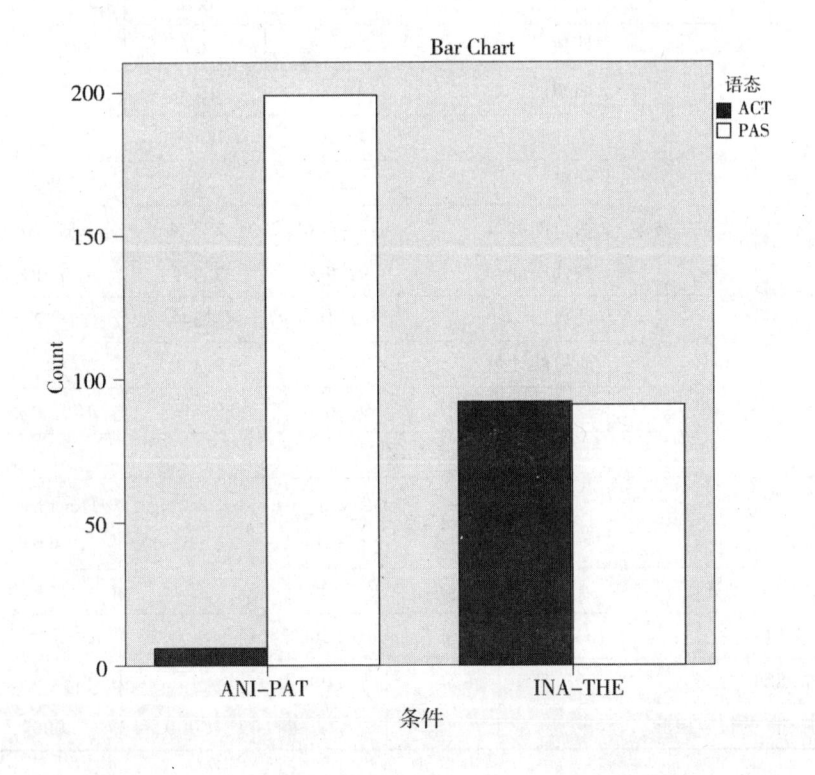

对比两组数据，尽管 p 值均小于 0.05，均呈显著相关，但二者

有差异。实际语料中 p<0.0002，实验中 p<0.0009，表明实际语料中的差异比实验结果更显著，但不是在有生—受事条件下，而是在无生—客事条件下。

横向对比发现，在有生—受事条件下，实际语料中关系从句被动式比例高于主动式，二者的分布比例分别为 58.0% 和 42.0%，远低于实验结果的 97.1% 和 2.9%。在无生—客事条件下，实际语料显示关系从句主动和被动式的分布比例分别为 92.9% 和 7.1%，与实验结果的 50.3% vs 49.7% 相去甚远（见表 5—4）。

表 5—4　英语数据库中关系从句语态选择的卡方检验结果

条件 * 语态 交叉制表

			语态 主动	语态 被动	合计
条件	有生—受事	计数	47	65	112
		期望的计数	101.4	10.6	112.0
		条件中的%	42.0%	58.0%	100.0%
	无生—客事	计数	2201	169	2370
		期望的计数	2146.6	223.4	2370.0
		条件中的%	92.9%	7.1%	100.0%
合计		计数	2248	234	2482
		期望的计数	2248.0	234.0	2482.0
		条件中的%	90.6%	9.4%	100.0%

卡方检验

	Value	df	Asymp. Sig. (2-sided)	Exact Sig. (2-sided)	Exact Sig. (1-sided)
Pearson 卡方	324.545[a]	1	.000		
连续校正[b]	318.611	1	.000		
似然比	179.809	1	.000		
Fisher 的精确检验				.000	.000

续表

	Value	df	Asymp. Sig. (2-sided)	Exact Sig. (2-sided)	Exact Sig. (1-sided)
线性和线性组合	324.415	1	.000		
有效案例中的 N	2482				

a. 0 cells (.0%) have expected count less than 5. The minimum expected count is 10.56.
b. Computed only for a 2×2 table.

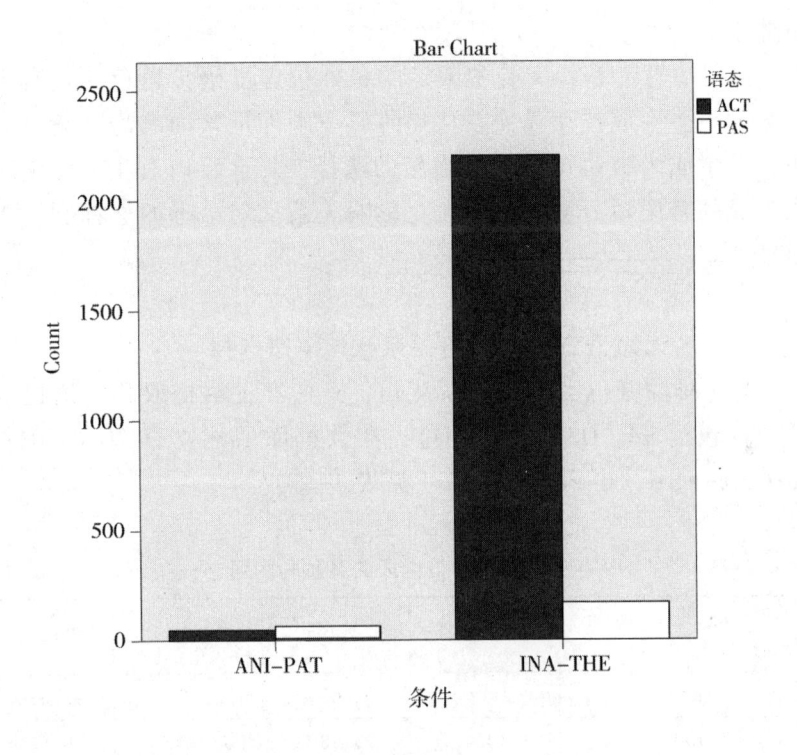

因此，综合实验结果和实际语料数据库查询结果，可以证实：在中心名词生命度为有生、语义角色为受事的条件下，英语倾向于生成更多的被动式关系从句。这一结论符合名词短语竞争体系的预测：有生中心名词因其概念可及性高，经常获得主语语法功能。当它的语义角色为受事时，往往导致生成被动式关系从句。

两组数据反映出在下列条件下有差异：当中心名词生命度为无

生、语义角色为客事时，倾向于生成更多的主动式关系从句。即，热纳里等人[①]的实验结果与实际语料不一致。在相同条件下，实验结果的主动—被动式关系从句的比例为50.3% vs 49.7%，而数据库结果的比例为92.9%和7.1%。简单的比例对比就发现二者的差异很明显：实验条件下，当中心名词生命度为无生且语义角色为客事时，生成关系从句的语态没有明显的倾向；实际语料中，无生+客事条件下生成更多的主动式关系从句。如果考虑到实验中明确的诱导因素，自然语料的表现更真实，也更清楚地佐证了名词短语竞争体系的价值。

值得注意的是，实验中限定的条件包含了语义角色，且有生中心名词更多生成被动式关系从句的另一条件是该词的语义角色为受事，受事成为被动句主语是当然的选择。那么，以有生—无生对立项形成的名词短语竞争是否独立影响关系从句语态的选择呢？需要单独考察。

二 名词短语竞争与英语关系从句语态选择

为了排除其他类型的关系从句，只考察主语提取和宾语提取的从句（包括SS，OS，SO，OO），在数据库中建立查询：AOH-GFH-GFR-VRC，得到以下结果（见表5—5）。

表5—5　　中心名词生命度与生成关系从句的语态分布

生命度 \ 语态	ACT	比例	PAS	比例
ANI	492	94.62%	28	5.38%
INA	1424	93.38%	101	6.62%

为了更精确了解上表中心名词的生命度与生成关系从句语态的关系，需要进行卡方检验（见表5—6）。

[①] Gennari, S. P., Mirković, J., & MacDonald, M. C., "Animacy and competition in relative clause production: A cross-linguistic investigation", *Cognitive Psychology*, Vol. 65, 2012, pp. 141-176.

表 5—6　　　英语中心名词生命度与生成关系
　　　　　　从句语态的卡方检验结果

中心名词的生命度 * 语态 交叉制表

			语态 主动	语态 被动	合计
中心名词的生命度	有生	计数	492	28	520
		期望的计数	487.2	32.8	520.0
		中心名词的生命度中的%	94.6%	5.4%	100.0%
	无生	计数	1424	101	1525
		期望的计数	1428.8	96.2	1525.0
		中心名词的生命度中的%	93.4%	6.6%	100.0%
合计		计数	1916	129	2045
		期望的计数	1916.0	129.0	2045.0
		中心名词的生命度中的%	93.7%	6.3%	100.0%

卡方检验

	Value	df	Asymp. Sig. (2-sided)	Exact Sig. (2-sided)	Exact Sig. (1-sided)
Pearson 卡方	1.006[a]	1	.316		
连续校正[b]	.808	1	.369		
似然比	1.039	1	.308		
Fisher 的精确检验				.348	.185
线性和线性组合	1.006	1	.316		
有效案例中的 N	2045				

a. 0 cells (.0%) have expected count less than 5. The minimum expected count is 32.80.

b. Computed only for a 2×2 table.

Bar Chart

中心名词的生命度

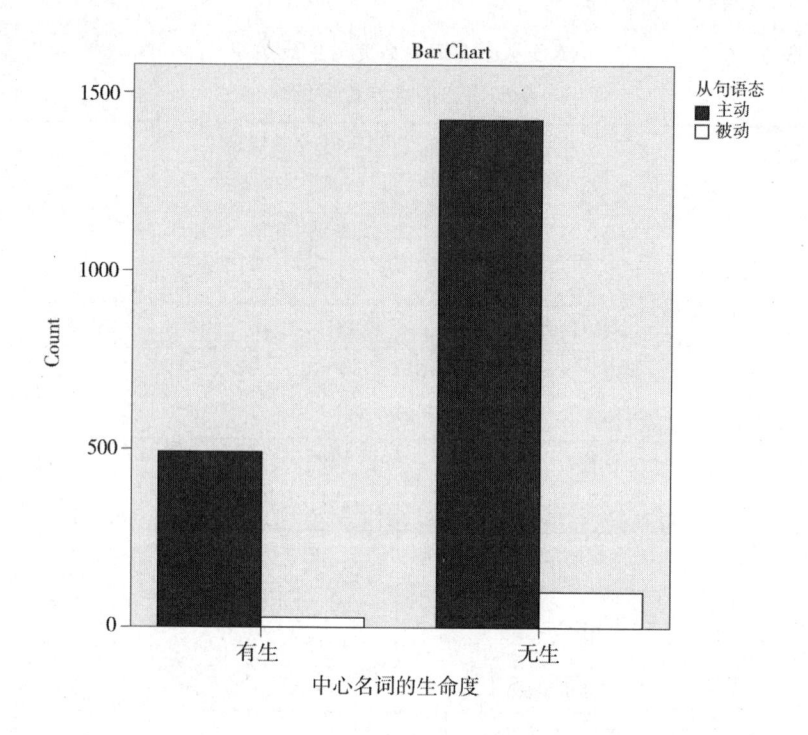

结果表明，p = 0.316 > 0.05，卡方值为 1.006[a]，即，中心名词的生命度与生成关系从句的语态选择没有显著相关性。无论中心名词为有生还是无生实体，其生成主动式关系从句的比例都远大于生成被动式关系从句（分别为 94.6% vs 5.4%；93.4% vs 6.6%）。当中心名词的生命度较高时，并不会比生命度较低时生成更多的被动式关系从句。而且，去掉受事这一语义角色的支持，主动—被动的比例由 42.0% vs 58.0% 急剧变化为 94.6% vs 5.4%。列联表横向、纵向的反映，以及表 5—5、表 5—6 的条形图都不符合名词短语竞争体系的预测。也就是说，生命度本身独立影响生成关系从句的语态的作用有限，远不及语义角色在此的作用。

第二节 名词短语竞争与汉语关系从句语态选择

与英语相比，汉语的语态选择除了主动式和被动式外，还有与西班牙语和塞尔维亚语类似的非人称主动式，如："酝酿了许久的平津政治组织……"（《四世同堂·惶惑》），根据基南与科姆里①的分析，其关系化域（domain of relativization）为"政治组织"，中心名词为"平津政治组织"，限定句为"平津政治组织酝酿了许久"。根据熊学亮、王志军②的研究，（非人称性受事）N＋V是汉语被动句的原型A，如他们的例句"你要的那本书买了"，"这个问题讨论过"，"小偷抓住了"，以及"鸡杀了"等。既然限定句"平津政治组织酝酿了许久"为非人称主动式（Impersonal Active，缩略为IMP），其转换为关系从句后就成了非人称主动式关系从句。该结构与西班牙语和塞尔维亚语的区别是汉语没有格标记，不能标明主语和动词在词格上的不一致。

一 名词短语竞争+语义角色与汉语关系从句语态选择

为了与英语的情况相对应，首先需要根据热纳里等人③所规定的条件考察汉语中名词短语竞争+语义角色与关系从句语态选择的关系。

在数据库中建立查询：AOH-SRR-VRC，结果如表5—7所示。

表5—7 名词短语竞争+受事条件下汉语关系从句语态选择分布

条件\语态	ACT	PAS	IMP	总计
ANI-PAT	79	18	45	142
比例	55.63%	12.68%	31.69%	100%
INA-THE	696	1	12	709
比例	98.17%	0.14%	1.69%	100%

---

① Keenan, E. L., & Comrie, B., "Noun phrase accessibility and universal grammar", *Linguistic Inquiry*, Vol. 8, 1977, pp. 63-99.

② 熊学亮、王志军：《被动句式的原型研究》，《外语研究》2002年第1期，第19—23页。

③ Gennari, S. P., Mirković, J., & MacDonald, M. C., "Animacy and competition in relative clause production: A cross-linguistic investigation", *Cognitive Psychology*, Vol. 65, 2012, pp. 141-176.

为了检验上表频度所反映的汉语既定条件与关系从句语态选择之间的相关性,继续进行卡方检验,结果如表 5—8 所示:

结果显示,卡方值为 265.699^a,p<0.0003,说明中心名词的生命度和语义角色的共同作用与生成关系从句的语态有显著的相关性。但与英语明显的差异是,无论中心名词是有生还是无生,生成主动式关系从句的比例都大于生成被动式关系从句的比例。只是纵向观察发现,在有生—受事条件下,汉语生成的主动式关系从句比例(55.6%)远低于无生—客事条件下的结果(98.2%)。

表 5—8　名词短语竞争+语义角色条件下汉语关系从句语态分布卡方检验

条件 * 语态 交叉制表

			语态 ACT	语态 PAS	语态 IMP	合计
条件	ANI-PAT	计数	79	18	45	142
		期望的计数	129.3	3.2	9.5	142.0
		条件中的%	55.6%	12.7%	31.7%	100.0%
	INA-THE	计数	696	1	12	709
		期望的计数	645.7	15.8	47.5	709.0
		条件中的%	98.2%	0.1%	1.7%	100.0%
合计		计数	775	19	57	851
		期望的计数	775.0	19.0	57.0	851.0
		条件中的%	91.1%	2.2%	6.7%	100.0%

卡方检验

	Value	df	Asymp. Sig. (2-sided)
Pearson 卡方	265.699^a	2	.000
似然比	190.447	2	.000
线性和线性组合	233.853	1	.000
有效案例中的 N	851		

a. 1 cells (16.7%) have expected count less than 5. The minimum expected count is 3.17.

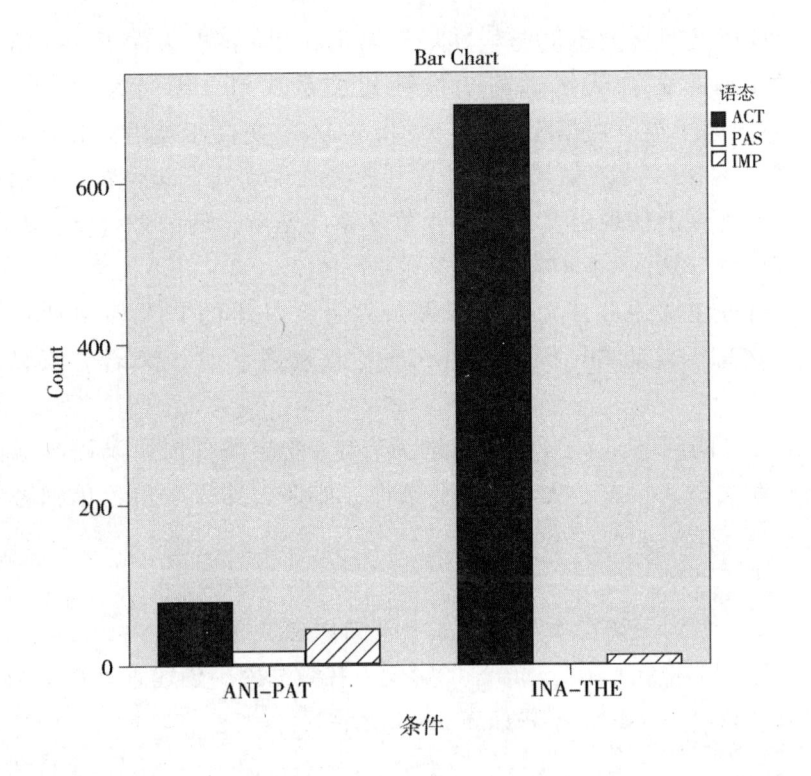

第五章 名词短语竞争与关系从句语态　　111

Bar Chart

[条形图：纵轴 Count (0–600+)，横轴"条件"包含 ANI-PAT 和 INA-THE 两类；图例语态 ACT、PAS、IMP]

如前所述，汉语除了主动式（ACT）和被动式（PAS）外，还有非人称主动式（IMP），或称"无标记被动句"：指句中没有任何表示被动意义的标记性词语的被动句，即一般所说的无标记受事主语句，[①] 或受事主语句（patient subject construction：PSC）[②]。在中心名词有生+受事条件下，汉语生成较多的主动式关系从句（55.6%），被动式很少（12.7%），非人称主动式（31.7%）比被动式多。而相同条件下的英语则生成更多的被动式关系从句，与热纳里等人的研究[③]结果一致。

[①] 陆俭明：《有关被动句的几个问题》，《汉语学报》2004 年第 2 期，第 9—15 页。
[②] 邱贤、刘正光：《现代汉语受事主语句研究中的几个根本问题》，《外语学刊》2009 年第 6 期，第 38—43 页。
[③] Gennari, S. P., Mirković, J., & MacDonald, M. C., "Animacy and competition in relative clause production: A cross-linguistic investigation", *Cognitive Psychology*, Vol. 65, 2012, pp. 141-176.

汉语最明显的不同是：在中心名词无生+客事条件下，汉语生成的主动式关系从句远高于被动式关系从句，比例为98.2%和1.8%，高于英语数据库的92.9%和7.1%，更高于英语实验结果的50.3% vs 49.7%。如果把被动式与非人称主动式合起来看，汉语也在一定程度上体现出名词短语竞争体系的预测，两种条件下的被动结构比例分别为44.4%和1.8%。

值得注意的是，无论在哪种条件下，汉语的非人称主动式的比例均高于被动式比例，表明在表达被动意义时，汉语更偏好主动形式。

同样的问题是：当中心名词为有生+受事条件时，汉语生成的被动式关系从句多于无生+客事条件，如果去掉语义角色单独考察生命度，结果如何呢？

二 名词短语竞争与汉语关系从句语态选择

为单纯考察生命度对语态的影响，在数据库中创建查询：AOH - GFH - FGR - VRC，结果如表5—9所示。

表5—9　　汉语名词短语竞争与关系从句语态分布

生命度 \ 语态	ACT	PAS	IMP
ANI	762	17	33
INA	724	25	127

为了更精确认识生命度与语态分布的关系，便于与英语对比，仍用卡方检验：

结果显示，卡方值为55.374[a]，$p<0.0002$，表明中心名词的生命度与生成关系从句的语态选择有一定的关系。但列联表说明，关系主要体现在表达被动意义时，被动式和非人称主动式结构的选择上，而在主动式结构方面没有显著差异，表5—10的条形图直观地展示了这一分布趋势。

生命度独立影响汉语关系从句的语态选择的作用十分有限。生成的关系从句语态比例说明，当中心名词为有生条件时，被动式结构（包括被动式和非人称主动式）的比例为 6.2%，而在无生条件下，生成的比例为 17.4%。与在受事这一语义角色支持下的比例相比，比例分别由 44.4% 和 1.8% 急剧变化为 6.2% 和 17.4%。即，语义角色中的受事在生成被动式关系从句时的作用更大，而生命度独立影响被动式关系从句语态选择中的作用很低。英语和汉语的趋势相似。

表 5—10　汉语名词短语竞争与关系从句语态分布卡方检验结果

中心名词的生命度 ＊ 从句语态 卡方检验

			从句语态			合计
			主动	被动	非人称主动	
中心名词的生命度	有生	计数	762	17	33	812
		期望的计数	714.8	20.2	77.0	812.0
		中心名词的生命度中的%	93.8%	2.1%	4.1%	100.0%
	无生	计数	724	25	127	876
		期望的计数	771.2	21.8	83.0	876.0
		中心名词的生命度中的%	82.6%	2.9%	14.5%	100.0%
合计		计数	1486	42	160	1688
		期望的计数	1486.0	42.0	160.0	1688.0
		中心名词的生命度中的%	88.0%	2.5%	9.5%	100.0%

卡方检验

	Value	df	Asymp. Sig.（2-sided）
Pearson 卡方	55.374[a]	2	.000
似然比	59.022	2	.000
线性和线性组合	55.020	1	.000
有效案例中的 N	1688		

a. 0 cells（.0%）have expected count less than 5. The minimum expected count is 20.20.

Bar Chart

中心名词的生命度

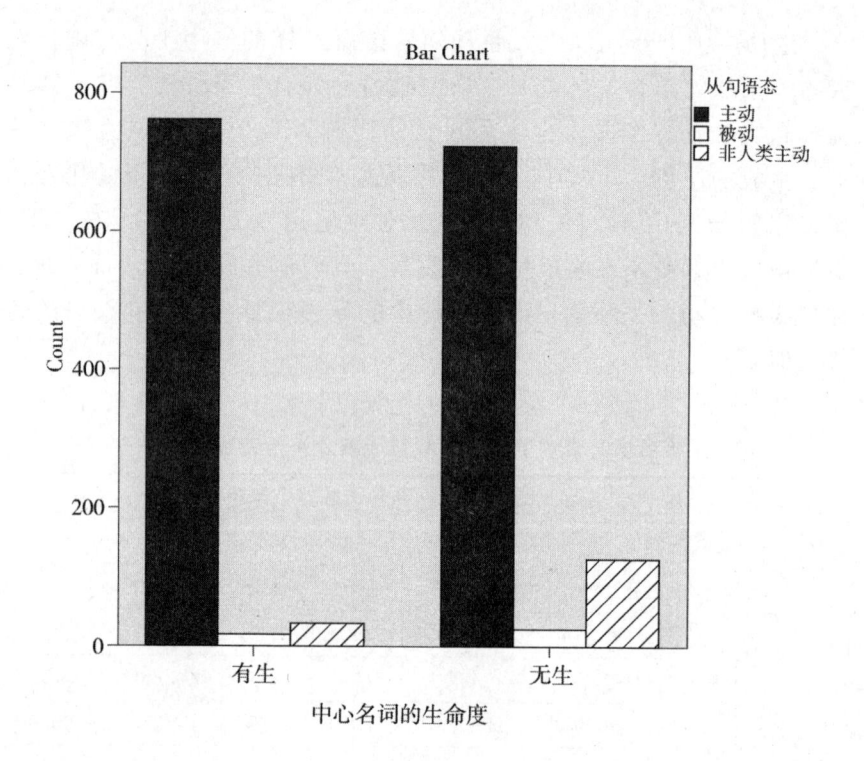

同样的发现是，在表达被动意义时，汉语更偏好使用非人称主动式，与被动式的比例在有生—无生条件下分别为 2.1% vs 4.1%；2.9% vs 14.5%，这个比例差异进一步说明，生命度对关系从句语态的独立影响十分有限。

第三节 讨论

热纳里等人[①]认为，当中心名词为有生条件时，由于其概念凸显，决定了该词在关系从句中享有更突出的句法功能（通常为主

[①] Gennari, S. P., Mirković, J., & MacDonald, M. C., "Animacy and competition in relative clause production: A cross-linguistic investigation", *Cognitive Psychology*, Vol. 65, 2012, pp. 141–176.

语)。当有生中心名词成为从句动词的主语时,尤其当语义角色为受事时,容易导致该从句选择被动结构。其实验结果(如第五章第一节第一目所述)也证实了这一点。这是典型的名词短语竞争体系的体现。如下例:

(1) But this, their oldest son, and <u>the one who might have been expected to be deeply influenced by them</u>, early turned from their world and took to a more garish life.　　　　　　　　　　(*An American Tragedy*)

(2) He lost sympathy for <u>the man that made a mistake and was found out</u>.　　　　　　　　　　　　　　　　　　　　(*Sister Carrie*)

(3) How would it be when he was known only as <u>the man who had looted the treasury of five hundred thousand dollars and been sent to the penitentiary for five years</u>?　　　　　　　　　　　(*The Financier*)

(4) I am the physician, as you know, <u>who was called in by Mr. Cowperwood</u> when he came back to this country.　　(*The Stoic*)

(5) Of the strange, tortured, terrified reflection of those who, caught in his wake, <u>were swept from the normal and the commonplace</u>, what shall we say?　　　　　　　　　　　　　　　(*The Titan*)

上述例句的中心名词均为有生实体,在每个句子语境下都享有充分条件获得主语位置,使得关系从句的语态选择为被动。如例(1),中心名词 the one 指上文的 their oldest son,与它竞争的名词短语无论是隐含的 expect 的主语,还是 influence 的施事 them,在生命度等级的位置都更低,因为 their oldest son 为 KIN,隐含的 expect 的主语为 HUM,them 为 3RD,因此,the one 享有更大的主语竞争潜势。作为两个动词的受事,the one 获得主语功能时,关系从句只能选择被动式。

例(2)和(3)的结构类似,两句中的 the man 在生命度等级上属 HUM,在等级上的位置与隐含的施事相当,但在基于相似度的竞争上 the man 比泛指的"他人"更有优势,且由于所牵涉的事件有两个动词,语义角色分别兼有施事和受事,the man 只能被指派为主语才能兼顾二者,特别是后半部分的受事角色。

例(4)涉及两个名词短语:the physician 和 Mr. Cowperwood,

它们的回指表达明确了各自生命度等级高低，the physician 实际指说话人，在说话人看来，这个 physician 看似 HUM，实际是第一人称，处在生命度等级最高端，可及性最高，其竞争力不言自明，获得主语功能的可能在句子生成初期不论从词元还是概念角度看都是顺理成章的。如果本句改成主动式，只能生成宾语提取关系从句（whom Mr. Cowperwood called in），于是，the physician 和 Mr. Cowperwood 距离拉近，增加了生成和理解难度。根据 PDC 的减少干扰途径，本句现在的面貌是增量的语言生成自然的选择。

例（5）中与上文中业已明确的 those 相竞争的是隐含的"他人"，前者的生命度等级为 3RD，后者为 HUM，明显可及性更高，有更强的竞争力。如果采用主动式，需要提及事件的施事，增加了生成难度。

这些例子说明，在有生—受事条件下，名词短语竞争体系有较强的解释力。

西班牙语的实验结果类似：中心名词为有生条件下比无生条件下，生成更多的被动式关系从句，比例为 47% vs 26%。即，英语和西班牙语都明显倾向于将主语功能更多地赋予有生中心名词，生成更多被动式关系从句，尽管在有生中心名词关系从句中，二者生成主动或被动关系从句的偏好相当。这一点也支持了名词短语竞争体系的预测。

汉语的情形不大相同。如果按照熊学亮、王志军[①]的标准，非人称性受事 N + V 属于被动语态原型，在有生中心名词+受事条件下，汉语生成的被动式关系从句占 44.4%，不及西班牙语在相应条件下的 47%，更不及英语的 58%。如果按照邱贤、刘正光[②]的观点，PSC（patient subject construction）不是被动句，则汉语在上述条件下生成绝大多数主动式关系从句，被动式仅占 12.7%。更为重要的是，汉语在表达被动意义时，使用了更多的非人称主动式（31.7%），

[①] 熊学亮、王志军：《被动句式的原型研究》，《外语研究》2002 年第 1 期，第 19—23 页。

[②] 邱贤、刘正光：《现代汉语受事主语句研究中的几个根本问题》，《外语学刊》2009 年第 6 期，第 38—43 页。

表明了对主动式的强烈偏好。这是名词短语竞争体系不大容易解释的。具体情形可从例句中观察得之。

（6）那 t 斗落了大腿的蟋蟀，还想用那些小腿儿爬。

（《骆驼祥子》）

（7）方墩的吴太太，t 牙科展览的邱太太，张大嫂，和穿着别人衣裳的李太太，都谈开了。　　　　　　（《离婚》）

（8）高第假若觉得自己还是个"无家之鬼"，她可是把桐芳看成为 t 关在笼中的鸟——有食有水有固定的地方睡觉，一切都定好，不能再动。　　　　　　　　　　　　（《四世同堂·惶惑》）

（9）他一向钦佩钱先生，现在，他看钱先生简直的像 t 钉在十字架上的耶稣。　　　　　　　　　　　（《四世同堂·偷生》）

（10）他转过身来，和那个 t 中日合璧的，在战争的窑里烧出 t 的假东洋料，打了对脸。　　　　　（《四世同堂·饥荒》）

这些例子都具备"有生+受事"条件，① 都能合法地采用被动形式表达，但真实语料中均为非人称主动式。无论汉语被动句的形式结构为：名词短语2（+被）（+名词短语1）+（及物）动词，② 或者：受事N（+被）+动词；③ 或汉语被动句的原型应是：（非人称性受事）N+V；④ 或 N 受事+｛被｝+V1 V2，⑤ 例（6）如果说"那被斗落了大腿的蟋蟀"，都是自然的汉语被动式结构，但语料中这类非人称主动式关系从句的比例均高于被动式。

例（6）中表达规划需要涉及的信息有：蟋蟀、别的蟋蟀、蟋蟀相斗、大腿受伤等，参与者蟋蟀处于生命度等级的相同位置。由于基于生命度的提取顺序观不再进一步区分生命度，因而无法分析

---

① 例（21）的"假东洋料"看似无生，实际上文指称很明确——"完全象日本人的中国人"，因此也是有生实体。
② 邓云华：《英汉特殊被动句的整合方式》，《外语教学与研究》2011年第2期，第183—196页。
③ 熊学亮、王志军：《英汉被动句的认知对比分析》，《外语学刊》2001年第3期，第1—6页。
④ 熊学亮、王志军：《被动句式的原型研究》，《外语研究》2002年第1期，第19—23页。
⑤ 熊学亮、王志军：《英汉被动句的认知对比分析》，《外语学刊》2001年第3期，第1—6页。

表达被动意义的句式结构中为何缺少了被动标记"被",而成了主动式。

　　基于相似性的竞争观对生命度做了更精密的分析:在同一生命度等级位置上,名词短语的概念可及性也不同。但例(6)的语境中,受伤的蟋蟀比它的对手概念可及性更高,更有可能获得主语功能。如果采用被动式,就必须提及事件的施事,如"那被其他蟋蟀斗落了大腿的蟋蟀",则两个概念相似度很高的实体(蟋蟀)构成了明显的竞争,且显得冗余。当受伤的蟋蟀被选定后,它的对手只能置于"被"字结构中,这时,名词短语基于概念相似性的竞争依然存在,施事名词必须被抑制,形成省略:"那被斗落了大腿的蟋蟀"。由于汉语还有非人称主动式的选择,可以选择省略"被"而形成语料现在的句子。这里的概念竞争形成的干扰以及抑制施事名词的过程也是生成—分布—理解观的操作过程,特别是减少难度三途径。

　　根据PDC,句子生成的关键组成部分是构建并维持表达规划的重要计算难度,减少生成难度有三条途径:首先是易者先行——句子的焦点概念是大腿被斗落的蟋蟀,它首先进入加工程序;其次是计划再利用——例(6)前的一句话是"正和一切的生命同样,受了损害之后,无可如何的只想由自己去收拾残局"。根据上文"受了损害之后"容易生成"被斗落了大腿",但汉语的被动式中,"被"后可以省略施事,使得施事在隐现间依然产生干扰。特别重要的是,汉语是关系从句前置(RelN[①])的语言,中心名词后置,加工的难度增大。于是,第三条途径应运而生——选择表达方式以减少干扰。由于需要记忆的要素在表征与回忆的短时间隙期相互干扰,当各要素有相似性时,干扰增强。本句的蟋蟀之间就是如此,如果生成时保留"被",也相应地保留了别的蟋蟀这一要素,因而省略是自然的选择。省略施事和被动标记,句子成了非人称主动式。其选择过程如下:"被别的蟋蟀斗落了大腿的蟋蟀"——"被

[①] Dryer, M. S., "Order of Relative Clause and Noun", In: M. S. Dryer, & M. Haspelmath (eds.), *The World Atlas of Language Structures Online*, Leipzig: Max Planck Institute for Evolutionary Anthropology, 2013.

斗落了大腿的蟋蟀"——"斗落了大腿的蟋蟀"。

例（7）和（10）中关系从句的结构类似，"牙科展览的邱太太"和"在战争的窑里烧出 t 的假东洋料"，都是"处所+动词+名词"，动词与名词存在动宾关系，但处所与动词不是主谓关系，动作的施事实际都是人。所以两例的语义关系都存在被动意："在牙科被（ ）展览的邱太太"、"在战争的窑里被（ ）烧出的假东洋料"。与核心名词相比较，被省略的施事在生命度上略低，根据基于生命度的提取顺序观，倾向于生成被动式。但是，同样地，多种要素的参与构成了多重概念干扰，增加了生成难度，需要减少参与者数量以降低生成难度，因此，汉语很多这类句子选择非人称主动式。

例（8）和（9）也属同一类。"t 关在笼中的鸟"和"t 钉在十字架上的耶稣"，结构都是"动词+处所+名词"，动词和名词间是动宾关系，按照提取顺序观以及语义关系应该生成被动式，即，"被（ ）关在笼中的鸟"和"被（ ）钉在十字架上的耶稣"。由于关鸟的是人，钉耶稣的是罗马士兵，两组名词短语的生命度位置不同，基于相似性的竞争观也不能解释这一现象，需要求助 PDC。

如第二章所述，语言生成是增量的，即，部分计划、执行和随后的计划是交错进行的，[①] 语言生成必须在执行时跟踪计划的进度，而跟踪活动本身需要承担大量额外的注意或维持负荷，[②] 且新近的执行行为可能与即将执行的行为相互干扰，如（8），前面刚说完"高第假若觉得自己还是个'无家之鬼'"，后面紧跟着"她可是把桐芳看成为 t 关在笼中的鸟"，中间牵涉很多要素，如果根据语义把修饰"鸟"的关系从句生成为被动式，就需要加进"被家人"等信息，增加了许多记忆、加工和理解难度。而 PDC 的第二条降低难度的途径——计划再利用发挥了作用，承接"觉得自己……"，用

[①] MacDonald, M. C., "How language production shapes language form and comprehension", *Frontiers in Psychology*, Vol. 4, 2013, pp. 1–16.

[②] Botvinick, M., & Plaut, D. C., "Doing without schema hierarchies: a recurrent connectionist approach to normal and impaired routine sequential action", *Psychological Review*, Vol. 111, 2004, pp. 395–429.

"把……看作……",且启用第三途径——选择非人称主动式——以减少干扰。这一过程也适用例(9)。

上述结论的前提是,被动式关系从句的生成条件是中心名词为"有生+受事",而在"无生+客事"条件下,热纳里等人(2012)实验的结果是:主动式与被动式的(推测)数量是91 vs 90,比例为50.3% vs 49.7%;而英语数据库的查询结果是2201 vs 169,比例为92.9% vs 7.1%,二者相去甚远。即,可以证实的是:在"有生+受事"条件下,英语和汉语生成的关系从句被动式的比例均高于在"无生+客事"条件时,但汉语的倾向不如英语明显。如果从主动—被动比例看,汉语在"有生+受事"和"无生+客事"条件下生成的关系从句主动式比例均高于被动式。

实际上,数据库查询显示,在"无生+客事"条件下,生命度、语义角色、语法功能及语态的分布如表5—11所示。

表5—11 "无生+客事"条件下英语和汉语语态分布情况

	SU+ACT	SU+PAS	SU+IMP	DO+ACT	DO+PAS	
英语	743	120		1312	11	
比例	33.99%	5.49%		60.02%	0.50%	
汉语	379	1	4	304	2	7
比例	54.38%	0.14%	0.57%	43.62%	0.29%	1.00%

无论英语还是汉语,上述条件下生成的关系从句主动式分布都占压倒性优势。如果观察语法功能的分布,发现在"无生+客事"条件下,英语的宾语提取关系从句居多。既然中心词在关系从句中多数充当宾语,就不大可能生成更多数量的被动式。

汉语的主语提取关系从句多于宾语提取关系从句,且表4—4的统计分布表明,汉语的OS分布频度最高,主语提取关系从句的类型大多由下例的结构构成:

(11)她只是要冒险,尝一尝<u>那种 t 最有刺激性的滋味</u>,别人没敢,李空山敢,对她动手,那么也就无所不可。

(《四世同堂·偷生》)

例（11）的中心名词"滋味"符合"无生+客事"条件，其中关系从句的结构是：[V+] Ø+V+（NP）+NP（Head），由于客事更多的是"被描述"或"定位"的参与者：述谓是关于参与者的属性、处所或非主动行为的（见第三章第二节第三目），其性质有别于受事，生成被动式关系从句的可能性较小。

对比表5—11中英语和汉语的被动式关系从句分布情况，可以发现，总体而言，英语在"无生+客事"条件下生成的被动式关系从句要多于汉语。

如果对比"有生+受事"和"无生+客事"两个条件下关系从句的生成，则英语和汉语的分布总体趋势相当（见表5—5和表5—7）。英语在前一条件下生成65个被动式关系从句，占比例为58%；汉语生成被动式关系从句18个，占比例12.7%，受事主动式从句45个，占31.7%。英语在后一条件下生成169个被动式关系从句，占7.1%；汉语生成被动式1个，占0.1%，受事主动式12个，占1.7%。即，当中心名词为有生条件时，英语和汉语生成的被动式关系从句数量均高于在无生中心名词条件时。这正是基于生命度的提取顺序观声称的结论。

同时，热纳里等人[1]断言，无生中心名词在生成被动式关系从句和主动式宾语提取关系从句的比例相当。理论上，这一论断也符合名词短语竞争机制，特别是基于生命度的提取顺序观，因为无生中心名词由于概念可及性低，更容易被指派为宾语；而一旦在生成时获得主语功能，事件中的语义角色决定生成的关系从句必须以被动结构完成表达需要。但卡方检验结果说明，实验结果与实际语料有较大差距。比如表5—5中，被动式关系从句共101个，而宾语提取关系从句数量高达1424个。实验结果与实际语料结果差距悬殊的原因主要是：实验研究中变量数量小，且控制得很严格，而实际语料要受作者倾向、语义角色、生命度、句法和语篇以及文体修辞等的制约，变量丰富且不大可能像实验环境下严格控制。该实验

---

[1] Gennari, S. P., Mirković, J., & MacDonald, M. C., "Animacy and competition in relative clause production: A cross-linguistic investigation", *Cognitive Psychology*, Vol. 65, 2012, pp. 141-176.

图片描述涉及的有生—无生实体少,事件简单,21幅图片共分3组,配以有生—受事、无生—客事及有生—施事问题,引导明确,回答不复杂,容易达到实验目的。

而且,上述结论是在具备相应的语义角色的前提下得出的,单纯的生命度能否独立影响生成关系从句的语态选择呢?表5—6和表5—10否定了这一预测。两个列联表显示,无论中心名词是有生实体还是无生实体,英汉两种语言在生成关系从句时,主动式均占绝对多数。即使把汉语的非人称主动式与被动式归为一类,其比例也远低于主动式(6.2% vs 93.8%;17.4% vs 82.6%)。在没有受事等语义条件时,中心名词的生命度独立产生的影响非常有限,从而对名词短语的竞争体系构成了挑战。

第四节　与其他语言对比

基于生命度的提取顺序观坚持,在有生中心名词条件下,最凸显的有生名词更经常被指派为关系从句的主语,在语义角色的支持下,容易生成更多的被动式关系从句,英语的实验结果和数据库统计结果均证明了这一点,而汉语不如英语明显,表现出明显的主动式偏好。

西班牙语在这方面的倾向也不如英语明显,其中选择主动结构(包括主动式宾语提取关系从句和非人称主动式关系从句)的比例为53%,与47%的被动结构无显著差异。且在无生中心名词条件下,它们更偏好主动结构(占比例74%),与汉语类似(占比例82.6%)。这也对基于生命度的提取顺序观构成了一定的挑战,因为即使第一成分生命度较高,其被指派为从句主语和宾语功能的比例依然相当。对此,热纳里等人[1]认为,其中基于相似度的竞争发挥了作用:西班牙语中的关系代词 al(可选的)有助于区分两个相

---

[1] Gennari, S. P., Mirković, J., & MacDonald, M. C., "Animacy and competition in relative clause production: A cross-linguistic investigation", *Cognitive Psychology*, Vol. 65, 2012, pp. 141-176.

似的实体（al 的分布频度为 74%），导致对主动形式的偏好；西班牙语者可选择非人称主动式关系从句，其中的中心名词具有宾语功能，不需要用被动形式清楚表明语义关系，这样就不用提及可及性较低的成分（施事），从而减轻了相似概念间的竞争。

这一点为进一步认识汉语的主动式偏好提供了思路。汉语的关系化标记"的"[1][2][3] 不仅标记语法功能，也有助于区分概念相似的实体。在关系从句结构中，"的"后面的名词短语为中心名词，结构关系清楚，不需像英语那样必须使用被动式。同时，"的"在和其他成分共现时，可能导致生成非人称主动式。汉语数据库中关系从句的主要结构如下：

结构一：V+NP_1+"的"+NP_2

结构二：NP_1+V+"的"+NP_2

结构三：V+（体、程度或处所的 Adv.）+"的"+NP

结构一可以简化为 VNN，"的"区分了两个名词短语的语法功能，"的"前的 NP_1 为从句动词的宾语，"的"后的 NP_2 为动作的施事，不论这两个名词的生命度是否相同，概念相似性是否高，构成的竞争是否激烈，"的"这一标记足够区分。如：

（12）他并不后悔，只是怕，怕那个 t 无处无时不紧跟着他的鬼。　　　　　　　　　　　　　　　　　（《骆驼祥子》）

（13）到必要的时候，两眼全照管着孩子，牺牲了那些引诱妇女灵魂的物件。　　　　　　　　　　　　　　　　（《离婚》）

例（12）中的"他"和"鬼"、（13）中的"妇女灵魂"和"物件"尽管距离很近，且例（12）中的名词短语均为有生实体，（13）中的为无生实体，但二者之间都有"的"标记，表明了两个名词短语各自的语法功能——前者为从句宾语，后者为中心名词，

---

[1]　刘丹青：《汉语关系从句标记类型初探》，《中国语文》2005 年第 1 期，第 3—15 页。

[2]　刘丹青：《汉语名词性短语的句法类型特征》，《中国语文》2008 年第 1 期，第 3—20 页。

[3]　刘丹青：《汉语关系从句标记类型初探》，参见刘丹青、唐正大编《名词性短语的类型学研究》，商务印书馆 2012 年版，第 88—107 页。

从而降低了生命度相当的名词间的概念竞争，不会引起歧义或造成理解困难，即，关系化标记"的"满足了 PDC 的降低难度诉求。

结构二简化为 NVN，如：

（14）一眼，他看到昨夜自己留下 t 的大脚印，虽然又被雪埋上，可是一坑坑的还看得很真。　　　　　　　　（《骆驼祥子》）

（15）方六已经不是早先大家熟悉 t 的方六了。

（《四世同堂·饥荒》）

（16）房成了问题，成了唯一有价值的财产，成了 t 日本人给北平带来的不幸！　　　　　（《四世同堂·偷生》）

这种结构的两个名词短语由动词分开，加上关系化标记"的"，语法关系更加清楚。一般认为，汉语属于 SVO 语言，NP$_1$ 在动词前，是当然的主语，NP$_2$ 在动词后，是当然的宾语，而"的"标明了 NP$_2$ 为关系从句的中心名词。如果例（14）和（16）中的名词"（他）自己"和"脚印"以及"日本人"和"不幸"间的竞争小，那么，例（15）中的"方六"属于 PRN，比"大家"（HUM）的概念可及性更高，更有竞争主语的优势，但"的"足以标记二者的语法功能，在功能指派阶段起重要作用，从而消除了干扰和竞争。

同样属于结构二，第四章例（9）和（11）拓展了该结构：

（9）……打破屋中的 t 被潮湿浸透了的沉寂。

（《四世同堂·惶惑》）

（11）……有 t 被国内外学者所推崇的学识……

（《四世同堂·偷生》）

两个例句在关系从句的 NP$_1$ 前加上被动标记"被"，强调了被动意以及施事。但数据库的统计表明，这种典型的被动式的分布很少，显然是作者有意加上的。值得注意的是，如果去掉"被"，两句的意义并不会发生变化，只是在语气上有所减弱，施事没有得到强调。因此，与非人称主动式相比，被动式标记"被"有强调施事的作用。

去掉"被"后，从句由被动式变为主动式。汉语中，如果施事不重要、不需提及或不言自明等，也是可以省略的，这样就有了如下的例子：

(17) 一方面，她须用旧有的诱惑技巧拴住丈夫的心，另一方面，她决定不甘受欺侮，以免变成 t 垫在桌腿下的青蛙。

(《四世同堂·惶惑》)

(18) 这样一揣测，他们看见了死亡线，象足球场上刚画好 t 的白道儿那么清楚，而且就在他们眼前！　(《四世同堂·饥荒》)

(19) 他一年到头只至多吃上两三次猪肉，他的唯一的一件礼服是那件 t 洗过不知多少次的蓝布大褂。　(《四世同堂·偷生》)

这些例句同属结构三。例 (17) 的动词"垫"后有表示处所的状语，(18) 和 (19) 的"画"、"洗"后有表示体的"好"、"过"，加上"的"标记，构成了非人称主动式。而数据库表明，在表达被动意义时，非人称主动式关系从句的分布竟高于被动式，标记"的"的作用十分突出。

综上，基于生命度的可及性、基于相似性的竞争性以及具体语言的结构选择协同作用，形成了对关系从句语态的选择。

塞尔维亚语的实验研究结果印证了上述结论。该语言格标记主宰着生成选择：所有名词和关系代词必须进行格标记。其主动式与西班牙语相似，只是语序更灵活。但被动式有两类：一类是与英语、西班牙语类似的典型被动式；另一类带有非人称小品词 se 和主动时态标记的动词，该动词在数上与主语保持一致。两类形式中关系代词均有标记。与其他斯拉夫语一样[1]，塞尔维亚语也不偏好被动形式。[2][3] 那么，既然易于从记忆中提取的概念凸显的有生实体没被指派为关系从句主语，决定中心名词语法功能的是什么呢？观察塞尔维亚语容易发现格标记这一具体语言限制。无论在有生或无生中心名词条件下，塞尔维亚语者对主动形式的偏好都是压倒性的。有生中心名词条件下生成的被动式关系从句仅有 12%，而无生中心

---

[1] Myachykov, A., & Tomlin, R., "Perceptual priming and structural choice in Russian sentence production", *Journal of Cognitive Science*, Vol. 6, No. 1, 2008, pp. 31–48.

[2] Kostić, D., *Operativna Gramatika Srpskohrvatskog Jezika* (Operational grammar of the Serbo-Croatian language), Beograd: Prosveta, 1986.

[3] Mrazović, P., & Vukadinović, Z., *Gramatika Srpskohrvatskog Jezika za Strance* (Serbo-Croatian grammar for foreigners), Izdavačka knjižarnica Zorana Stojanovića: Sremski Karlovci, 1991.

名词条件下只有7%。在为数不多的非人称主动式关系从句中,所有的中心名词均为有生实体。格标记缓解了名词短语间的竞争,提升了宾语功能指派的重要性,不再需要给中心名词赋予被动式的主语功能,从而发挥了突出作用。

此外,不论中心名词是有生还是无生实体,受试都倾向于生成施事末尾的主动结构,虽然该语言主句的优势语序为SVO[1],原因可能是由于施事末尾语序的主动宾语已经足够满足说话人表意的需要,关系从句施事末尾结构有助于避免英语和西班牙语那样的施事后移现象。于是,施事末尾结构与格标记协同作用,可以缓解或解决语义相似的名词间的竞争,而不需被动结构完成该任务。

跨语言对比发现,名词短语竞争体系(包括基于生命度的提取顺序观和基于相似性的竞争观)、生成—分布—理解观以及具体语言条件的限制均发挥了作用,在不同的语言中,各个理论的力量是不同的,从英语、西班牙语、汉语到塞尔维亚语,生命度的作用在递减,竞争和标记的作用在增强,而生成与分布体现在不同语言中的影响也不同。

第五节 小结

基于生命度的提取顺序观认为,有生中心名词由于其概念凸显,更容易被指派更凸显的语法功能(通常为主语)。在中心名词生命度为有生、语义角色为受事的条件下,英语倾向于生成更多的被动式关系从句;当中心名词生命度为无生、语义角色为客事时,生成更多的主动式关系从句。英语的实验结果和本书的英语数据库统计分析都证明了这一点,且数据库中无生+客事条件下的主动式比例远高于被动式。汉语虽然也有此倾向,但不如西班牙语和英语明显。

---

[1] Slobin, D. I., & Bever, T. G., "Children use canonical sentence schemas: A crosslinguistic study of word order and inflections", *Cognition*, Vol. 12, 1982, pp. 229-265.

对比英语和汉语分别在"有生+受事"和"无生+客事"条件下生成的关系从句语态的比例，发现两种语言在前一条件下生成的被动结构关系从句的频度的确高于在后一条件下的结果。汉语无论中心名词是有生还是无生实体，生成主动式关系从句的比例都大于生成被动式关系从句的比例。但纵向来看，汉语最显著的特征是，在中心名词无生+客事条件下，生成的主动式关系从句远高于被动式关系从句，在一定程度上反映了名词短语竞争体系对语态选择的作用。

而无论在哪种条件下，表达被动意义时，汉语的非人称主动式的比例均高于被动式比例，凸显了汉语对主动形式的强烈偏好。

单独考察"无生+客事"条件下生成的关系从句语态的比例，不论英语还是汉语，都远没有达到实验结果的平分秋色。实际上，在此条件下生成的关系从句主动式占绝对多数。如果考虑到该条件下多数名词短语在关系从句中充当了宾语，这一结果实际也为基于生命度的提取顺序观提供了依据。

然而，如果排除语义角色的条件限制，单纯考察生命度对生成关系从句语态的影响则发现：不论英语还是汉语，关系从句的主动结构均占压倒性多数，说明生命度的独立影响十分有限。实际上，如果把生命度简单划分为有生—无生对立项，尚不能满足分析真实语料纷繁复杂的现象，需要求助于分析更精密的基于概念相似性的竞争观。

更为重要的是，去除语义角色条件，单纯考察生命度条件对语态的影响，同样发现：汉语在表达被动意义时，使用了更多的非人称主动式，表明了对主动式的强烈偏好。这些都对基于生命度的提取顺序观构成了挑战。而根据基于相似性的竞争观，汉语在表达某一被动意义时，如果采用被动式（如用典型的被动标记"被"），不论施事是否出现，都会增加参与要素构成名词短语间的竞争，增加生成的难度，而选择非人称主动式则会避免这一额外负担，于是，汉语在表达被动意义时，更倾向使用非人称主动式。这一结构与被动式的区别是，被动式（特别带有被动标记"被"的被动式）有强调施事的作用。

生成—分布—理解观进一步指出：语言生成是一项高度复杂的活动，制定和维持表达规划并跟踪检测计划执行都会造成生成困难。为了减少困难，需要采取三个途径：易者先行；计划再利用；选择表达方式以减小干扰。这三个途径特别是第三个能更好地分析汉语非人称主动式分布比被动式更高的成因。同时，这样的生成机制导致语言分布的现状，而分布本身反过来也会影响生成，形成某种程度的循环，导致汉语对主动式的强烈偏好。

塞尔维亚语也有主动式、被动式和非人称主动式的表达选择，也表现出对主动式的偏好，观察的结果是：关系代词 *al*（可选的）有助于区分两个相似的实体，且格标记缓解了名词短语间的竞争，提升了宾语功能指派的重要性，导致主动式的压倒性优势。这为进一步了解汉语关系从句语态分布提供了新的视角。汉语没有格标记，但是关系化标记"的"区分了中心名词，极大地消解了名词短语间的竞争。根据 PDC，为了进一步降低生成难度，被动式结构（被）NP_1 + V + "的" + NP_2 在概念和词元选择阶段可以省略 NP_1，进一步省略"被"。只要 V 后带有表示体、程度或处所的状语，就能满足表达所需语义的需要，因而使用更多的非人称主动式。即，具体语言条件限制也影响关系从句语态的选择。

总之，跨语言差异是明显的。总体倾向是，上述语言在有生中心名词条件下比无生条件下生成更多的关系从句被动结构，这一倾向在英语、西班牙语、汉语和塞尔维亚语之间递减。这一趋势表明，语言的具体限制和基于生命度的中心名词可及性在不同语言中存在差异。于是，在解释生成关系从句的语态方面，基于生命度的提取顺序在英语以外的语言中的作用有限，即，在很多语言中，概念凸显形成的提取的容易程度在西班牙语、汉语及塞尔维亚语中对主语指派功能的影响不及英语。要更好地分析这一语言事实，需要借助基于生命度的提取顺序、基于相似性的竞争观和生成—分布—理解观以及具体语言条件限制，四者随着分析的逐步深入，相辅相成，彼此兼容。

第六章

名词短语竞争与被动式关系从句施事的隐现

基于概念相似性的竞争观认为：两个概念相似的有生名词在句子生成时会产生高度竞争，形成的张力使得两个名词的距离不宜过近，比如 the man (that) the woman is punching。在表达规划中，当其中的一个参与者被选择后，另一个会受到抑制（inhibit），从而形成诸如 the man that's being punched (by the woman) 这样的被动结构。这种结构中，名词短语彼此距离拉大了，施事短语也视情况可隐可现。[1]

当两个名词的概念不相似时（如 bag 和 woman），很少有竞争发生，或竞争不够激烈，不足以导致其中一个被抑制，在句子结构中可以并置（如：the bag (that) the woman is punching）。因此，基于生命度的提取顺序观预测：被动结构是将有生中心名词提升到主语位置的结果，不论它们与其他概念要素的关系如何；基于相似性的竞争观则把被动结构视作施事在与概念相似的中心名词竞争中在语法地位上被降级的结果。

而且，被动结构可以选择包含或省略表示施事的短语（如英语的 by+NP），汉语的"被"字结构等。因此，当中心名词为有生实体时，两个概念相似的有生名词的竞争使得被动结构更有可能省略施事；而当中心名词为无生实体时，这种可能性则小得多。[2]

如果下述说法成立：在表达开始前的计划阶段，进入结构计划

---

[1] Gennari, S. P., Mirković, J., & MacDonald, M. C., "Animacy and competition in relative clause production: A cross-linguistic investigation", *Cognitive Psychology*, Vol. 65, 2012, pp. 141–176.

[2] Ibid..

的名词或概念有交叉，而非单独的逐词计划[1][2]，那么，简式被动式（如：the man being punched）也是表达初始阶段的选择项，而非被动式简化的结果。甚至无施事的被动式（如英语的 The book was sold）也被认为是备选项，与带有泛指人称代词（如：you、they）的表达对等，[3][4] 如 They sold the book。因此，选择无施事被动结构，如同选择汉语、西班牙语及塞尔维亚语中的非人称主动式，是在主动式、被动式、无施事被动式及非人称主动式等范围内选择的，而非仅发生在被动式子类中。所以，上述所有情况均应纳入研究范围。

被动式关系从句施事的隐现可用来诊断关系从句的中心名词和施事名词的竞争过程，竞争越激烈，省略施事的比率越大，[5] 反之亦然。

第一节　实验的结果

热纳里等人通过威尔科克森符号秩检验（Wilcoxon Sign Rank Test）证明，有生中心名词结构比无生中心名词结构更倾向于省略被动结构的施事（比例为 51% vs 25%），且书面语体和口语体的结果相似。即，除了基于生命度的提取顺序，概念相似的有生名词间

---

[1] Konopka, A. E., "Planning ahead: How recent experience with structures and words changes the scope of linguisticplanning", *Journal of Memory and Language*, Vol. 66, No. 1, 2012, pp. 143-162.
[2] Wagner, V., Jescheniak, J. D., & Schriefers, H., "On the flexibility of grammatical advance planning during sentence production: Effects of cognitive load on multiple lexical access", *Journal of Experimental Psychology: Learning, Memory and Cognition*, Vol. 36, No. 2, 2010, pp. 423-440.
[3] Jaeggli, O. A., "Arbitrary plural pronominals", *Natural Language and Linguistic Theory*, Vol. 4, 1986, pp. 43-76.
[4] Weiner, E. J., & Labov, W., "Constraints on the agentless passive", *Jounal of Linguistics*, Vol. 19 1983, pp. 29-58.
[5] Gennari, S. P., Mirković, J., & MacDonald, M. C., "Animacy and competition in relative clause production: A cross-linguistic investigation", *Cognitive Psychology*, Vol. 65, 2012, pp. 141-176.

的竞争与随之而来的关系从句施事的抑制也对关系从句的结构有所贡献。

为进一步验证该结果，实验统计了下一种情况：假设选择省略施事的情况发生在选定被动结构之后，就需统计所有被动结构中施事省略的情况，其结果与上述情况类似。特别在口语体的实验中，在总计217个中心名词为有生实体的被动结构中，省略施事的有121个，占比例56%。而在无生中心名词条件下，总计102个被动结构中，无施事的共42个，占41%。威尔科克森符号秩检验结果显示，by-participant 分析：z=-1.40，p=0.08（one-tailed），by-item 分析：z=-2.34，p=0.02，即被动式关系从句省略施事的情况在有生—无生中心名词条件下有显著差异。

为了验证这一结果，本书从英语和汉语真实语料数据库中进行查询统计，然后通过卡方检验比较实验结果、数据库查询结果是否一致，以及不一致时可能的动因。

第二节 数据库查询结果

根据上节的实验数据，本次查询只涉及英语被动式关系从句、汉语被动式以及非人称主动式关系从句。

在数据库中创建查询：AOH-GFR-VRC-ACN-PAA，结果如表6—1所示。

表6—1　**英语关系从句被动结构省略施事的分布情况**

	有生中心名词	无生中心名词	合计
被动结构	58	184	242
省略施事	47	152	199
省略施事比例	81.03%	82.61%	82.23%

用同样的查询方法，得到汉语关系从句被动结构省略施事的分布趋势（见表6—2）。

表 6—2　　汉语关系从句被动结构省略施事的分布情况

	有生中心名词	无生中心名词	合计
被动结构	18	25	43
省略施事	10	5	15
省略施事比例	55.56%	20%	34.88%
非人称主动结构	36	143	179
省略施事	36	143	179
省略施事比例	100%	100%	100%

第三节　数据分析

为了保证统计数据的可比性，本书对实验、英语数据库和汉语数据库三组数据进行相同的统计分析，三组数据的卡方检验结果如下。

表 6—3 显示，实验结果的卡方值为 5.906[a]，$p = 0.015 < 0.05$，中心名词有生—无生条件下被动式关系从句施事的省略有显著差异。当中心名词为有生条件时，被动结构省略更多的施事（共 121 个，占比例 55.8%）；而当中心名词为无生条件时，省略的施事较少（共 42 个，占比例 41.2%）。这一检验结果与热纳里等人[①]的威尔科克森符号秩检验结果一致。条形图也直观地反映了这一趋势。

表 6—4 的结果非常令人意外：英语数据库统计分析的卡方值为 .075[a]，$p = 0.784 > 0.05$，即，施事的隐现与生命度没有关系，因为在有生中心名词条件下，英语省略施事的比例高于未省略施事的比例；而在无生中心名词条件下，省略施事的被动结构依然占多数（分别为 47、81.0%；152、82.6%），且在两种情况下未省略施事的比例非常接近，说明生命度没有明显影响力。这一点与基于相似

---

① Gennari, S. P., Mirković, J., & MacDonald, M. C., "Animacy and competition in relative clause production: A cross-linguistic investigation", *Cognitive Psychology*, Vol. 65, 2012, pp. 141–176.

性的竞争观的预测相左。

相反,表6—5的结果则印证了热纳里等人[①]的实验结果,汉语数据库统计分析的卡方值为 16.610[a],p=0.0002<0.05,说明汉语中心名词的生命度对于被动式关系从句施事的隐现有显著影响。当中心名词为有生实体时,18个被动式关系从句有10个省略了施事,占 55.56%;而当中心名词为无生实体时,仅有25个被动式关系从句中的5个省略了施事,占 20%。这一结果与基于相似性的竞争观的预测一致。

表6—5特别值得关注的现象是:所有非人称主动式都省略了施事,或者说,非人称主动式就是为了省略施事。而且,有生中心名词条件下省略施事的比例为 66.7%,而无生中心名词条件下更高,达 85.1%。也就是说,中心名词的生命度与非人称主动式的选择没有直接关系,这对基于相似性的竞争观构成了挑战。

表6—3　实验数据中被动式关系从句省略施事的卡方检验结果

中心名词的生命度 ＊ 被动式 交叉制表

			被动式		合计
			省略施事	未省略施事	
中心名词的生命度	有生	计数	121	96	217
		期望的计数	110.9	106.1	217.0
		生命度中的%	55.8%	44.2%	100.0%
	无生	计数	42	60	102
		期望的计数	52.1	49.9	102.0
		生命度中的%	41.2%	58.8%	100.0%
合计		计数	163	156	319
		期望的计数	163.0	156.0	319.0
		生命度中的%	51.1%	48.9%	100.0%

---

① Gennari, S. P., Mirković, J., & MacDonald, M. C., "Animacy and competition in relative clause production: A cross-linguistic investigation", *Cognitive Psychology*, Vol. 65, 2012, pp. 141-176.

续表

<table>
<tr><th colspan="5">卡方检验</th></tr>
<tr><th></th><th>Value</th><th>df</th><th>Asymp. Sig. (2-sided)</th><th>Exact Sig. (2-sided)</th><th>Exact Sig. (1-sided)</th></tr>
<tr><td>Pearson 卡方</td><td>5.906^a</td><td>1</td><td>.015</td><td></td><td></td></tr>
<tr><td>连续校正^b</td><td>5.337</td><td>1</td><td>.021</td><td></td><td></td></tr>
<tr><td>似然比</td><td>5.926</td><td>1</td><td>.015</td><td></td><td></td></tr>
<tr><td>Fisher 的精确检验</td><td></td><td></td><td></td><td>.017</td><td>.010</td></tr>
<tr><td>线性和线性组合</td><td>5.887</td><td>1</td><td>.015</td><td></td><td></td></tr>
<tr><td>有效案例中的 N</td><td>319</td><td></td><td></td><td></td><td></td></tr>
</table>

a. 0 cells (.0%) have expected count less than 5. The minimum expected count is 49.88.
b. Computed only for a 2×2 table.

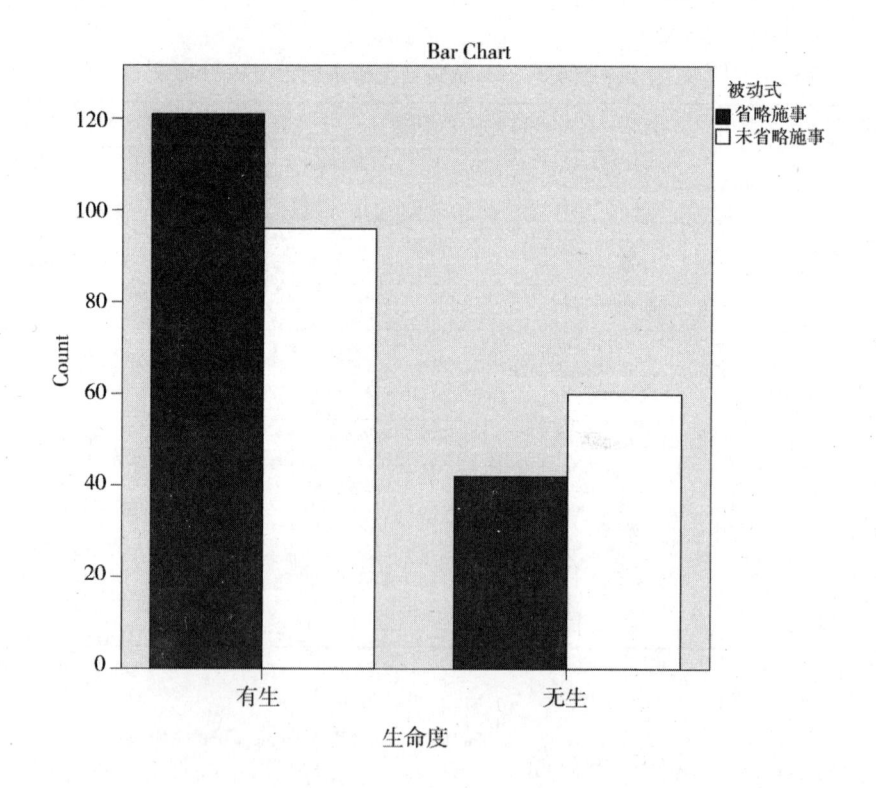

Bar Chart

表 6—4　英语数据库被动式关系从句施动隐现分布卡方检验结果

中心名词的生命度 * 被动结构 交叉制表

			被动结构		合计
			省略施事	未省略施事	
中心名词的生命度	有生	计数	47	11	58
		期望的计数	47.7	10.3	58.0
		生命度中的%	81.0%	19.0%	100.0%
	无生	计数	152	32	184
		期望的计数	151.3	32.7	184.0
		生命度中的%	82.6%	17.4%	100.0%
合计		计数	199	43	242
		期望的计数	199.0	43.0	242.0
		生命度中的%	82.2%	17.8%	100.0%

卡方检验

	Value	df	Asymp. Sig. (2-sided)	Exact Sig. (2-sided)	Exact Sig. (1-sided)
Pearson 卡方	.075[a]	1	.784		
连续校正[b]	.006	1	.939		
似然比	.074	1	.786		
Fisher 的精确检验				.844	.461
线性和线性组合	.074	1	.785		
有效案例中的 N	242				

a. 0 cells (.0%) have expected count less than 5. The minimum expected count is 10.31.
b. Computed only for a 2×2 table.

Bar Chart

被动结构
■ 省略施事
□ 未省略施事

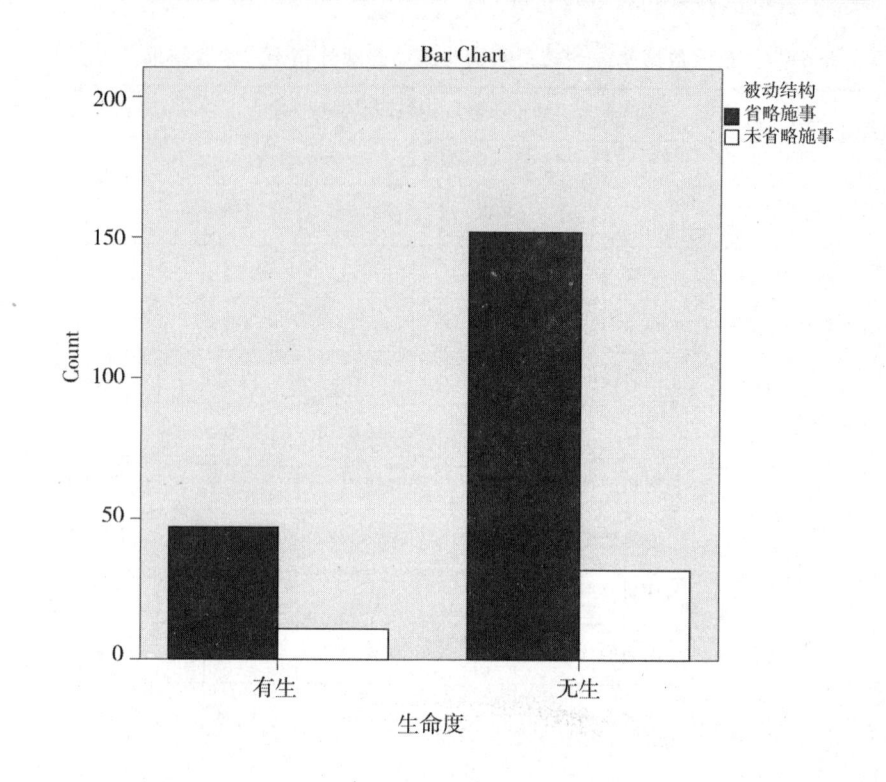

生命度

表6—5 汉语数据库被动式关系从句施动隐现分布卡方检验结果

中心名词的生命度 * 被动结构 交叉制表			被动结构			合计
			省略施事	未省略施事	非人称主动	
中心名词的生命度	有生	计数	10	8	36	54
		期望的计数	3.6	6.8	43.5	54.0
		生命度中的%	18.5%	14.8%	66.7%	100.0%
	无生	计数	5	20	143	168
		期望的计数	11.4	21.2	135.5	168.1
		生命度中的%	3.0%	11.9%	85.1%	100.0%
合计		计数	15	28	179	222
		期望的计数	15.0	28.0	179.0	222.0
		生命度中的%	6.8%	12.6%	80.6%	100.0%

续表

<table>
<tr><th colspan="4">卡方检验</th></tr>
<tr><th></th><th>Value</th><th>df</th><th>Asymp. Sig. (2-sided)</th></tr>
<tr><td>Pearson 卡方</td><td>16.610^a</td><td>2</td><td>.000</td></tr>
<tr><td>似然比</td><td>14.031</td><td>2</td><td>.001</td></tr>
<tr><td>线性和线性组合</td><td>14.327</td><td>1</td><td>.000</td></tr>
<tr><td>有效案例中的 N</td><td>222</td><td></td><td></td></tr>
</table>

a. 1 cells (16.7%) have expected count less than 5. The minimum expected count is 3.65.

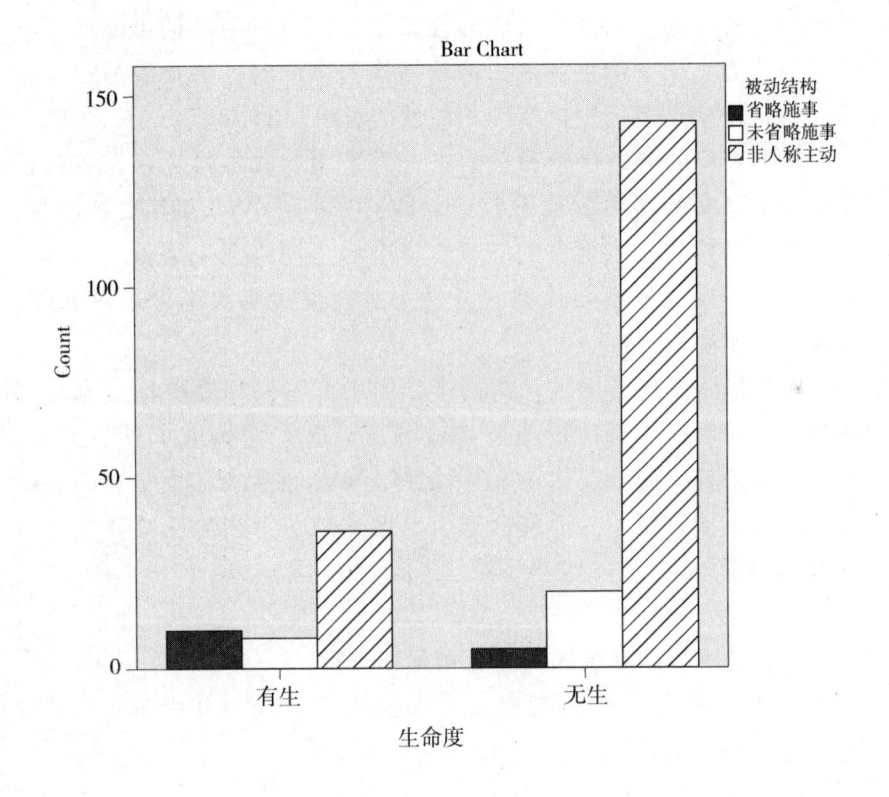

第四节 讨论

第五章已经证明，在适当的条件下，有生中心名词更倾向于被指派为关系从句的主语而导致生成更多被动式关系从句,而无生中心名词没有这样的优势。这一模式与名词短语竞争体系的预测一致,即,有生命的中心名词因其概念和话题凸显常获得关系从句动词主语的功能,而无生中心名词的概念不及有生名词凸显,被指派为主语的倾向也不明显。

然而,必须考虑到,在句子生成时,无施事被动结构、完整被动结构以及非人称主动结构享有同等地位,省略施事的倾向则很难用简单的有生—无生对立格局加以解释。此外,实验条件也排除了韦纳(Weiner)与拉波夫(Labov)[①]的结论:当施事在语境中已经预设时经常省略。因此,可能的推测是:由于有生名词可能产生概念竞争,当其中一个被选定为被动结构的主语时,会导致另一个被抑制,这是基于名词短语概念相似性的竞争观的预测。

本书采用的卡方检验和热纳里等人采用的威尔科克森符号秩检验结果对其实验结果的检验一致,即,当中心名词为有生条件时,英语被动结构省略了更多的施事;当中心名词为无生条件时,英语被动结构省略的施事要比前一条件下少。说明实验结果是可靠的,其检验真实有效。

实验强调了在英语被动结构中,当中心名词和施事均为有生实体时,二者因概念都比较凸显(或可及性高)而构成了竞争关系。竞争的结果是,施事要么由 by 标记移至句末,拉开与受事主语的距离;要么直接省略,从而降低竞争。这正是基于相似性的竞争观试图解释的现象。

一 英语数据库结果与实验结果不一致

基南(Keenan)和德赖尔(Dryer)[②]把下例作为基本被动结构,或称被动结构原型:

John was slapped.

[①] Weiner, E. J., & Labov, W., "Constraints on the agentless passive", *Jounal of Linguistics*, Vol. 19, 1983, pp. 29–58.

[②] Keenan, E. L., & Dryer, M. S., "Passives in the world's languages", In *Shopen*, Vol. 1, 2006, pp. 325–361.

其特征有三：施事短语不出现；动词在主动形式中是及物的；动词表达动作，主动形式中施事为主语，受事为宾语。

亚历克西亚都（Alexiadou）与谢弗（Schäfer）[①]认为典型的被动结构以下句为示例：

The book was written by John.

这一例句的结构也就是邓云华[②]所概括的英语被动式的原型结构：NP_2 + BE + V-en + (by+NP_1)。其中，表示施事的 by 短语是可选择的。而熊学亮、王志军[③][④]则断言，英语被动句的原型是：主语（受事）+ BE + V2en 分词 [或主语（受事）+ BE + V - EN 分词]。上述观点概括的被动式核心结构是一致的，只是在表示施事的介词短语的选择自由度上有所不同。这也说明施事的隐现本身是个复杂的问题。

重新考察英语数据库中被动结构的生命度等级、概念竞争和施事隐现的具体情况，将有助于深入了解问题的本质。由于概念竞争更多发生于有生实体之间，因此，生命度的划分需要采用更精密的标准，借鉴希尔弗斯坦[⑤]的生命度等级。据此建立查询，其结果见表6—6。

表6—6 英语语料中生命度、概念竞争及被动结构施事隐现分布

中心名词的生命度等级	竞争名词的生命度等级	施事隐现	频次	合计
3RD			1	
PRN+KIN			1	
PRN+KIN	HUM		2	

[①] Alexiadou, A., & Schäfer, F., "Non-canonical passives", In Alexiadou, A. & F. Schäfer (Eds.), *Non-Canonical Passives*, Amsterdam/Philadelphia: John Benjamins, 2013, pp. 1-19.

[②] 邓云华：《英汉特殊被动句的整合方式》，《外语教学与研究》2011年第2期，第183—196页。

[③] 熊学亮、王志军：《英汉被动句的认知对比分析》，《外语学刊》2001年第3期，第1—6页。

[④] 熊学亮、王志军：《被动句式的原型研究》，《外语研究》2002年第1期，第19—23页。

[⑤] Silverstein, M., "Hierarchy of features and ergativity", In R. M. W. Dixon (Ed.), *Grammatical Categories in Australian Languages*, Canberra: Australian Institute of Aboriginal Studies, 1976, pp. 112-171.

续表

中心名词的生命度等级	竞争名词的生命度等级	施事隐现	频次	合计
HUM			6	
HUM	3RD		3	
HUM	ANI		4	
HUM	HUM		29	58
HUM	HUM	By+NP	5	
HUM	INA	By+NP	5	
HUM	KIN		1	
HUM	PRN	By+NP	1	
INA	1ST		1	
INA			13	
INA	2ND		1	
INA	3RD		2	
INA	3RD	By+NP	2	
INA	HUM		126	
INA	HUM	By+NP	8	184
INA	INA		7	
INA	INA	By+NP	16	
INA	INA	With+NP	3	
INA	PRN	By+NP	2	
INA	ANI		2	
INA	ANI	By+NP	1	

上表表明，当中心名词为有生实体时，占省略被动结构施事权重最大（50%）的是 HUM vs HUM 这样的竞争关系。竞争的具体情况可从例句管窥一二：

（1）For would not the news of such a dastardly murder as this now appeared to be, together with the fact that it had been committed in this immediate vicinity, stir up such marked excitement as to cause many—

perhaps all—to scan all goers and comers everywhere in the hope of detecting <u>the one who had thus been described</u>? (*An American Tragedy*)

(2) Particularly she remembered one beautiful actress—<u>the sweetheart who had been wooed and won</u>. (*Sister Carrie*)

(3) <u>These men who were known to be minor partners and floor assistants</u> were derisively called "eighth chasers" and "two-dollar brokers," because they were always seeking small orders and were willing to buy or sell for anybody on their commission, accounting, of course, to their firms for their work. (*The Financier*)

(4) Iso, if he could not put in his own directors, he would arrange so that <u>those who were placed in control</u> could do nothing to injure the property. (*The Stoic*)

(5) By this method some eleven aldermen—quite apart from <u>the ten regular Democrats who</u>, because of McKenty and his influence, <u>could be counted upon</u>—had been already suborned. (*The Titan*)

所有例句都有个共同特点——中心名词与施事的生命度都是 HUM vs HUM，处于生命度等级的相同位置，即，名词之间由于概念相似构成了竞争（参见第二章第二节）。热纳里等人[①]的实验对中心名词为有生实体且省略施事的被动结构的比例与这些被动结构涉及的名词的相似度评分进行了相关分析，结果显示：竞争名词间的相似度越高，被动结构中省略施事的比例也越高，英语和西班牙语的情况类似，即，概念相似度与被动结构省略施事显著相关。

比如例（1）中的 the one who had thus been described，动词的施事是报道了新闻的某个人，与 the one 位于生命度等级相同位置。例（2）中的 the sweetheart who had been wooed and won，生命度也是 HUM，是某个主人公记得的、追求漂亮女演员并赢得其芳心的男子，和该女子等级位置相同，且根据相似度评分，概念相似度很高。例（3）中 These men who were known to... 是典型的省略 HUM

---

① Gennari, S. P., Mirković, J., & MacDonald, M. C., "Animacy and competition in relative clause production: A cross-linguistic investigation", *Cognitive Psychology*, Vol. 65, 2012, pp. 141–176.

的例子，和主句形态的 It is known... 一样，隐去泛指的人，也是"一些人 vs 一些人"对立项的竞争。同样，例（4）中的 those who were placed in control，动词短语的施事与中心名词的生命度等级位置是 HUM。例（5）the ten regular Democrats who, because of McKenty and his influence, could be counted upon 也是一理。如前所述，这种中心名词和施事在生命度等级位置相同的句子省略施事的比例最大，也与实验的结果一致。

表 6—6 显示，另一省略施事的重要类别是中心名词的生命度为 HUM，竞争名词（施事）的生命度大致也是 HUM，但身份（特别是语义角色）有争议，也需要从例句中观察：

（6）And now to her bitter disappointment, not only did he choose to ignore her, but quite for the first time since they had been so interested in each other, he professed to pay, if not exactly conspicuous at least noticeable and intentional attention to those other girls who were always so interested in him and who always, as she had been constantly imagining, were but waiting for any slight overture on his part, to yield themselves to him in any way that he might dictate. (*An American Tragedy*)

（7）He is not the only banker who has been involved in the city's affairs. (*The Financier*)

熊学亮、王志军[①]认为：根据"被动句原型表达的应是自足的状态性事件"这一 EICM（事件的理想化认知模式）观点，下列句型应是英语被动句的原型（A 型）：主语（受事）+ BE + V - EN 分词，偏离事件状态观的被动句是通过以下方式来实现的：一是引入施事者，二是把动词所表达的事件重新及物化，三是加入"情态"（如 may）、"主动性"（如 get）等因素。据此，我们可以把下列英语中的被动句型归入被动句的特殊形式状态性（B 型）。

主语+ BE + - EN 分词+ 介词+ 名词短语（施事者）

首先，这是一种特殊形态的被动形式，句末由介词引入参与

[①] 熊学亮、王志军：《英汉被动句的认知对比分析》，《外语学刊》2001 年第 3 期，第 1—6 页。

第六章　名词短语竞争与被动式关系从句施事的隐现　143

者。介词后的参与者是否是施事，需要重新厘定施事的定义。根据第三章第二节第三目，施事是"一个动作的施动者，能感知到的典型的有生实体"。从这个意义上讲，例（6）、（7）中介词引导的不是施事，是无意间造成的结果的主体，没有主观故意，介乎伯克[①]语义角色中的致事（CAUSER）与方所之间，更倾向于后者。

其次，从生命度判断，例（6）的 those other girls 和 him 的生命度等级位置不同，前者为 HUM，后者为 3RD，后者可及性高；例（7）中的 the only banker 后面没有对应的竞争名词，即，在从句生成的表达规划阶段，上两例中介词后面的名词短语表示的概念不是基于相似性的概念参与竞争，而是作为加工增量后附加的背景形成的。

对比占 50% 的 HUM vs HUM 省略施事的例子，观察同等条件下未省略施事的例子，可以更清楚地认识实验数据与语料结果不一致的原因：

（8）To think that this beautiful girl was so anxious to include him in her life if she could—this wonderful girl who was surrounded by so many friends and admirers from which she could take her pick.

　　　　　　　　　　　　　　　　　　　　　　（*An American Tragedy*）

（9）But this, their oldest son, and the one who might have been expected to be deeply influenced by them, early turned from their world and took to a more garish life. 　　　　　（*An American Tragedy*）

两个例句的共同点是：中心名词和竞争名词在生命度等级上的位置相同，但都没有省略施事，与例（1）—（5）形成对照。表面看来，这一表现符合名词短语竞争体系的预测，但仔细分析就会发现本组例句与第一组（1）—（5）有差异。例（8）中的中心名词 this wonderful girl 与施事 friends and admirers 同属生命度等级的 HUM 位置，但根据相似性评分的结果，二者的概念可及性有差异：前者

[①] Berk, L. M., *English Syntax: from Word to Discourse*, Oxford: Oxford University Press, 1999.

是定指的，近指指示词 this 的心理距离①更近，或可及性更高，与后者的竞争并非那么强烈。加上语境中设置了对照：一方面，此女有众多的朋友与追求者；另一方面还竭力纳"他"入生活圈。例（9）中的中心名词与竞争名词的可及性也不大相同。更重要的是，两个例句中的施事在语境中不能自动预设，且具有强调作用。这样，除了位于同一生命度等级的名词短语竞争力削弱外，语境和语义也参与了关系从句加工中对施事隐现的制约。换言之，从表面看，位于同一生命度等级位置的名词间的竞争很激烈，需要省略施事以减少干扰，实际上，施事的保留还有弥补语境预设不足和强调语义的需要。

对比本组例句与第一组例句中的施事可以印证这一归纳。如前所述，例（1）至例（5）的施事要么能够从语境中得到预设［如例（1）、（2）、（4）、（5）］，要么指泛指的人［如例（3）］。

这一点更明显地体现在表 6—6 中另一类重要的保留施事的现象：中心名词的生命度等级位置为 HUM，竞争名词生命度等级位置为 INA，双方属不同位置名词短语间的竞争，竞争力小，在从句生成时不足以导致严重干扰而选择省略施事。

总之，从名词短语间的实际竞争和生成过程中的降低生成难度角度（即基于相似性的竞争观与生成—分布—理解观）考察，实际语料有的的确符合名词短语竞争体系的预测，但还有其他因素的作用，因此统计分析数据因参数不够多不能真正反映自然语言的真实面貌。

反观表 6—6，当中心名词为无生实体时，中心名词和施事的生命度不在同一等级位置，按理竞争小，理论上保留施事的被动结构比例应该更高，然而事实相反。其代表性类别有两个。

第一类：当中心名词的生命度为无生、施事的生命度为（泛指的）人类时，绝大部分（126 个）被动结构省略了施事，仅有 8 个保留，分别占比例 94%和 6%。即，当施事的生命度高于中心名词

---

① 许余龙：《英汉远近指称指示词的对译问题》，《外国语》1989 年第 4 期，第 33—40 页。

的生命度且施事为泛指的人时，关系从句的被动结构大部分省略了施事，这与名词短语竞争体系预测不一致，但 PDC 的降低难度加工过程可以提供一定的解释。进一步观察实际语料可以更清楚认识这一点。

(10) "Do I?" replied the amused Kinsella, taking up the Martini that was just then served him.　　　　　(*An American Tragedy*)

(11) The effect of this adventure on Clyde was such as might have been expected in connection with one so new and strange to such a world as this.　　　　　(*An American Tragedy*)

(12) They rambled weakly forward, losing nearly all the expression which was intended, and making the thing dull in the extreme, when Carrie came in.　　　　　(*Sister Carrie*)

(13) Already he had lost that ruddy bulk which had been added during the days of his prosperity.　　　　　(*The Financier*)

(14) Her ox, God wot, was the one that was being gored.

(*The Titan*)

这类例句很多，以上各句仅作为示例供观察分析。

例（10）的中心名词为 the Martini，生命度为 INA，被省略的施事，根据语境应为 servant 或 barman，生命度为 HUM；例（11）的中心名词 The effect（即后面的 such 所指称的对象）竞争的目标，根据语境的提示应为 other people；（12）明确提供了线索，省略的施事是主句的主语 they；同理，（13）的施事为句内的 he；而（14）被省略的施事其语境也提示得很明白——another woman equally or possibly better suited to him。于是，上述例句的共同特征可概括如下：

首先，中心名词的生命度均为 INA，（隐含的）施事的生命度均为 ANI。如果做更精密的划分，施事的生命度等级分别为 HUM、HUM、3RD、3RD 及 HUM。即，二者的生命度等级位置不同，概念相似性较低，竞争并不激烈。如果根据基于相似性的竞争观，二者竞争产生的张力不足以抑制施事导致其省略。

其次，施事全部省略。

最后，也是最重要的，上述各例的施事虽被省略，但语境提供的信息足够明确施事的身份。此外，当施事为泛指的人类时，英语一般会将它省略，诸如 It is known, he is known 等，这一点符合 PDC 的计划再利用途径。归纳这两种情况发现，这一观察结果与韦纳与拉波夫①的结论相一致：当施事在语境中已经得到预设时经常省略。即，在实际语言生成过程中，除了生命度、相似概念间的竞争，语境也参与了整个过程，其作用与 PDC 的三条降低生成难度的途径相当。于是，根据 PDC 的推理，这种生成模式导致了大量省略施事的被动结构的分布模式。

第二类：当中心名词和施事均为无生实体时，16 个被动式关系从句保留了施事，同样条件下只有 7 个省略了施事。这一语言事实与基于相似性的竞争观相悖（该理论只承认有生名词间的概念竞争），但符合名词短语竞争体系的预测，即，无生名词间也存在概念竞争。查询这些例句，可看到如下情况：

(15) But what I want to know is—how was it that loving Miss Alden as much as you say you did—and having reached that relationship which should have been sanctified by marriage—how was it that you could have felt so little bound or obligated to her as to entertain the idea of casting her over for this Miss X? (*An American Tragedy*)

(16) However, as both Roberta and Clyde soon found, after several weeks in which they met here and there, such spots as could be conveniently reached by interurban lines, there were still drawbacks and the principal of these related to the attitude of both Roberta and Clyde in regard to this room, and what, if any, use of it was to be made by them jointly.

(*An American Tragedy*)

(17) Such feelings as were generated in Carrie by this walk put her in an exceedingly receptive mood for the pathos which followed in the play. (*Sister Carrie*)

---

① Weiner, E. J., & Labov, W., "Constraints on the agentless passive", *Jounal of Linguistics*, Vol. 19, 1983, pp. 29-58.

上述例句的特征可归纳如下：

第一，中心名词与施事的生命度均为无生（INA）。

第二，虽然中心名词与施事的生命度位于同一等级位置，会引起竞争，但并未导致省略施事。

第三，由 by 明确标记的施事在语境中都是新概念，是语境没有预设的，如果施事没有出现，会影响句子信息的完整和理解。

PDC 认为，语言生成过程的计划监测与维持不仅要保证句子生成的流畅进行，同时还要降低生成和理解的难度。如第二章第三节第三目所述，语言符号在表达中逐步展开，造就了长距离依存关系。要解读信息输入就需依赖已有的及未来的符号，即向后和向前两个方向捕捉可能的信息。有预测价值的符号不仅能加速预测成分的加工，其本身也比其他符号的加工更迅速。[①] 基于生命度的提取顺序观预测上述例句的施事时，容易做出习惯性预测：施事多为有生实体，显然易增加理解难度。因此，需要明确提供新概念以满足理解的需要。即，保留施事是保证句子信息完整的需要。

总之，在生成英语被动式关系从句施事的隐现方面，发挥作用的除了基于生命度的提取顺序、基于概念相似性的竞争、生成—分布—理解互动关系外，语境和语义也起着非常重要的调节作用。即，中心名词的生命度、它与竞争名词（施事）的竞争程度、降低生成和理解难度的途径以及语境对施事的预设，都作用于被动式关系从句施事的隐现。

二 汉语数据库查询结果接近实验结果

汉语数据库查询及卡方检验结果均显示，就典型的被动结构而言，汉语被动式关系从句证实了基于概念相似性的竞争观：当中心名词为有生实体时，被动式关系从句更倾向于省略施事；当中心名词为无生实体时，省略施事的比例较小。且数据库卡方检验的结果比实验结果更理想。

[①] O'Brien, J. L., & Raymond, J. E., "Learned predictiveness speeds visual processing", *Psychological Science*, Vol. 23, 2012, pp. 359-363.

与上节的分析一样,要深入了解名词短语竞争体系与关系从句被动结构施事的隐现间的关系,需要仔细对比中心名词和施事的生命度等级位置,也能更深入了解自然语言的真实面貌(见表6—7、6—8)。

表6—7 汉语语料中生命度、概念竞争及被动结构施事隐现分布

中心名词的生命度等级	竞争名词的生命度等级	施事隐现	频次	合计
HUM	1ST&2ND	被+NP	2	
HUM	HUM	被+0	6	
HUM	HUM	被+NP	2	
ANI	ANI	被+NP	4	18
ANI	HUM	被+NP	2	
ANI	HUM	被+0	2	
INA	3RD	被+NP	2	
INA	HUM	0	1	
INA	HUM	被+NP	7	
INA	HUM	被+0	3	
INA	INA	被+NP	9	25
INA	3RD	被+0	1	
INA	HUM	由+NP	1	
INA	PRN	被+NP	1	

由于汉语非人称主动式全部省略了施事,需要单独统计,并从中心名词和竞争名词(施事)的概念竞争观察竞争过程。

表6—8 汉语语料中生命度、概念竞争及非人称主动式施事省略分布

中心名词的生命度等级	竞争名词的生命度等级	省略施事频次	合计
PRN/KIN	HUM	3	
HUM	2ND	1	
HUM	3RD	3	

续表

中心名词的生命度等级	竞争名词的生命度等级	省略施事频次	合计
HUM	HUM	10	36
HUM	ANI	1	
ANI	ANI	2	
ANI	HUM	16	
INA		3	143
INA	3RD	18	
INA	HUM	113	
INA	INA	8	
INA	PRN	1	

观察表 6—7，值得注意的是 HUM-HUM 省略施事和 ANI-ANI 保留施事两组。第一组（占比例 33%）结果与基于概念相似性的竞争观的预测一致：有生中心名词与有生施事因概念相似度高，形成的竞争导致施事被抑制，进而被省略；第二组的中心名词和施事的生命度等级位置相同，但保留了施事，占比例 22%，是有生中心名词条件下保留施事权重最大的一组。因为基于生命度的提取顺序观无法预测施事的隐现，而根据概念相似度的竞争观预测，这两组的中心名词和施事的生命度等级位置相同，均应省略施事。既然事实与预测不一致，就需要观察和分析具体语言事实。这样，省略施事和保留施事的情况可得以厘清。

HUM-HUM 省略施事的实例如下：

（18）t 被撤差的巡警或校役，把本钱吃光的小贩，或是失业的工匠，到了卖无可卖，当无可当的时候，咬着牙，含着泪，上了这条死亡之路。　　　　　　　　　　　　　　　　　（《骆驼祥子》）

（19）今天赴会的都是 t 被强迫了去的学生。

（《四世同堂·惶惑》）

（20）她们愿意暂时忘了她们是 t 被圈在大笼子——北平——的人，而在这里自由的吸点带着地土与溪流的香味的空气。

（《四世同堂·偷生》）

根据语境提供的线索推断,例(18)"被"后面隐含的施事是上级领导,(19)则是学校的领导和老师,(20)则指日本人。因此,上述被动式关系从句的特征可归纳如下:

第一,中心名词和被省略的施事名词均属有生实体,且在生命度等级上的位置相同。

第二,施事均被省略。

第三,被动标记都存在。

根据基于概念相似性的竞争观的推断,中心名词与施事在概念上相似度高,构成竞争。当中心名词被选择后,施事在竞争中被抑制而得以省略。上述三例符合这一推断。不过,表示被动的标记"被"得到保留,明确标明被动形式。如果没有省略,上述例句分别为:被领导撤差的巡警或校役;被老师强迫去了的学生;被日本人关在大笼子——北平——的人。这样,增加的事件参与者显得冗余,这是因为,根据 PDC,在生成的表达规划阶段,过多的概念参与增加了记忆的负担,增大了生成的难度,因为这些概念不是一个一个按顺序出现的,而是在计划中有交叠。况且,每个例句的中心名词都有一个对应的施事,比如撤巡警差的只能是他们的领导;逼迫学生的是学校的领导和老师;日本占据北平期间,居民不能自由出入,关他们的一定是日本人等。当提及中心名词时,施事的概念已经附带进来。换言之,语境足以预设施事。如果额外提及施事,概念上有重复,信息显得多余,且名词短语之间的竞争,额外加重了记忆负担,因此省略施事是生成过程的自然选择。

上例的分析只是为基于概念相似性的竞争观和 PDC 提供了语料依据,下面的分析则有助于对被动式关系从句施事隐现进行深入的了解。

首先需要观察 ANI-ANI 对立条件下没有省略施事的实例:

(21) 他全身的筋肉没有一处松懈,像<u>被蚂蚁围攻 t</u> 的绿虫,全身摇动着抵御。　　　　　　　　　　　　　　(《骆驼祥子》)

(22) <u>被它捕去的人</u>,或狗,很少有活着出来的。(《离婚》)

(23) 他的心跳得很快,脸上还勉强的显出镇定,而眼睛象<u>被猎犬包围 t 了的狐狸似的,往四外看,唯恐教邻居们看出他来。

(《四世同堂·惶惑》)

(24) 只是她一个人,光着袜底儿,象 t 刚被魔王给赶出来的女怪似的,一瘸一拐的走进了三号。　　　(《四世同堂·惶惑》)

本组例句的关系从句的共同特征有:

首先,中心名词和被动结构的施事名词生命度等级位置相同,均为 ANI。

其次,都特别保留了施事。

既然类别与上一组相似——中心名词与被动式施事均为有生名词,且在生命度等级上的位置相同,何以前者省略施事,本组保留施事?

观察本组每一个例句发现:与上一组施事相比,虽也存在相似概念的竞争,但本组的施事不能从语境中得到预设。换言之,中心名词本身不能像上一组例句一样附带施事的信息。如:例(21),围攻绿虫的可选项有很多,概念"绿虫"不会引发联想直接指向蚂蚁。这就意味着,缺少了施事后,从句生成的计划阶段无法构筑一群蚂蚁围攻一只虫子的形象来。生成—分布—理解观认为,要把生成计划的认知控制和记忆需求的详细描述融入"生成效率"的分析之中,省略施事的确可以降低记忆需求,但 PDC 也承认其他力量的作用,比如利他的听众设计(audience design),即,语言生成者调整自己的表达以适应理解者的需要。省略了施事,就无法满足理解需要。

同理,其他例句也是出于上述需要:(22)中的"它"指上文提到的"一个全能的机关";(23)强调"猎犬",(24)特指典故里的"魔王"。此外,"被"作为被动式的标记,出现较晚,是从"遭受"的意义演变而来的(如《后汉书·贾复传》"身被十二创")。[①]"被字式"曾称为"不幸语态"(inflicive voice),主要用以表达对主语而言是不如意或不企望的事(unpleasant or undesira-

---

[①] 连淑能:《英汉对比研究》,高等教育出版社 1993 年版。

ble)。① 本组没有省略施事，恰是为了营造非常悲惨的情景：被群蚁围攻而垂死挣扎的虫子、被强力机关捕去有去无回的人或狗、被猎犬包围只能等死的狐狸，以及被魔王给赶出来狼狈不堪的女怪。这样，施事与受事的对比分明，二者都得到了强调。因此，如果省略施事，从句生成者在表达开始前的概念层面虽然减少了记忆负担，但没有生成效率——信息不完整，也缺少了语义角色间的对比与强调。

因此，PDC 将理解纳入句子生成，能完整解释与分布趋势相悖的语言事实。

表 6—5 中，当中心名词为无生实体时，省略施事的比例明显减少，结果与基于相似性的竞争观一致。其中值得分析的是 INA-INA 对立情况下未省略施事的情况，一则它占的权重最大，再则该现象有助于说明无生名词间也存在竞争（这也是名词短语竞争体系的断言）。举例如下：

（25）特别是在一清早，t 被大车轧起的土棱上镶着几条霜边，小风尖溜溜的把早霞吹散，露出极高极蓝极爽快的天。

（《骆驼祥子》）

（26）他看着那些 t 被晓风吹动着的树枝，说不出来话。

（《四世同堂·饥荒》）

（27）一见妞子不动了，韵梅扑在小女儿身上，把那木然不动，t 被汗水和泪水浸湿了的小身子紧紧抱住。（《四世同堂·饥荒》）

本书的理论框架一个重要的观点是：当生命度由有生—无生对立项扩展后，有生又分出 5 个等级位置来，各等级位置之间的名词短语因概念可及性不同，提取的顺序也不同。每个等级位置内部的名词短语因概念相似性高而产生竞争；各等级位置之间的区分不是完全割裂的，实际是一个连续体，因此，这种竞争也会发生在各等级位置之间。不过等级位置越远，竞争力越小，反之亦然。鉴于此，无生名词短语之间也会有竞争。概念相似度越高，竞争越激烈，可是，为什么在上述例句中没有造成施事省略呢？

---

① 王力：《中国语法理论》，载《王力文集》第 1 卷，山东教育出版社 1984 年版。

观察上面的例子发现：虽然各例中的名词短语生命度均为无生，但概念可及性不同。例（25）中，大车是能运动的，土棱是静止的；大车是事件的 CAUSER，土棱是 PATIENT。例（26）中，晓风也是运动的，树欲静而风不止；前者是 CAUSER，后者是 PATIENT。例（27）中，一般而言，人的身体的概念可及性高于泪水和汗水（如 Pavio 的可及性量表显示 BODY 的评分是 AA，属最高的一类）。但此处的"小身子"指小女孩的尸体，与冰冷静止的尸体对照，泪水和汗水的可及性更高一些。因此，表面看来，无生实体在生命度等级上的位置只有一个，但它们实际上的概念可及性是不同的，有时甚至相差很大，如上面几例。既如此，基于相似性的竞争观需要重新审视无生名词短语间的竞争关系：无生名词短语间也存在竞争，其竞争因概念相似性而不同，且概念相似性是相比较存在的。即，虽为双无生结构，但施事名词与竞争名词的概念相似性差异较大，其竞争足以导致施事省略。同时，例（27）也表明省略施事会产生语义模糊性，不利于语言的理解。

表6—6统计的是汉语非人称主动式中心名词与可能的施事在生命度等级上的位置关系。由于所有非人称主动式都省略了施事，或者说，采用该结构就是为了省略施事，基于生命度的提取顺序观对此无能为力。那么，基于相似性的竞争观是否有所作为呢？

表6—6中，当中心名词为有生条件时，分布频次较高的结构有2个，中心名词与施事的生命度等级位置的关系是：HUM-HUM（10个）；ANI-HUM（16个）。即，省略的多数是泛指的人类。举例如下：

（28）那些雇来 t 的人敲着铜锣，大声吆喝着走遍大街小巷。
（《四世同堂·偷生》）

（29）的确，富善先生是 t 中国化了的英国人。
（《四世同堂·偷生》）

（30）精神了两三天，夏先生又不大出气了，而且腰弯得更深了些，很象由街上买来 t 的活鱼，乍放在水中欢炽一会儿，不久便又老实了。（《骆驼祥子》）

（31）t 拔了毛的鸡与活鸡紧临的放着，活着的还在笼内争吵与

打鸣儿。　　　　　　　　　　　　　　　（《离婚》）

（32）他没想到日本人的侵袭会教那些鹦鹉马上变成 t 丢弃在垃圾堆上的腐鼠。　　　　　　　　　（《四世同堂·惶惑》）

不论中心名词和隐含的施事名词的生命度等级关系是 HUM-HUM（如前2例）还是 ANI-HUM（如后3例），二者均属于有生实体，在生命度等级位置上的距离较近，形成了一定的竞争。

汉语是关系从句前置，即中心名词后置的语言。根据 PDC，在表达规划阶段，汉语的中心名词和施事两个概念同时出现待选择，当其一被选择后，另一个会被抑制。但在表达阶段的表现与英语不同：作为中心词前置的语言，英语选择中心词后，被动式关系从句的语言符号在表达中逐步展开，成线性序列；而汉语在选择中心名词后，需要先表达关系从句，而后才能表达被关系从句修饰限定的中心名词。此时，被动式关系从句的施事名词与中心名词在表达规划初期的提取事件有重叠，其概念相互干扰，尤其在二者生命度相似时，从而对表达和生成计划的干扰增大，生成难度随之增加。为了减少干扰，降低生成难度以提高生成效率，需要采取的手段之一便是省略施事。但如前所述，施事的省略不是任意的，需要满足一些条件。观察上述例句可发现，这些条件是：

第一，施事的生命度为 HUM，即，泛指的人。

第二，虽然中心名词和施事均为有生实体，但施事的概念可及性都不如中心名词，故，意义的凸显程度次于中心名词。

第三，施事大多可在语境中得到预设。

第一点通过语料标注得知，第二点和第三点相辅相成。如例（28），既是"雇来的人"，则预设了雇主；雇主是何人不重要（不论是丧家还是帮助丧家主事的人），重要的是"雇来的人"吆喝着穿行于大街小巷。同理，（29）中那个英国人被中国化了，具体哪些人帮助其中国化不是重点。而（30）、（31）、（32）中，"买来的活鱼"预设有人买鱼；"拔了毛的鸡"预设有人拔鸡毛；"丢弃在垃圾堆上"预设有人丢弃腐鼠。至于具体是何人做这些事，并不重要，因此，这些施事的概念可及性及语义的凸显程度均不如中心名词，因此可以省略。

简而言之，省略了施事不但不会对理解造成障碍，反而会减少生成难度，提高生成效率，符合 PDC 归纳的减少生成难度三途径。

考察当中心名词为无生实体时，汉语选择非人称主动式从而省略施事的事实，只需观察其代表 INA-HUM 条件即可。这一条件下的结构共 113 例，占总数 143 的 79%，具有代表性。举例如下：

（33）况且，<u>可以拿到手 t 的三十五块现洋</u>似乎比希望中的一万块更可靠，虽然一条命只换来三十五块钱的确是少一些！

（《骆驼祥子》）

（34）<u>那天买 t 的材料</u>为什么还不快做上？　　（《离婚》）

（35）<u>冠宅门外刚贴好 t 的红报子</u>使他这样改变以前的主张。

（《四世同堂·惶惑》）

（36）<u>多年没叫过 t 的这个字</u>，一下子打他心眼里蹦出来了。

（《四世同堂·饥荒》）

传统上对于这类被动式的解释是：表面上看，仅是主语消失，其实根本的变化在于"被"字的虚化，即造成主语消失更深层的原因是"被"字语义上的变化。① 观察这一组例句，对比前述当中心名词为有生实体时的 HUM-HUM 和 ANI-HUM 组对，可以发现，它们有个共同特征：施事的生命度均为 HUM，且均可在语境中得到预设。如（33）"可以拿到手的三十五块现洋"的施事为主人公祥子；（34）"那天买的材料"的施事指有人给李太太买了做衣服的材料；（35）中"刚贴好的红报子"是冠家人刚贴好的；（36）"多年没叫过的这个字"的施事是大家。因此，不论施事是具体个人还是泛指的人，一旦语境提供了足够的信息供读者理解施事的身份，就不需要保留施事，否则过多的概念交叠造成干扰，也不符合语言的经济原则。

总之，在无生中心名词条件下，在表达被动意义的关系从句中，若施事的生命度为 HUM 且在语境中能够被预设时，汉语多生成非人称主动式，从而省略施事。

---

①　俞光中：《零主语被字句》，《语言研究》1989 年第 2 期，第 95—104 页。

第五节　与其他语言对比

在热纳里等人①的实验中，西班牙语语态选择的结果是：有生中心名词条件下，24%的回答是非人称主动式；无生中心名词条件下，9%为非人称主动式。前一条件下省略施事的被动结构占12%；后一条件下省略的比例为7%，二者差异不显著。非人称主动式加上省略施事的被动结构，有生中心名词条件下省略施事的结构共占比例36%，无生条件下省略施事的被动结构比例为16%，差异显著。即，西班牙语和英语相似，与无生中心名词条件相比，当中心名词为有生实体时，被动式关系从句更倾向于省略施事，结果与基于相似性的竞争观一致。

当然，本章第四节第一目已经证实，英语的实际语料反映出，在生成英语被动式关系从句施事的隐现方面，发挥作用的除了基于生命度的提取顺序、基于相似性的竞争、生成—分布—理解互动关系外，语境和语义也起非常重要的调节作用，其作用有时会超越前三项。

在非人称主动式的表现方面，汉语比西班牙语有更明显的偏好，非人称主动式的数量和比例都超过了西班牙语，而且在无生中心名词条件下，主动式倾向更明显。归因推理发现，在关系从句结构选择上，基于生命度的提取顺序观、基于相似性的竞争观、具体语言的标记形式以及语境协同发生作用。

塞尔维亚语的结果在第五章第四节中已经提到，其中绝大部分关系从句为主动结构，被动结构仅占12%，且绝大部分均省略施事，无论中心名词是有生还是无生实体。非人称主动式的数量很小（仅4个），中心名词全部为有生实体。其被动结构和非人称主动结

---

①　Gennari, S. P., Mirković, J., & MacDonald, M. C., "Animacy and competition in relative clause production: A cross-linguistic investigation", *Cognitive Psychology*, Vol. 65, 2012, pp. 141–176.

构中无施事的比例显著高于有施事的比例（12% vs 4%）。由此得知，塞尔维亚语在有生中心名词条件下生成的主动式远高于西班牙语和英语，和汉语相当。

然而，汉语的非人称主动式比例比西班牙语和塞尔维亚语高得多。其中一个重要原因是，汉语的中心名词后置。在表达规划阶段，中心名词和施事两个概念在语义角色确定前的相互影响和干扰与其他语言相似，但当中心名词确定后，汉语在表达时需要先表达关系从句，这里又出现了概念间的干扰、增加了记忆和监测的负担。因此，尤其当施事为泛指的人或语境能够预测时，汉语更多地使用非人称主动式。

被动式关系从句的中心名词和施事在有生条件下的分布，无法用基于生命度的提取顺序予以解释，需要借助于基于相似性的竞争观。这一理论能分析被动形式施事后移或省略的一般情况，但没有涉及语言使用的环境。实际上，英语和汉语（特别是英语）数据库在考察了自然语言后发现，语境在影响施事隐现方面的作用被实验低估了，因为实验中的有生—无生中心名词条件下的施事数量相当，[1]且该实验分析中否定了语境的作用。

第六节 小结

名词短语的竞争对被动式关系从句施事隐现的影响力在实验中比较明显，但在自然语言中的表现呈复杂态势，尤其是英语。

英语数据库的统计分析表明，施事的隐现与中心名词的生命度没有显著相关性：中心名词有生和无生两种条件下，省略施事的被动结构都占多数。对此，基于生命度的提取顺序观无法解释。

本书基于名词短语概念竞争体系，对中心名词有生、无生两个条件下被动式关系从句中心名词与施事的竞争关系予以梳理后发

---

[1] Gennari, S. P., Mirković, J., & MacDonald, M. C., "Animacy and competition in relative clause production: A cross-linguistic investigation", *Cognitive Psychology*, Vol. 65, 2012, pp141-176.

现：当中心名词为有生实体时，省略被动结构施事权重最大的是 HUM vs HUM 对立竞争项。由于二者位于生命度等级相同位置，概念相似度高，竞争的结果是施事给省略，与竞争观的预测一致。另一类型被动结构施事的省略与施事本身的特征有关：施事更接近致事，因而以介词短语的形式出现，在这种情况下，与其说是省略了施事，不如说没有施事。

与 HUM vs HUM 同等条件下没有省略施事的例句对比发现：虽然中心名词与施事的生命度等级位置相同，但二者的概念相似性有差异，中心名词比施事更可及，因此实际竞争力减弱，不足以导致省略施事。

概括起来，在有生中心名词条件下，施事与中心名词的概念相似度越高，竞争越激烈，越容易省略关系从句被动结构的施事。

无生中心名词条件下的情况有所不同。当中心名词为无生实体时，中心名词和施事的生命度不在同一等级位置。如果根据基于相似性的竞争观，竞争小，理论上保留施事的被动结构比例应该更高。然而事实相反：大部分被动结构为无施事关系从句。情况有三类：

第一类，当中心名词的生命度为无生、施事的生命度为（泛指的）人类时，94%的被动结构省略了施事。考察语料的结果是：虽然中心名词的生命度为 INA，施事的生命度为 ANI，二者的竞争不足以使施事省略，但施事在语境中有预设，即语境隐含了施事，不需额外提及。

第二类，当中心名词和施事名词均为无生实体时，16 个被动式关系从句保留了施事。和第一类情况相对比，能更深入了解事实。观察发现：INA vs INA 对立应该产生竞争，但施事在语境中都是新概念，是前景没有预设的，如果施事没有出现，会影响句意信息的完整和理解。PDC 认为，语言生成过程的监测与维持不仅要保证句子生成的流畅进行，同时还要降低生成和理解的难度。因此，需要明确提供新概念以满足理解的需要。即，保留施事是语境信息的充分性和理解的需要。

第三类是施事在事件中多属泛指的人或不重要，不必提及。

汉语语料的分布与实验结果一致：当中心名词为有生实体时，被动式关系从句更倾向于省略施事；当中心名词为无生实体时，被动结构省略施事的比例要小；非人称主动式全部省略施事。

汉语例句的考察证明了第一点。为了更深入了解语言事实，对同一条件下中心名词与竞争名词处于生命度等级同一位置而未省略施事的从句进行考察，发现：尽管二者概念相似度高，竞争明显，但当语境不能预设施事、受事与施事有明显对照时，名词短语间的竞争不会导致施事的省略，从而进一步证实了语境的作用。

第二点也能在数据分析中得到验证。而对该条件下没有省略施事的例句的分析同样发现，即使中心名词与竞争名词生命度等级位置相同，但概念相似度不同时，竞争力有限，往往不足以导致施事省略。这也说明了生命度划分更精密的重要价值。

由于非人称主动式结构全部省略施事，需要考察的现象相对简单一些。总结起来主要有两点动因：当中心名词为有生实体时，施事多为泛指的人，且在语境中能够预设；当中心名词为无生实体时，施事也多为人，不论是具体的人还是泛指的人（施事的生命度为 HUM），语境都有足够提示或预设。即，语境在生成非人称主动式结构中的作用更大。

与其他语言对比还发现，生命度和竞争的作用在不同语言中对语态选择的作用不同，在英语、西班牙语、汉语和塞尔维亚语中的作用是递减的，后两种语言有明显的主动形式偏好。在表达被动意义时，汉语更偏好省略施事的非人称主动式，这可能与汉语的语言类型有关：作为中心名词后置的语言，汉语在语言生成的表达阶段先确定了中心名词，却需要先表达关系从句。如果更多地提及施事，则增加了概念间的相互干扰和记忆负担，降低了生成效率，因而需要选择更多的省略施事的结构。

第七章

名词短语竞争与关系化标记的隐现

在表达某一意义时,说话人可选择多种语言形式。一般认为,不同语言形式的意义是有细微差异的,说话人选择一定的句法结构就是为了表达自己心中特定的意义。[1]

句法构造的信息加工理论倡导者[2][3][4]则认为,由于信息加工压力对句子生成机制的影响,语言的进化使得不同的句法结构可以表达相同的意义。其中一种压力来源于需要生成的词源于从记忆中的提取,提取较快的词表达得较早。

此外,还有其他因素,比如生命度。麦克唐纳、博克(Bock)和凯利(Kelly)[5]以生命度、词长和韵律三个凸显角色为指标考察语言使用中的语序变化。其研究采用回忆任务刺激语言生成,结果发现生命度对选择语言形式产生作用:有生名词在及物句中倾向于做主语。这就意味着,概念可及性在语法角色指派中发挥影响力。这也是基于生命度的提取顺序观的核心内容。

---

[1] Ferreira, V. S., & Firato, C. E., "Proactive interference effects on sentence production", *Psychonomic Bulletin & Review*, Vol. 9, No. 4, 2002, pp. 795-800.

[2] Bock, J. K., "Toward a cognitive psychology of syntax: Information processing contributions to sentence formulation", *Psychological Review*, Vol. 89, 1982, pp. 1-41.

[3] Bock J. K., "Coordinating words and syntax in speech plans", In A. W. Ellis. (Ed.), *Progress in the Psychology of Language*, London: Erlbaum, 1987a, pp. 337-390.

[4] Ferreira, V. S., "Is it better to give than to donate? Syntactic flexibility in language production", *Journal of Memory and Language*, Vol. 35, 1996, pp. 724-755.

[5] McDonald, J. L., Bock, J. K., & Kelly, M. H., "Word and world order: Semantics, phonological, and metrical determinants of serial position", *Cognitive Psychology*, Vol. 25, 1993, pp. 188-230.

费雷拉与戴尔[①]为了检验关系代词的出现是否能帮助消歧，设计了一些不完整的关系从句，给出干扰性动词，看实验参与者能否做出正确选择。结果发现，尽管实验使用的关系从句有歧义，但实验参与者并没有明确倾向使用关系代词帮助消解歧义，歧义的根源主要来自动词。而当关系代词 that 后面的实体被重复时，该概念变得更可及，因而 that 可能被省略。

费雷拉与费拉托[②]对宾语从句中 that 的隐现情况设计实验进行考察。实验的指标为前摄干扰，即名词短语概念相似性的高低对关系代词隐现的影响。结果显示，前摄干扰有影响：当嵌入的名词概念与主语相似时（如 the author, the poet and the biographer），受试生成的 that 比例比名词间不相似时高 5.9%。即，概念相似的名词短语做主语时，概念间产生的竞争需要在从句中生成更多的 that 以减少干扰。

雷斯（Race）和麦克唐纳[③]考察了为什么语言生成者会插入或省略关系代词 that 以及 that 的隐现对理解有影响。其研究中的三个实验都表明，生成者使用 that 能够减轻理解困难，从而形成特定的分布模式。而语言理解者也能敏锐地捕捉到这一点。实验一发现，至少在书面语体的生成中，生成者在生成宾语关系从句时能利用选择性（而非强制性）的 that 以赢得更多时间计划嵌入的从句。实验二进一步验证：当从句的主语为普通名词时，受试生成 that 的倾向显著高于其为高可及、高频的名词。实验三说明使用 that 有利于读者理解，前提则是平行分布模式。

耶格[④]对基于信息理论考量的生成效率原则予以了验证：语言

[①] Ferreira, V. S., & Dell, G. S., "Effect of ambiguity and lexical availability on syntactic and lexical production", *Cognitive Psychology*, Vol. 40, 2000, pp. 296-340.

[②] Ferreira, V. S., & Firato, C. E., "Proactive interference effects on sentence production", *Psychonomic Bulletin & Review*, Vol. 9, No. 4, 2002, pp. 795-800.

[③] Race, D. S., & MacDonald, M. C., "The use of 'that' in the production and comprehension of object relative clauses", In *Proceedings of the 26th Annual Meeting of the Cognitive Science Society*, 2003, pp. 946-951.

[④] Jaeger, T. F., "Redundancy and reduction: Speakers manage syntactic information density", *Cognitive Psychology*, Vol. 61, No. 1, 2010, pp. 23-62.

生成受制于在语言符号中一致分布信息的偏好。研究采用实时的口语语料库来考察信息密度对 that 隐现的影响，其发现是：当信息密度过大时，受试偏好使用 that，它有助于降低信息密度。这一发现与基于可及性的生成观①②③一致。

热纳里等人④则基于生命度直接考察了主动式宾语关系从句中施事的隐现情况（详见下文）。

综上，信息加工理论下的研究与上述研究均可纳入基于生命度的提取顺序观；费雷拉与费拉托的研究与基于相似性的竞争观一致；而雷斯与麦克唐纳的研究具有生成—分布—理解观的雏形，与本书中的理论框架相一致。

第一节 实验的结果

热纳里等人的假设是：假如遇到生成困难时，语言生成者倾向于插入关系代词以降低难度，那么，可以据此预测：有生中心名词关系从句由于名词短语间的竞争更强，比无生中心名词条件下能生成更多的关系代词。

实验结果证实了这一假设。在所有主动结构中，有生中心名词条件下生成的关系代词比无生中心名词条件下高（口语体的 88% vs 73%；书面语体的 83% vs 77%）。在被动结构中，情况相反：前一条件下生成的关系代词少于后一条件（口语体的 35% vs 44%；书面语体的 30% vs 46%）。原因是：与无生中心名词情况相比，有生

---

① Levelt, W. J. M., & Maassen, B., "Lexical search and order of mention in sentence production", In W. Klein & W. J. M. Levelt (Eds.), *Crossing the Boundaries in Linguistics*, Dordrecht, The Netherlands: D. Reidel, 1981, pp. 221-252.

② Ferreira, V. S., "Is it better to give than to donate? Syntactic flexibility in language production", *Journal of Memory and Language*, Vol. 35, 1996, pp. 724-755.

③ Ferreira, V. S., & Dell, G. S., "Effect of ambiguity and lexical availability on syntactic and lexical production", *Cognitive Psychology*, Vol. 40, 2000, pp. 296-340.

④ Gennari, S. P., Mirković, J., & MacDonald, M. C., "Animacy and competition in relative clause production: A cross-linguistic investigation", *Cognitive Psychology*, Vol. 65, 2012, pp. 141-176.

中心名词无施事的被动结构插入 that 的分布频度低（口语体中 24% vs 42%；书面语体中 24% vs 52%），而被动结构的完整形式没有明显的分布模式。

无施事被动结构中 that 出现的频度低，与这一观点相一致：关系代词有助于降低提取难度。这是因为，在无施事的被动结构中，没有名词可供提取，因此无须关系代词。研究并未考察完整被动形式和无施事被动结构中关系代词的使用情况。

第二节 数据库查询结果

汉语不存在关系代词，被动化标记除了"的"以外，还有指示词或指量短语，具有体标记作用的复合词等①②，但"在现代汉语时期，'的'关系分句的结构特征可表示为：(VP+的)_{关系分句}+NP_{中心语}"③。本书建设的汉语数据库以"的"为关系从句的标记，且"的"前的关系从句必须带有动词，与上述结构一致。由于标记只有"的"，它是强制的，不能省略，因此无法统计分析关系化标记的隐现以供对比。故只查询英语的自然语言语料。

在数据库中创建查询：AOH - RPN - GFH - GFR - VRC - ACN - PAA，结果如表 7—1 所示。

表 7—1　　名词短语竞争与关系化标记隐现分布趋势

AOH	RPN	GFH	GFR	VRC	ACN	PAA	Total
ANI	0	DO	DO	ACT			4
ANI	0	SU	DO	ACT			1

---

① 刘丹青：《汉语关系从句标记类型初探》，《中国语文》2005 年第 1 期，第 3—15 页。
② 刘丹青：《汉语关系从句标记类型初探》，参见刘丹青、唐正大编《名词性短语的类型学研究》，商务印书馆 2012 年版，第 88—107 页。
③ 邓云华、申小阳、曹新竹：《英汉关系分句语法化的路径》，《外语教学与研究》2015 年第 3 期，第 368—379 页。

续表

AOH	RPN	GFH	GFR	VRC	ACN	PAA	Total
HUM	0	DO	DO	ACT			40
HUM	0	SU	DO	ACT			19
1ST&2ND	who	SU	SU	ACT			4
1ST&2ND	that	SU	SU	ACT			1
3RD	who	DO	SU	PAS			1
3RD	who	DO	SU	ACT			13
3RD	that	DO	DO	ACT			1
3RD	that	SU	SU	ACT			2
KIN/PRN	who	DO	SU	ACT			13
KIN/PRN	who	SU	SU	ACT			11
KIN/PRN	that	SU	SU	ACT			2
KIN/PRN	whom	SU	DO	ACT			1
KIN/PRN	whom	DO	DO	ACT			2
HUM	as	SU	SU	ACT			10
HUM	as	DO	DO	ACT			2
HUM	as	SU	DO	ACT			1
HUM	as	DO	SU	ACT			1
HUM	as	DO	SU	PAS	HUM	by	1
HUM	that	DO	DO	ACT			11
HUM	that	DO	SU	ACT			26
HUM	that	DO	SU	PAS	HUM		1
HUM	that	SU	DO	ACT			2
HUM	that	SU	SU	PAS	HUM		1
HUM	that	SU	SU	ACT			15
HUM	which	DO	SU	ACT			1
HUM	which	SU	DO	ACT			3
HUM	who	DO	DO	ACT			2
HUM	who	DO	SU	ACT			140
HUM	who	SU	SU	PAS			1

续表

AOH	RPN	GFH	GFR	VRC	ACN	PAA	Total
HUM	who	DO	SU	PAS	3RD		1
HUM	who	DO	SU	PAS	HUM		6
HUM	who	DO	SU	PAS	INA	by	1
HUM	who	SU	SU	ACT			130
HUM	who	SU	SU	PAS	HUM		7
HUM	who	DO	SU	PAS	ANI		1
HUM	who	DO	SU	PAS	PRN	by	1
HUM	who	SU	SU	PAS	ANI		5
HUM	who	SU	SU	PAS	HUM	by	2
HUM	whom	DO	DO	ACT			16
HUM	whom	DO	SU	ACT			1
HUM	whom	SU	DO	ACT			13
HUM	whom	SU	SU	PAS	3RD		1
ANI	that	DO	SU	ACT			3
ANI	that	SU	SU	ACT			3
ANI	which	DO	SU	ACT			1
ANI	who	DO	SU	ACT			3
ANI	who	SU	SU	ACT			1
Total							529
INA	0	DO	DO	ACT			301
INA	0	SU	DO	ACT			135
INA	as	DO	DO	ACT			30
INA	as	DO	SU	ACT			6
INA	as	DO	SU	PAS	HUM		3
INA	as	DO	SU	PAS	HUM	by	1
INA	as	SU	SU	PAS	INA		1
INA	as	SU	DO	ACT			6
INA	as	DO	SU	ACT			6
INA	as	SU	SU	PAS	HUM		2

续表

AOH	RPN	GFH	GFR	VRC	ACN	PAA	Total
INA	as	SU	SU	PAS	INA	by	2
INA	that	DO	DO	ACT			104
INA	that	DO	DO	PAS			1
INA	that	DO	SU	ACT			183
INA	that	DO	SU	PAS	3RD		1
INA	that	DO	SU	PAS	HUM		32
INA	that	DO	SU	PAS	HUM	by	2
INA	that	DO	SU	PAS	INA		1
INA	that	DO	SU	PAS	INA	by	1
INA	that	DO	SU	PAS	ANI		1
INA	that	SU	DO	ACT			54
INA	that	SU	SU	ACT			95
INA	that	SU	SU	PAS	HUM		12
INA	that	SU	SU	PAS	INA	with	1
INA	which	DO	DO	ACT			172
INA	which	DO	SU	ACT			201
INA	which	DO	SU	PAS	HUM		9
INA	which	DO	SU	PAS	HUM	by	8
INA	which	DO	SU	PAS	INA	by	2
INA	which	SU	DO	ACT			69
INA	which	SU	SU	ACT			62
INA	which	SU	SU	PAS	HUM		6
INA	which	SU	SU	PAS	HUM	by	1
INA	which	SU	SU	PAS	INA		3
INA	which	SU	SU	PAS	1ST		1
INA	which	SU	SU	PAS	HUM	with	1
Total							1516

上表显示，当中心名词为有生实体时，省略关系化标记的例句有64例，占总数529的12.10%，即生成关系化标记的关系从句占87.90%；

当中心名词为无生实体时，省略关系化标记的例句有 436 例，占总数 1516 的 28.76%，即生成关系化标记的有 71.24%。与实验结果相比（口语体的 88% vs 73%；书面语体的 83% vs 77%）非常接近。

而在被动结构中，实际语料没有出现省略关系化标记的例子，原因是所有英语实例中，被动结构的关系化标记均指称关系从句的主语，且在从句中占据主语位置。英语的主语是强制性的，不能省略，[1] 所以承担主语功能的关系化标记也是不能省略的。

第三节　数据分析

热纳里等人[2]实验中符合条件的关系从句根据有生—无生格局划分分别有 205 和 183 个，据此推算，在书面语体中，实验中在有生条件下生成的关系化标记约为 170 个，无生条件下的关系化标记约为 141 个。为了检验二者的差异是否显著，以及与生命度的关系，需要进行卡方检验。结果如表 7—2 所示。

表 7—2　　　　实验中关系化标记隐现的卡方检验结果

中心名词的生命度 ＊ 关系化标记 交叉制表

			关系化标记		合计
			有关系化标记	无关系化标记	
中心名词的生命度	有生	计数	170	35	205
		期望的计数	164.3	40.7	205.0
		生命度中的%	82.9%	17.1%	100.0%
	无生	计数	141	42	183
		期望的计数	146.7	36.3	183.0
		生命度中的%	77.0%	23.0%	100.0%

---

[1] Quirk, R., Greenbaum, S., Leech, G., & Svartvik, J., *A Grammar of Contemporary English*, London: Longman Group Ltd., 1972.

[2] Gennari, S. P., Mirković, J., & MacDonald, M. C., "Animacy and competition in relative clause production: A cross-linguistic investigation", *Cognitive Psychology*, Vol. 65, 2012, pp. 141-176.

续表

		关系化标记		合计
		有关系化标记	无关系化标记	
合计	计数	311	77	388
	期望的计数	311.0	77.0	388.0
	生命度中的%	80.2%	19.8%	100.0%

卡方检验

	Value	df	Asymp. Sig. (2-sided)	Exact Sig. (2-sided)	Exact Sig. (1-sided)
Pearson 卡方	2.100^a	1	.147		
连续校正^b	1.747	1	.186		
似然比	2.097	1	.148		
Fisher 的精确检验				.162	.093
线性和线性组合	2.094	1	.148		
有效案例中的 N	388				

a. 0 cells (.0%) have expected count less than 5. The minimum expected count is 36.32.
b. Computed only for a 2×2 table.

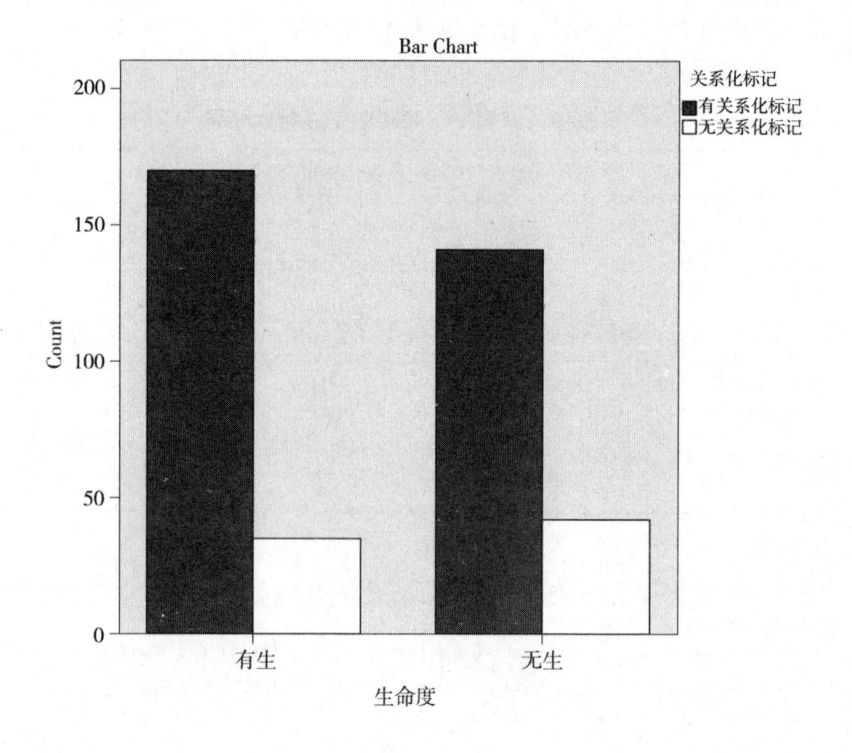

表 7—1 显示，在本书数据库中，当中心名词的生命度为有生时，关系从句省略关系化标记（即表格前 4 行关系代词以 0 表示）的频度总和为 64，关系化标记存现的频度为总数 529−64＝465；当中心名词的生命度为无生时，关系从句省略关系化标记（即表格前 2 行关系代词以 0 表示）的频度总和为 436，关系化标记存现的频度为总数 1516−436＝1080。根据这一统计结果，可以求得数据库中关系化标记隐现的卡方检验结果。

表 7—3　　数据库中关系化标记隐现的卡方检验结果

中心名词的生命度 ＊ 关系化标记 交叉制表

			关系化标记		合计
			有关系化标记	无关系化标记	
中心名词的生命度	有生	计数	465	64	529
		期望的计数	399.7	129.3	529.0
		生命度中的%	87.9%	12.1%	100.0%
	无生	计数	1080	436	1516
		期望的计数	1145.3	370.7	1516.0
		生命度中的%	71.2%	28.8%	100.0%
合计		计数	1545	500	2045
		期望的计数	1545.0	500.0	2045.0
		生命度中的%	75.6%	24.4%	100.0%

卡方检验

	Value	df	Asymp. Sig. (2−sided)	Exact Sig. (2−sided)	Exact Sig. (1−sided)
Pearson 卡方	58.936[a]	1	.000		
连续校正[b]	58.038	1	.000		
似然比	65.463	1	.000		
Fisher 的精确检验				.000	.000
线性和线性组合	58.907	1	.000		
有效案例中的 N	2045				

a. 0 cells (.0%) have expected count less than 5. The minimum expected count is 129.34.
b. Computed only for a 2×2 table.

Bar Chart

关系化标记
■ 有关系化标记
□ 无关系化标记

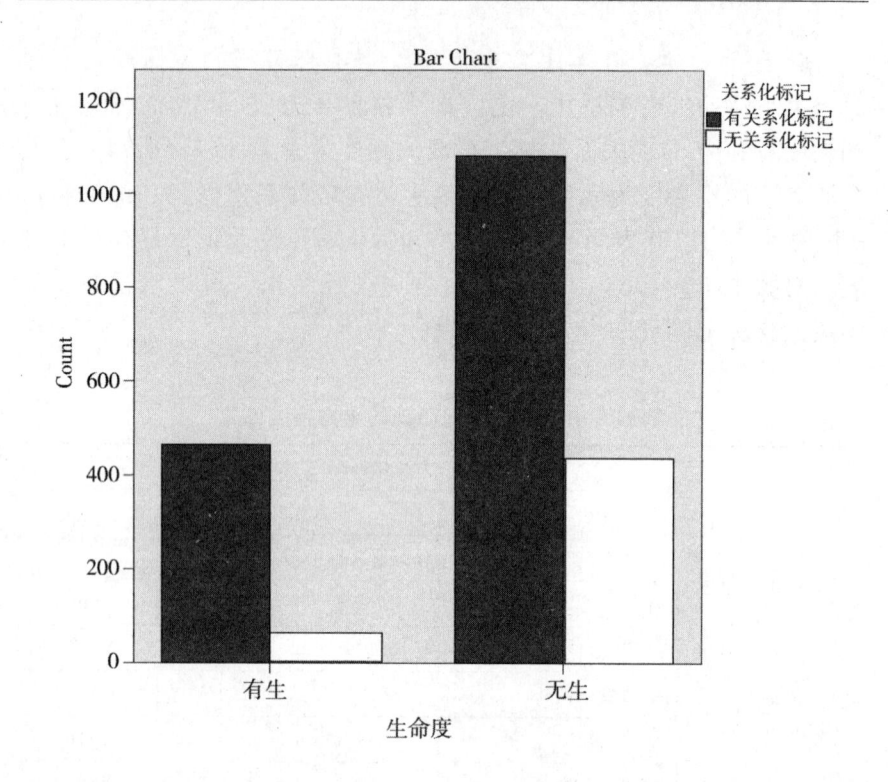

生命度

表 7—2 显示，实验结果的卡方值为 2.100ᵃ，p=0.147 > 0.05，因此，不能断言中心名词的生命度与关系化标记有相关关系，难怪热纳里等人 ① 说：当然，研究中没有足够量的主动结构以得出更加明确的结论。实际上，这一结果不支持该研究的预测，因为样本太少。

数据库的结果支持了实验研究的结论。表 7—3 显示，卡方值为 58.936ᵃ，p < 0.0002，即有生中心名词和无生中心名词条件下关系化标记隐现的差异显著。列联表清楚地表明，有生中心名词条件下关系从句使用关系化标记的比例高于无生中心名词条件。条形图直观地展示了这一点。总之，可以得出结论：在有生中心名词条件下，关系从句生成中会出现更多的关系化标记；在无生中心名词下

---

① Gennari, S. P., Mirković, J., & MacDonald, M. C., "Animacy and competition in relative clause production: A cross-linguistic investigation", *Cognitive Psychology*, Vol. 65, 2012, pp. 141–176.

生成的关系化标记要少于前一条件下的结果。

第四节 讨论

既然有生条件下关系从句带有更多的关系化标记，借以缓解有生实体基于概念相似性的竞争，帮助区分名词短语间的功能，就需要了解哪些关系化标记可以省略，哪些不能省略。

夸克等学者①断言，当 that 引导主语关系从句时是强制性的，必须保留，当它引导宾语从句时可以省略。who 的分布与 whom 在一定功能上重叠，在介词后面，whom 是必需的，而当 who 或 whom 引导宾语从句时，二者均可省略。由于 that 和 which 在引导宾语从句时可以互换，所以二者在此环境下也可省略。

楼贝格（Loberger）和威尔士（Welsh）② 用例句示范了关系代词省略的情形，他们认为有的关系代词引导形容词从句（即本书的关系从句）时可以省略而不影响理解，如：

The supply [ ] you wanted has been sold. （省略了 that）
The man [ ] you met is my brother. （省略了 whom）

*Essential English Grammar*③ 表述得更清楚：当关系代词充当关系从句主语且指人时，用 who；在美国英语和口语中，who 有时用 that 代替；当关系代词充当主语且指无生实体时，用 which 或 that。必须强调，充当主语的关系代词绝对不能省略。

当关系代词做从句直接宾语且指人时，用 whom 或 that。实际上，whom 的用法并不普遍，一般多用 that 或省略关系代词。当关系代词做从句直接宾语且指无生实体时，情况相同，只是不用

---

① Quirk, R., Greenbaum, S., Leech, G., & Svartvik, J., *A Grammar of Contemporary English*, London: Longman Group Ltd, 1972.

② Loberger, G., & Welsh, K. S., *Webster's New World English Grammar Handbook*, New York: Hungry Minds. Inc, 2001.

③ 来源于网络：http://linguapress.com/grammar/relative-clauses.htm。Copyright: Website and texts Linguapress.com 2009-2013。

whom，代之以 which。而且，关系代词经常省略，尤其在书面语体中。阿尔茨（Aarts）[①] 的研究则发现，who/whom 的用法受规定性语法规则的强烈影响。

这里需要指出，本书的语料来源显示，在作品创作中，who 和 whom 的界限非常清楚，没有用前者代替后者，这也为分析提供了方便。

一 关系化标记的省略

表7—1印证了这一点。无论中心名词为有生实体还是无生实体，省略关系化标记的全部是宾语关系从句。其中，当中心名词为有生实体时，OO 最多（共44个），占总数64的68.75%；SO 占31.25%。因表格所限，不能列出关系从句中竞争名词的生命度，故需要通过例句观察省略关系化标记的从句中中心名词与竞争名词生命度的格局。

以典型的 HUM-OO 格局为例，当中心名词为有生实体时，竞争名词的生命度有如下格局：

(1) To Clyde's eyes she was the most adorable feminine thing he had seen in all his days.　　　　　　　　　　　(*An American Tragedy*)

(2) It was as if he were now the only friend she had on earth.

(*Sister Carrie*)

(3) There's just one couple in the house, but I'm not sure whether they're the ones you want.　　　　　　　　　　(*The Financier*)

(4) Berenice, noting how wise and gay he was, liked him at once, and thought of the many strong and interesting people Frank invariably drew to himself.　　　　　　　　　　　　　　(*The Stoic*)

(5) "Just the same, Mr. Gilgan," he went on, smoothly, "you're the nominal head and front of this whole movement in opposition to me at present, and you're the one I have to look to…"　　(*The Titan*)

[①] Aarts, F., "Relative who and whom: prescriptive rules and linguistic reality", *American Speech*, Vol.69, No.1, 1994, pp.71-79.

观察上述各例，它们的共同特点是：

第一，关系从句都是 OO 的主动结构。

第二，中心名词与关系从句的主语都是有生实体（即 ANI-ANI 格局）。

第三，关系从句主语的生命度在等级上的位置均高于中心名词（即从句的宾语）。

具体而言，上述各例的中心名词与从句主语的生命度分布为：

HUM-3RD, HUM-2ND, HUM-PRN, HUM-1ST。

根据名词短语间的竞争框架，在有生名词短语之间、生命度等级各位置之间也产生竞争，这种竞争反映在 PDC 的生成初期（尤其在句子生成的表达规划阶段），不同概念会产生相互干扰加大生成难度。另一方面，生命度等级位置距离越靠近，竞争越激烈。在同一等级位置中的名词短语竞争最激烈，尤其是概念相似度很高的词之间，如男人和女人之间的竞争比成人与小孩更强。换言之，名词短语在等级位置上的距离越远，竞争越小。

回顾生命度等级序列[①]可以更清楚地认识这一点：

1 & 2 person > 3 person > proper name/kin term > human NP > animate NP > inanimate NP

如果用简化形式则为：

1ST&2ND > 3RD > PRN/KIN> HUM > ANI > INA

如果用生命度等级不同位置名词短语间的距离比拟竞争力的强弱，例（1）和（2）在等级位置的距离如下：

⟵⟶

1ST&2ND > 3RD > PRN/KIN> HUM > ANI > INA

例（3）为：

⟵⟶

1ST&2ND > 3RD > PRN/KIN> HUM > ANI > INA

例（4）：

---

① Silverstein, M., "Hierarchy of features and ergativity", In R. M. W. Dixon (Ed.), *Grammatical Categories in Australian Languages*, Canberra: Australian Institute of Aboriginal Studies, 1976, pp. 112-171.

1ST&2ND > 3RD > PRN/KIN> HUM > ANI > INA

例（5）：

1ST&2ND > 3RD > PRN/KIN> HUM > ANI > INA

即，尽管中心名词与竞争名词均为有生实体，但由于它们在生命度等级位置上一定的距离降低了彼此间的概念竞争，在句子生成阶段的概念间相互干扰减小，不需要关系化标记帮助区分语法功能，因而形成了省略关系化标记的格局。

这一事实与基于生命度的提取顺序观一致：生命度高的名词短语因其可及性高，更可能获得凸显的主语语法地位；（相比较而言），生命度低的名词短语更可能获得宾语的语法位置。

分析再精细一些，就会发现，同是有生实体，在生命度等级上的位置不同，获得凸显语法位置的竞争力也不同。等级位置越高，越容易被指派为主语；反之亦然。表 7—3 显示 OO 的分布最广，原因就在于此。

观察表 7—1 另一个分布较广的组合 SO，也能发现类似的格局，从数据库中查询到较多的中心名词与竞争名词生命度的格局如下例：

(6) Ratterer and Hegglund did not seem to mind whether the girl they knew was attractive or not, but with him it was a passion.

(*An American Tragedy*)

(7) The man I saw said they hired ever so many people.

(*Sister Carrie*)

(8) Edward and Joseph, almost the only employees he could afford, were still acting for him in a small way. (*The Financier*)

(9) The particular men you mention seem to feel that they have a sort of proprietor's interest in Chicago. (*The Titan*)

本组例句的特点与上一组 OO 组一样，不再赘述。

同样用生命度等级位置间的距离来测量上述各例中心名词与竞争名词的距离，发现它们也很相似：

例（6）:

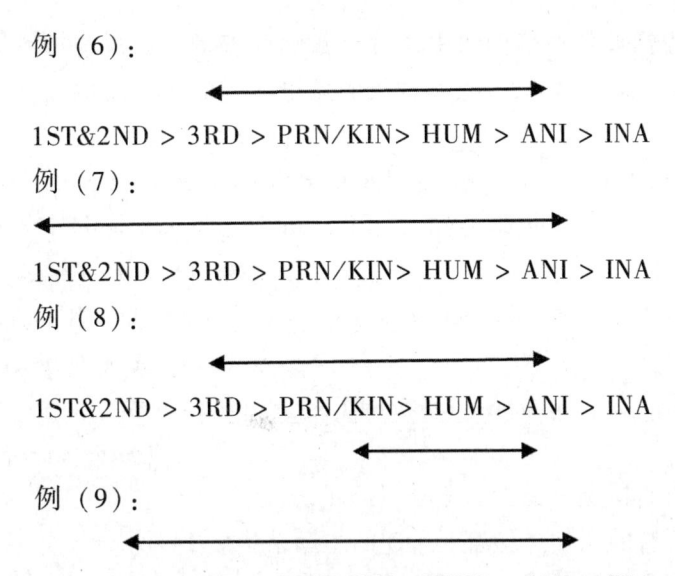

1ST&2ND > 3RD > PRN/KIN> HUM > ANI > INA

例（7）:

1ST&2ND > 3RD > PRN/KIN> HUM > ANI > INA

例（8）:

1ST&2ND > 3RD > PRN/KIN> HUM > ANI > INA

例（9）:

1ST&2ND > 3RD > PRN/KIN> HUM > ANI > INA

例（8）有两种分析，因为如果认为 the only employees 是中心词，则为等级上面双向箭头表示的竞争力；如果认为 the only employees 回指 Edward and Joseph，即它们属于同一指称，则为等级下面的箭头表示的分析。无论如何，它们的等级位置不同，所以竞争力被减弱。

当然，不是所有的中心名词在生命度等级上的位置都低于竞争名词，虽然前者的生命度等级位置高于后者是优势分布（占 79.67%），但也存在后者的位置高于前者的例子，如：

（10）Obviously he did need the woman his attitude seemed to show that he needed, some woman of culture, spirit, taste, amorousness; or, at least, he was entitled to dream of her.　　　　　　（*The Titan*）

其中，中心名词的生命度等级位置为 HUM，而竞争名词（即从句主句）的位置为 INA，后者低于前者。但是，二者的位置不同，所以竞争力依然受限，不需要关系化标记帮助区分语法功能。

这一趋势也适用于 ANI-OO 组合，如：

（11）"Where did George get the dog he has there in the yard?"

当中心名词为无生实体时，情况会不会有所不同呢？

表 7—1 显示，省略关系化标记分布最广的从句类型依然是 OO。

其具体情况也需要从典型例句中探寻。数据库查询的结果与中心名词为有生实体条件下类似，绝大多数的竞争名词的生命度均高于中心名词，如：

（12） And Clyde, troubled by this new development, denying that he had worn a gray suit and insisting that <u>the suit he had on</u> was the one he had worn. 　　　　　　　　　　　　　　（*An American Tragedy*）

（13） "Bobbie" was <u>the pet name you gave your daughter Roberta</u>, was it? 　　　　　　　　　　　　　　　　　　（*An American Tragedy*）

（14） I want you to send <u>the money I asked for</u> at once.

（*Sister Carrie*）

本组例句的特点可借助有生条件下的分类：

第一，所有的从句类型都是 OO 的主动结构。

第二，所有例句的中心名词生命度为 INA。

第三，所有例句的竞争名词的生命度均高于中心名词。

同样用生命度等级不同位置名词短语间的距离比拟竞争力的强弱，上述例句的情形为：

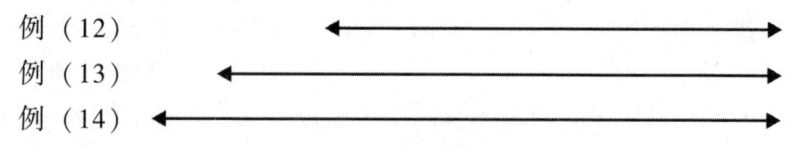

例（12）　　　　　←――――――――――→
例（13）　　　←――――――――――――→
例（14）　←――――――――――――――→
　　　　　1ST&2ND > 3RD > PRN/KIN > HUM > ANI > INA

即，无生中心名词条件下，中心名词与竞争名词间的距离更大，名词短语间的竞争更弱，为省略关系化标记提供了条件。但并不意味着：当中心名词为无生实体、竞争名词为有生实体时，OO 更倾向于省略关系化标记（相关的卡方检验结果证明的确不能做出如此结论）。

从例句中也可以观察到，能够省略的关系代词是 that、whom 和 who（当它在从句中充当宾语而与 whom 可以互换时）。如果考虑到 that 也用了指称人，则 that 作为关系化标记被省略的可能性最大。

二　关系化标记的存现

表 7—1 显示，在有生中心名词条件下，关系化标记出现频度最

高的是 OO 中的 whom（13 个），其次是主动结构中的 that，共 11 个。考察这两个代表性的关系化标记可以了解关系化标记存现的概貌。

数据库查询显示，在保留关系化标记 whom 的主动形式的实例中，中心名词与竞争名词为有生—有生格局，根据名词短语竞争体系，有生实体间的竞争比有生—无生格局下的概念竞争更激烈，更容易造成概念干扰，因此，需要用关系化标记帮助区分语法功能，降低生成难度。如 And again, there was Doyle—Eddie—whom Clyde found intensely interesting from the first, and of whom he was not a little jealous…（出自 *The American Tragedy*）。这里中心名词和关系从句主语的生命度均为 PRN，符合名词短语竞争体系的预测。然而，大多数竞争名词在生命度等级上的位置与中心名词不同，总体集中在 3RD、PRN/KIN、HUM 三个位置。根据第七章第四节第一目的分析，二者形成的竞争似乎也不足以造成概念上的干扰而需要插入关系代词来帮助区分语法功能。实例表明，关系化标记存现的情况主要有如下例句所示的两种。

（15）But on reaching the bus, he was dismayed by the fact that the driver was the same guide whom he had heard talk at Big Bittern.

(*An American Tragedy*)

（16）In these days he went about the money world in his customary jaunty way, greeting all those whom he had known there many years and pretending, when asked, to be very hopeful, to be doing very well.

(*The Financier*)

如例（15）所示，第一种情况是：中心名词的生命度等级位置为 HUM，关系从句的主语的生命度等级位置为 3RD，这类生命度格局的例句占全部 34 个以 whom 为关系代词的从句的 66.7%。如果省略关系化标记 whom，不会引起理解上的困难，即，生成关系化标记的动因不是利他的听众设计原则，或 PDC 对理解困难的照顾。但观察所有这类例句（共 17 个，占 50%），发现它们有个共同特点：中心名词均由 the+NP 组成，其中 5 个为 the+adj.+NP。再次观察原句，发现这些例句都有强调中心名词身份的共性，不论 the 与 NP 之间是否有形容词短语修饰。由此可以归纳出如下规律：当中心名词的身份需要特别强调时，经常利用关系化标记。

这里还潜藏着一个问题。观察例句（8）与（15）：

(8) Edward and Joseph, almost <u>the only employees he could afford</u>, were still acting for him in a small way.

可以发现，例（8）似乎也有强调的嫌疑，但没用关系化标记。实际上，（8）强调的是数量，不是中心名词主体的身份。此外，例（15）还有个额外的限制条件，即，如果把中心名词复位到关系从句的空位，发现它兼有动词 heard 的客事与 talk 的施事的双重语义角色，如果省略了 whom，会在理解上造成一定的困难。因此，PDC 实际上依然有一定的解释力。也说明，关系化标记的存现受到具体语言条件的限制。

在（16）这样的句子中，中心名词和竞争名词的概念竞争力并不强，但依然出现了关系化标记。但是，例（16）有个典型的特征：句子涉及很多名词短语，也就是说，在生成这样的关系从句时，在生成计划的初始阶段就要分清各概念间的逻辑语义关系，多重概念间的相互干扰是难免的，尤其在句长达到一定程度的时候，比如本句。这样，尽管中心名词与竞争名词的生命度等级差异明显，但句内概念的多样化会给生成时带来过载的记忆负荷，而需要插入关系化标记予以减轻。另外：观察这类例句，发现它们有共性：中心名词由 all 或 those 修饰（或直接为 those，如本句），两种情况各 5 例，共占 29.4%。数据库查询显示，当 all 和 those 类词修饰表示人的中心名词且带有关系从句时，所有关系从句的关系化标记 whom 都没有省略。与例（15）相印证，表明具体语言条件限制在关系从句存现中发挥着作用。

由于 that 可以代替 who 和 whom 指称人，应用广泛，因此成了关系化标记隐现的代表。在数据库中保留 that 分布最广的是 OO（见表 7—1），更有考察的价值。数据库显示，代表性的特征由以下例句概括：

(17) But I did notice that it mentioned <u>all those other people from Lycurgus that you are always talking about</u>, Sondra Finchley, Bertine Cranston. (*An American Tragedy*)

(18) He turned out to be <u>the most efficient clerk that the house of</u>

Waterman & Co. had ever known.　　　　　　　　(*The Financier*)

(19) There is just one ideal thing in this world to me, and that is the woman that I would like to have.　　　　　　　　(*The Titan*)

从中心名词与竞争名词的生命度等级位置来看，上述例句的格局分别为：HUM-2ND，HUM-ANI 及 HUM-1ST。转换成等级位置距离如下：

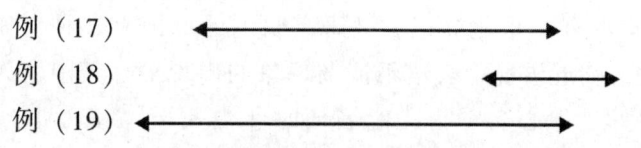

例（17）　←—————————————→

例（18）　　　　　　　　　　←————→

例（19）　←————————————————→

　　　　　1ST&2ND > 3RD > PRN/KIN > HUM > ANI > INA

显然，中心名词与竞争名词在生命度等级上的位置不同，有的相距还很远，因此，二者之间的竞争力不够强，不需要专门使用关系化标记来区分语法功能，降低概念之间的竞争，从而减小生成困难。

耶格[①]的研究结果也可以印证这一点。该研究从 Treebank III Switchboard 语料库中提取关系从句语料以检验关系化标记 that 的使用是否能够缓解生成压力（困难）。结果发现使用 that 与缓解语言生成压力不存在相关性，而可以预测随后出现的表达不连贯，与费雷拉和戴尔[②]的结论不同。后者认为当随后需要表达的材料计划完成后，就会省略 that，因此，关系化标记实际上为准备随后的表达赢得了时间。

再观察各例句，发现它们的共同倾向：例（17）的中心名词强调集合的全体成员，例（18）的中心名词有最高级修饰，例（19）的中心名词回指前面的 just one ideal thing，强调唯一性。即，所有例句都带有强调性质。是不是中心名词前的修饰语导致需要 that 进行强调呢？瓦索等人[③]的研究并不支持这一推测。

———————

① Jaeger, T. F., *Optional that Indicates Production Difficulty*: Evidence from Disfluencies, Workshop on Disfluencies in Spontaneous Speech, Aix-en-Provence, 2005.

② Ferreira, V. S., & Dell, G. S., "Effect of ambiguity and lexical availability on syntactic and lexical production", *Cognitive Psychology*, Vol. 40, 2000, pp. 296-340.

③ Wasow, T., Jaeger, T. F., & Orr, D., "Lexical variation in relativizer frequency", *Expecting the Unexpected*: Exceptions in Grammar, Vol. 216, 2011, p. 175.

该研究利用从 Penn Treebank III 得到的句法标注语料库建立了"非主语提取关系从句"(NSRC)数据库。其中排除了一些无关的语料,如方言中省略了关系化标记的句子、关系化旁语的从句、非限定性关系从句、由 wh-引导的关系从句、不完整(简化了)的关系从句等,但包括定指和非定指两类从句,从而得到 3701 个合格的句子。其中,1601(43%)个从句带有 that,其余的 2100(57%)个从句没有关系化标记。该研究归纳的原因有多种,如关系从句的长度、临近语境中表达不流畅现象的出现等。其中引人瞩目的有两点:一是中心名词为无定名词时[由 a(n) 表示],that 出现的频度高(74.8%),而当中心名词为有定名词时频度较低(34.2%);二是中心名词与关系从句共现的可能性越大,越不需要关系化标记。如 That was the ugliest set of shoes (that) I ever saw in my life。即,如果没有关系从句,句意不完整。换言之,关系从句是句子不可缺少的组成部分。在这种情况下,关系化标记经常省略。

需要说明,该研究特别考察了一些修饰词汇引起插入 that 的情况,结果没有发现规律。与本组例句有关的词如 only、best 等,在修饰中心名词时并没有引起 that 更广泛的分布(分别为 24.8%和 25%)。

再回顾本组例句,如果把关系化标记 that 去掉,语义会不会发生变化或者不够完整呢?例(17)和(18)不会。试改成如下的句子:

But I did notice that it mentioned<u>all those other people from Lycurgus that</u>you are always talking about, Sondra Finchley, Bertine Cranston.

He turned out to be<u>the most efficient clerk that</u>the house of Waterman & Co. had ever known.

对比上两句与它们对应的原句发现,去掉关系化标记并不会引起句意的改变,但有了该标记,的确有助于寻着该标记更容易理解该句的指称关系。耶格[①]的研究主要基于口语语料,书面语体无法

---

① Jaeger, T. F., *Optional that Indicates Production Difficulty: Evidence from Disfluencies*, Workshop on Disfluencies in Spontaneous Speech, Aix-en-Provence, 2005.

直观地观察到随后表达的不连贯与插入 that 之间的相关性。费雷拉与戴尔[1]的结论（即，插入 that 是因为随后的表达规划未完成）如果在某种程度上存在合理性的话，则该结论从生成的角度而言更接近 PDC，只是 PDC 从生成到理解的完整链条中对此做出了解释。

PDC 认为生成过程中必须面对的限制有两个重要结果：一是有助于理解语言形式的规则（regularities）：语言何以展现出特定的属性，其分布频度存在跨语言差异；二是决定语言理解的诸多方面。同时，PDC 还坚持语言生成塑造语言形式的中心作用，同时也承认其他力量的作用，比如利他的听众设计（audience design），即，语言生成者调整自己的表达以适应理解者的需要。因此，从生成角度来看，插入关系化标记有利于赢得更多时间计划随后的表达；从理解角度看，有了关系化标记可以帮助提高理解效率。

而例（19）如果根据上述步骤加以转换的话，存在差异：

There is just one ideal thing in this world to me, and that is <u>the woman that</u> I would like to have.

显然，插入了关系化标记，the woman 更多的是类别指称，指女人这个群体；没有了关系化标记，还有一个理解，即，具体的某一个女人，且没有了强调意义。在这个意义上，that 是强制性的，不是可以随意省略的。从这一点出发再次观察本组例句，发现它们的确存在强调中心名词的倾向，这一点与瓦索等人[2]的研究结果不同。例（17）强调了 all those other people from Lycurgus，句末清楚补充了所指的人是 Sondra Finchley 和 Bertine Cranston；例（18）根据瓦索等人[3]的结论，应该省略 that，因为最高级的中心名词与关系从句共现的可能性较大，而对比 that 在本句的隐现效果可以发现，当关系化标记出现时句子更正式，更具有强调作用；例（19）中 that 的强调效果更明显。因此，除了 PDC 对关系从句生产过程的预测，强

---

[1] Ferreira, V. S., & Dell, G. S., "Effect of ambiguity and lexical availability on syntactic and lexical production", *Cognitive Psychology*, Vol. 40, 2000, pp. 296-340.

[2] Wasow, T., Jaeger, T. F., & Orr, D., "Lexical variation in relativizer frequency", *Expecting the Unexpected: Exceptions in Grammar*, Vol. 216, 2011, p. 175.

[3] Ibid..

调也是关系化标记（特别是 that）存现的动因。

考察无生中心名词条件下关系化标记存现的语言事实，又有不同的发现。

在无生中心名词条件下，有两个关系化标记分布较广：that 和 which。为了与有生中心名词条件下的情形予以对照，先考察 that。表7—1 显示，that 分布频度最高的宾语提取关系从句依然是 OO，数据库查询结果说明，其典型例句如下：

（20）And then didn't you buy that lunch that you carried out in that lake with you up there? (*An American Tragedy*)

（21）He could not possibly take the pleasure in this company that he had in that of those fine frequenters of the Chicago resort.
(*Sister Carrie*)

（22）Even the furniture remained the same jumble that it had always been. (*An American Tragedy*)

（23）And besides, where do you suppose he gets all the money that he spends on you? (*The Stoic*)

（24）Immediately after their marriage Cowperwood and Aileen journeyed to Chicago direct, and took the best rooms that the Tremont provided, for the time being. (*The Titan*)

除了例（22）这类例句外，大部分（87.94%）的关系从句的中心名词和竞争名词的生命度格局都是 INA-ANI。根据基于概念相似性的竞争观，这类从句并不需要插入关系化标记来帮助区分成分间的语法功能，减轻概念间的竞争，不论是由 that 做限定词的例（20）类的句子，还是由 the 做限定词的句子。在德莱塞的作品中，由 that 代替 the 做限定词的中心名词短语出现频度很高，仅在本书涉及的 2045 个关系从句中就出现多达 277 例。当 the 做限定词时，情况有三类：一般的由 the 限定的名词短语，如例（22）；由 all the 限定的名词短语，如例（23）；以及由 the best 限定的名词短语，如例（24）。

上述例句分两大类。第一类如例（20）和（21），尽管中心名词与从句主语名词在生命度等级位置上的距离较远，二者的概念竞争不足以需要借助关系化标记帮助缓冲，但这类句子中涉及多项概念，多重概念之间在表达规划阶段依然会相互干扰，因此需要关系化标记区分句法功能。

值得注意的是，PDC也关注个人生成者的倾向。在本书选取的德莱塞的语料中，that做限定词时，往往与that或which为关系化标记的关系从句共现，如例（20）。以 An American Tragedy 为例，用that代替the做限定词的实例有108个，其中that为限定词，关系标记为that的实例有34个；that为限定词，关系化标记为which的有64个。而当that为限定词，省略关系化标记的实例仅有18个。因此，一般由that做限定词的中心名词短语生成的关系从句需要插入关系化标记。换言之，在这类句子中，除了使用关系化标记以区分语法功能和强调中心名词外，还有具体语言使用的限制。

德莱塞的作品大多句子都很长，包含多重概念。本组有意选择句长较短、概念较少的例句，如（22）、（23）和（24），以使例句更具广泛代表性。这三个例句的概念较少，但依然使用了关系化标记，其作用也与强调中心名词有关。例（21）的中心名词和竞争名词的生命度结构是OO中最常见的，生命度格局也不足以导致概念间由于相似度高产生竞争和干扰。但是，观察这类句子的特点发现，实际上关系从句涉及的概念很多，如 the pleasure、this company、he、that、those fine frequenters、the Chicago resort。因此，在表达规划的初始阶段，从句中的多重概念和中心名词一起形成了强烈的干扰。当尝试去掉关系化标记that，就会发现：语言生成的计划阶段，需要在多重概念的强烈干扰下进行。而PDC认为，制定表达规划在其过程中必须保持在可执行状态，计划实际上是要记住"接下来表达什么"，给其他短时记忆带来维持负荷。这种生成计划内在的工作记忆需求得靠外在的语言形式来满足，这就是关系化标记的重要作用。即，当句长加大记忆负荷强度、多重概念干扰严重时，需要借助关系化标记来缓解。

当句子长度不足以增加记忆负担时，有的结构也经常与关系化标记 that 共现，如 I have read all that you have said。这是因为，中心名词 all 在搭配上与that共现，是具体的语言限制。就如同例（23）中的

the same 经常与关系从句的标记 that 共现一样。(23) 的另一重要代表性特征是，中心名词被关系化后，在从句中充作系动词的表语，这类从句一般保留关系化标记来填补空位，所以，也属于句法要求。

类似的有例 (24)。如前所述，在形容词最高级形式修饰的中心名词短语条件下，从句可以选择保留或省略关系化标记。但保留关系化标记有强调中心名词的功能。

本组例句能代表中心名词与竞争名词 INA–INA 格局的是例 (22)。由于二者在生命度等级的位置相同，因此二者概念相似而产生竞争，在生成初始的计划阶段，两个名词短语会形成干扰，需要插入关系化标记帮助缓解生成压力。这一生成需要也为理解提供了方便，这正是 PDC 倡导的内容。同样使用删除检验发现，当省略关系化标记 that 时，理解时两组名词短语直接遭遇会造成困难，即：

Even the furniture remained the same jumble that it had always been.

因此，在这一类关系从句中，基于相似性的竞争观和生成—分布—理解观都能提供有价值的分析。

另一类需要分析的关系化标记为 which，它与 that 在数据库中存现的频度相似（541 vs 534），在与本书相关的从句中 which 的频度超过了 that（171 vs 104）。which 在 OO 中的典型例句如下：

(25) And just as before, she looked cautiously about her, her face wearing that same stolid and yet care-stamped expression which it always wore these days—a cross between an uplifting faith and a troublesome doubt. (*An American Tragedy*)

(26) And still at certain moments she was glad, for there were such moments when she felt she needed the security which the presence of so many girls gave her. (*An American Tragedy*)

(27) Drouet had ability in this fine himself when the game was worth the candle, but he was too much the egotist to reach the polish which Hurstwood possessed. (*Sister Carrie*)

(28) She undid her broad lace collar before the mirror and unfastened her pretty alligator belt which she had recently bought.

(*Sister Carrie*)

与 that 的情况一样，which 做关系化标记时，多数中心名词与竞争名词间的生命度格局为 INA-ANI，因此，从基于概念相似性的竞争观而言，关系从句不需要关系化标记消歧或帮助缓解生成压力。中心名词与竞争名词的生命度不尽相同，从例（25）到（28）分别为 INA-INA、INA-INA、INA-PRN、INA-3RD，但各句均使用了关系化标记，且具体情况各不相同。根据基于相似度的竞争观，后两者不需要关系化标记，因为中心名词与竞争名词的生命度不同，竞争有限。但观察例（27）发现，本句涉及多重名词短语：Drouet、ability、this fine himself、the game、the candle、he、the egotist、the polish、Hurstwood。因此，在表达规划阶段，多重概念对计划的制定与维持都构成了压力，也增加了繁重的记忆负担，这样，关系化标记起着缓解竞争和记忆压力的作用。（28）虽然名词短语的数目不及（27），但根据 PDC 的计划再利用，句中出现多次 she 和 her，因此也需要关系代词的隔断。

例（25）和（26）相对容易理解。没有了关系化标记的隔断，每一句中生命度等级位置相同的名词堆积在一起，给生成和理解均造成较大的压力，不符合 PDC 降低难度的途径和利他的听众设计原则。此外，例（25）也存在 that 限定词中心名词时，关系从句更倾向使用关系化标记的条件限制。

总之，在无生中心名词条件下，对关系化标记的需要有名词短语竞争的原因，有降低生成难度的原因，也有句法需要的原因。但总体上而言，对关系化标记的需要不及有生中心名词条件下强烈。

第五节　跨语言差异

亨得利（Hendery）[①]认为，在理论上，前置关系从句可看作与后置关系从句是对等的，只是前置关系从句位于中心名词的另一

[①] Hendery, R., *Relative Clauses in Time and Space: A Case Study in the Methods of Diachronic Typology*, Amsterdam/Philadelphia: John Benjamins, 2012.

边。然而在实践上,二者存在诸方面差异:前置关系从句经常以某种方式名物化;从句动词形式往往与主句动词形式不同;如果有关系从句标记,该标记常位于从句末(如汉语的"的")。

汉语最常见的关系化标记是"的",此外还有指示词、指量结构等,① 方言里的数量组合、量词、带有体意义的取向补语"下"以及少量零标记等,② 还有古汉语中的"之"、"所"、"者"、"底"等。③ 但总体而言,关系化标记省略在汉语中不是常态,省略后的词可能已经词汇化,不宜看作省略关系化标记的中心名词,因此,无法研究汉语关系化标记隐现的问题。

西班牙语的实验结果是:65%的主动式宾语提取关系从句有标记宾语的关系代词,表明关系代词在关系从句中有助于区别名词间的语法功能。更重要的是,在85%的带有宾语标记的主动式宾语提取关系从句中,事件多涉及两个概念相似度略低的实体,如成人与儿童间的活动。在此背景下,名词间的竞争不那么强烈,带有标记的关系代词能帮助区分语法功能,故不需要生成被动式或非人称主动式以省略或后移竞争名词。换言之,功能标记介入了中心名词和关系从句的名词间使二者的功能区分很明显,有效缓解了主动式和被动式名词间的竞争。这种语言的具体结构选择和功能标记与基于生命度的提取顺序和基于相似性的竞争共同发挥作用影响关系从句的生成。

功能标记在塞尔维亚语中的作用更明显。该语言标记所有的名词和关系代词,在生成时该标记发生于计划的早期,为生成关系从句的名词赢得了时间,区分名词的句法功能,因此,标记本身在语言生成和理解上都有帮助消歧的作用,消解了名词短语间的竞争与干扰。

---

① 刘丹青:《汉语关系从句标记类型初探》,《中国语文》2005年第1期,第3—15页。

② 唐正大:《关中永寿的关系从句类型》,《方言》2008年第3期,第244—251页。

③ 陈丹丹:《汉语史上关系从句的类型学考察》,博士学位论文,中国社会科学院研究生院,2009年。

第六节　小结

如果语言生成者使用关系代词是为了减少生成困难，那么，可以预测：有生中心名词条件下的关系从句由于从句的主语名词与中心名词短语间的竞争更强，与无生中心名词条件相比，会生成更多的关系代词。热纳里等人[①]的实验结果发现了这一倾向，但由于数据较小，无法做出明确的断言。本书通过计算数据库中关系化标记隐现的频度，证实了这一推测。

由于英语主语的强制性需要，关系化标记的省略只能发生在宾语提取关系从句（尤其是 OO）中，代表性的关系代词为 that。考察代表性的语料发现，在有生中心名词条件下，虽然中心名词和竞争名词均属有生，但当二者在生命度等级上的位置不同时，基于相似性的竞争观认为，二者的竞争不足以引起更大的生成困难，因此不需要插入关系化标记。换言之，关系化标记可以省略。

对 SO 实例考察的结果一样，占优势的分布趋势是中心名词（在从句中充当宾语）和竞争名词（从句的主语）的生命度等级位置不同，后者往往高于前者。这与基于生命度的提取顺序观的预测一致。在这种情况下，两个名词短语因基于生命度的竞争优势比较分明，不需要借助关系化标记区分名词短语间的语法功能，也形成了省略。即使中心名词的生命度高于竞争名词，二者的生命度等级位置差异避免了相似概念间的竞争和干扰，也可以省略关系化标记。

当中心名词为无生实体时，这一倾向更明显：优势分布的生命度格局是中心名词为无生实体，竞争名词为有生实体，根据基于生命度的提取顺序观，后者更倾向于成为主语，前者更倾向于做宾语。这种分布模式与一般的理解预期相同，根据 PDC，对于这一分

[①] Gennari, S. P., Mirković, J., & MacDonald, M. C., "Animacy and competition in relative clause production: A cross-linguistic investigation", *Cognitive Psychology*, Vol. 65, 2012, pp. 141–176.

布模式的熟悉程度有助于生成更多类似格局的关系从句，也有助于理解加工，所以省略关系化标记也是自然的选择。

考察关系化标记的存现现象则复杂得多。

代表性的关系化标记是 whom 和 that。在有生中心名词条件下，从 whom 存现的实例看，有两种情况。一是句内名词短语很多，虽然中心名词和竞争名词在生命度等级上的位置不同，二者的竞争有限，不致造成概念干扰，但多重概念在生成初始阶段的重叠依然会相互干扰并增加记忆负担，造成生成难度的增加，根据 PDC 的缓解困难三途径，需要选择特定结构（即关系化标记）来减少或避免干扰。二是生成的难度不高，中心名词和竞争名词的生命度等级位置也不同，甚至也没有过多名词短语，但当中心名词主体的身份需要确认或强调，或当指示词如 all、those 等出现在中心名词中限定时，whom 多不能省略。即，语义的需要和具体语言条件的限制也发挥了作用。

对 that 存现现象的考察争议很大：有的研究认为 that 可以插入在中心名词与竞争名词之间起延缓以表达赢得时间的作用，有的研究认为二者无关，与中心名词的有定和无定更相关。PDC 坚持降低生成难度的理念，即更倾向于赞成前一观点；同时，PDC 秉持生成对理解产生影响的观点，即便于听众理解。当中心名词为有生实体时，that 的存现的确不能简单地根据名词短语的竞争来解释。一个简单的检验办法是，省略某一句的关系化标记 that，并与原句对比，可以发现，当 that 存现时，的确可以延缓表达，且这种延缓有时是说话人有意为之，旨在强调中心名词。

当中心名词为无生条件时，一些例句符合名词短语竞争机制的预测，另一些则需借助语义和具体语言条件限制加以分析。除了降低生成难度的动因，关系化标记的存现有时也是句法需求，即词汇共现要求关系从句出现 that。与其他语言的比较进一步证实了具体语言限制的因素。

对 which 的考察情况类似：中心名词与从句主语的生命度格局为有生—有生和无生—无生的情况并不普遍，更普遍的是无生—有生格局。这样，关系化标记的存现并非可以简单地归因于降低名词短语间的竞争，而是有至少三种动因共同作用的结果：缓解相似的名词概念竞争、减轻多重概念干扰以及满足句法需要。必须指出，这些都是观察语言事实归纳出来的结论，与严格控制变量的实验结果并不矛盾。

第八章

被关系化名词的语义角色与关系从句生成

语义角色（Semantic Roles，也称语义关系、题元角色、语义格等），指句子中的实体在事件中所扮演的角色，历来被认为与句法功能高度相关。[1] 乔姆斯基[2]、菲尔墨（Fillmore）[3]、杰肯道夫（Jackendoff）[4]、罗森（Rosen）[5]、珀尔马特（Perlmutter）和波斯塔尔（Postal）[6]、贝克（Baker）[7][8]、弗洛利（Frawley）[9] 等前辈学者都曾论述过二者的相互制约关系。如根据贝克的题元指派的一致性假设（Uniformity of Theta Assignment Hypothesis，缩略为UTAH），语义角色等级与句法结构等级的投射关系为：

Thematic hierarchy　　Agent > Theme
Syntactic hierarchy　　Subject > Object

---

[1] Jackendoff, R., *Semantic Structures*, Vol. 18, Cambridge, Mass.: MIT Press, 1992.

[2] Chomsky, N., *Syntactic Structures*, The Hague: Mouton & Co, 1957.

[3] Fillmore, Charles J., "The Case for Case", In E. Bach & R. Harms (Eds.), *Universals in Linguistic Theory*, New York: Holt, Rinehart, and Winston, 1968, pp. 1–88.

[4] Jackendoff, R., *Semantics and Cognition*, Cambridge, Mass.: MIT Press, 1983.

[5] Rosen, C., "The interface between semantic roles and initial grammatical relations", *Studies in Relational Grammar*, Vol. 2, 1984, pp. 38–77.

[6] Perlmutter, D. M., & Postal, P. M., "The 1-Advancement Exclusiveness Law", In D. M. Perlmutter & C. Rosen (Eds.), *Studies in Relational Grammar*, Vol. 2, Chicago, IL: University of Chicago Press, 1984, pp. 81–125.

[7] Baker, M. C., *Incorporation: A Theory of Grammatical Function Changing*, Chicago, IL: University of Chicago Press, 1988.

[8] Baker, M. C., "Thematic Roles and Syntactic Structure", In L. Haegeman (Ed.), *Elements of Grammar*, *Handbook of Generative Syntax*, Kluwer, Dordrecht: Springer Netherlands, 1997, pp. 73–137.

[9] Frawley, W., *Linguistic Semantics*, Hillsdale, NJ: Lawrence Erlbaum Associates, 1992.

语义角色等级并非强调靠左的角色比靠右的更可及,而是表明这样一种信条:当 Agent 做主语时,是一般的、非标记的,而当 Theme 做主语时是特殊的、标记的;同理,Theme 做宾语时是非标记的,做主语时是标记的。[1] 换言之,语义角色与句法功能之间存在投射关系,如施事投射到主语功能,客事投射到宾语功能。

必须指出,这种投射关系不一定是语言的绝对共性,可能存在跨语言差异。[2]

本质上,这种思想与基于生命度等级的提取顺序观殊途同归,都概括了实体的本质属性与语言结构的对应关系。如艾森[3]对人与生命度的关系提出的如下等级:

1st/2nd Person > Proper Noun 3rd > Human 3rd > Animate 3rd > Inanimate 3rd

以及本书采用的希尔弗斯坦[4]的生命度等级:

1 & 2 person > 3 person > proper name/kin term > human NP > animate NP > inanimate NP (注:">"表示更可及)

上述两个生命度等级基本类似,其差异主要体现在第三人称的位置不同、人类与其他有生实体是否应继续区分两方面。

语义角色等级如下:

Agent > Beneficiary > Experiencer/Goal > Instrument > Patient/Theme > Locative

当然,这种假设还有不同版本,[5] 如:

Agent > Recipient/Beneficiary > Theme/Patient > Instrument > Location

---

[1] Artstein, R., "Person, animacy and null subjects", In *Proceedings of Console Ⅶ*, SOLE, Leiden, 1999, pp. 1-15.

[2] Levin, B., & Hovav, M. R., "Lexical semantics and syntactic structure", In S. Lappin (Ed.), *The Handbook of Contemporary Semantic Theory*, Beijing: Foreign Language Teaching and Research Press, Oxford: Blackwell Publishers Ltd, 2001/1996.

[3] Aissen, J., "Markedness and subject choice in Optimality Theory", *Natural Language & Linguistic Theory*, Vol. 17, No. 4, 1999, pp. 673-711.

[4] Silverstein, M., "Hierarchy of features and ergativity", In R. M. W. Dixon (Ed.), *Grammatical Categories in Australian Languages*, Canberra: Australian Institute of Aboriginal Studies, 1976, pp. 112-171.

[5] 来源于网络: http://www.sfu.ca/~hedberg/Thematic_Roles.pdf。

二者最明显的差异是 Patient/Theme 与 Instrument 的位置，以及 Experiencer 和 Goal 是否应独立存在。因此总体趋势相似，仅在个别位置上的看法不同。

值得思考的问题：在生成关系从句时，生命度与语义角色的作用有何异同？

第四章和第五章分别探讨了基于生命度不同精密度划分的名词短语竞争与生成关系从句提取类型及语态的关系，其中第五章在检验生命度与关系从句语态的相关性时借助了语义角色。于是，值得探究的问题是：在生成关系从句提取类型和语态方面，生命度与语义角色的作用有何差异？

第一节 被关系化名词的语义角色与生成关系从句的类型

从英语数据库中创建查询 SRR-GFH-GFR，得到如下结果（见表 8—1）。

表 8—1 英语被关系化名词语义角色与关系从句提取类型查询结果

被关系化名词语义角色	主语提取关系从句		宾语提取关系从句		合计
关系从句类型	SS	OS	SO	OO	
AGE	134	169			303
BEN	1	1	1	1	4
CAU	12	35	1		48
EXP	21	13			34
INS	1	1	1	2	5
LOC			3	5	8
PAT	25	27	17	31	100
POS	7	11			18
REC				2	2
THE	179	412	285	647	1523
总计	1049		996		2045

要弄清被关系化名词的语义角色与生成关系从句类型是否相关，且成何种分布模式，需要对上表数据进行卡方检验。

一 英语被关系化名词的语义角色与生成关系从句的类型

对表8—1各统计项进行卡方检验的结果见表8—2。

表8—2 英语被关系化名词语义角色与关系从句类型卡方检验结果

语义角色 * 从句类型 交叉制表

			从句类型				合计
			SS	OS	SO	OO	
语义角色	AGE	计数	134	169	0	0	303
		期望的计数	56.3	99.1	45.6	101.9	303.0
		语义角色中的%	44.2%	55.8%	.0%	.0%	100.0%
	THE	计数	179	412	285	647	1523
		期望的计数	283.0	498.2	229.4	512.4	1523.0
		语义角色中的%	11.8%	27.1%	18.7%	42.5%	100.0%
	BEN	计数	1	1	1	1	4
		期望的计数	0.7	1.3	0.6	1.3	4.0
		语义角色中的%	25.0%	25.0%	25.0%	25.0%	100.0%
	CAU	计数	12	35	1	0	48
		期望的计数	8.9	15.7	7.2	16.1	48.0
		语义角色中的%	25.0%	72.9%	2.1%	.0%	100.0%
	EXP	计数	21	13	0	0	34
		期望的计数	6.3	11.1	5.1	11.4	34.0
		语义角色中的%	61.8%	38.2%	.0%	.0%	100.0%
	INS	计数	1	1	1	2	5
		期望的计数	0.9	1.6	0.8	1.7	5.0
		语义角色中的%	20.0%	20.0%	20.0%	40.0%	100.0%

续表

			从句类型				合计
			SS	OS	SO	OO	
LOC	计数		0	0	3	5	8
	期望的计数		1.5	2.6	1.2	2.7	8.0
	语义角色中的%		.0%	.0%	37.5%	62.5%	100.0%
PAT	计数		25	27	17	31	100
	期望的计数		18.6	32.7	15.1	33.6	100.0
	语义角色中的%		25.0%	27.0%	17.0%	31.0%	100.0%
POS	计数		7	11	0	0	18
	期望的计数		3.3	5.9	2.7	6.1	18.0
	语义角色中的%		38.9%	61.1%	.0%	.0%	100.0%
REC	计数		0	0	0	2	2
	期望的计数		0.4	0.7	0.3	0.7	2.0
	语义角色中的%		.0%	.0%	.0%	100.0%	100.0%
合计	计数		380	669	308	688	2045
	期望的计数		380.0	669.0	308.0	688.0	2045.0
	语义角色中的%		18.6%	32.7%	15.1%	33.6%	100.0%

卡方检验

	Value	df	Asymp. Sig. (2-sided)
Pearson 卡方	537.823[a]	27	.000
似然比	676.029	27	.000
有效案例中的 N	2045		

a. 18 cells (45.0%) have expected count less than 5. The minimum expected count is .30.

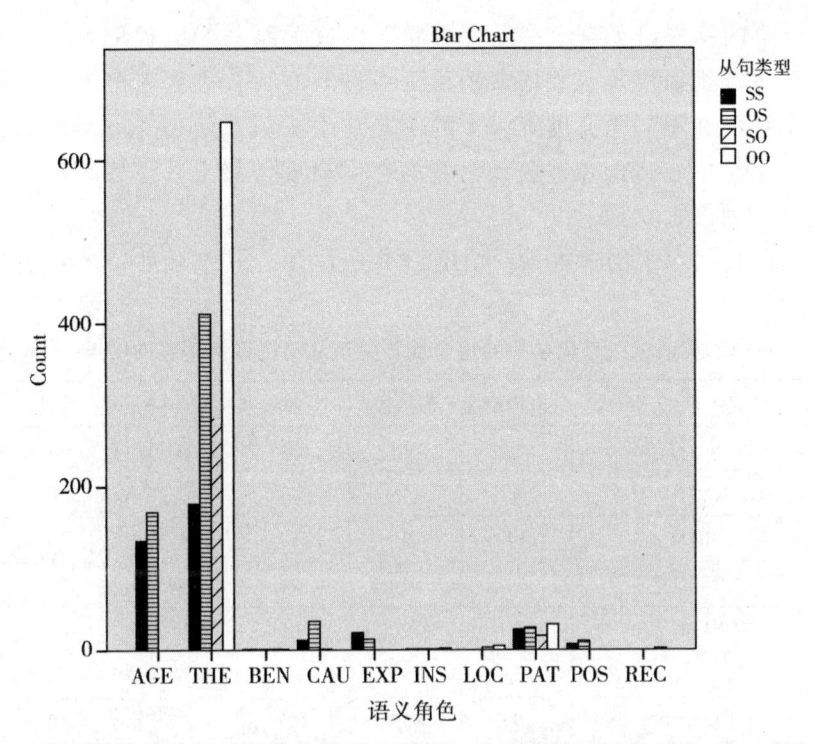

第八章 被关系化名词的语义角色与关系从句生成

注：条形图中 THE 一项本应位于最后，但卡方检验的数据只容纳 9 项，第 10 项自动插入到第二的位置，故有此排列顺序。

从卡方检验的结果看，卡方值（537.823[a]）和 P 值（< 0.0002）均表明被关系化名词的语义角色与生成的关系从句类型存在显著相关性。

列联表清楚表明，有几组数据很具代表性。首先是 AGE、EXP 和 POS：当被关系化名词的语义角色为施事、感事和所有者时，生成的关系从句全部为主语提取关系从句。其次是 LOC，当被关系化名词的语义角色为处所时，生成的均为宾语提取关系从句。再次是 THE，即在被关系化名词的语义角色为客事的条件下，生成的宾语提取关系从句比主语提取关系从句多，分别占比例为 61.1% 和 38.9%。最后是 PAT，当被关系化名词的语义角色为受事时，生成的主语提取关系从句多于宾语提取关系从句，这与生成的被动形式较多有关（见第五章）。这些趋势在上述条形图中均有直观的展示。

第四章探讨了有生—无生格局下生成关系从句的提取类型。为了与本章生命度等级和语义角色等级进行对比,需要考察被关系化名词短语在不同生命度等级上的位置与生成关系从句提取类型的关系。由于中心名词和被关系化名词在生命度等级上的位置相同,故通过下列方式查询。

在数据库中创建查询:AOH-GRH-GRR,其结果见表8—3。

表8—3 英语被关系化名词的生命度与关系从句提取类型查询结果

被关系化名词的生命度	主语提取关系从句		宾语提取关系从句		合计
关系从句类型	SS	OS	SO	OO	
1ST&2ND	4				4
3RD	14	3		1	18
PRN/KIN	12	13	2	4	31
HUM	152	190	40	70	452
ANI	6	5	1	4	16
INA	193	458	265	608	1524
总计	1050		995		2045

同样对上述结果进行卡方检验,检验名词短语在生命度等级的不同位置与生成关系从句的提取类型是否相关,结果见表8—4。

表8—4 英语被关系化名词的生命度与关系从句类型卡方检验结果

被关系化名词的生命度 * 从句类型 交叉制表						
			从句类型				合计
			SS	OS	SO	OO	
被关系化名词的生命度	1ST&2ND	计数	4	0	0	0	4
		期望的计数	0.7	1.3	0.6	1.3	4.0
		被关系化名词的生命度中的%	100.0%	.0%	.0%	.0%	100.0%

第八章 被关系化名词的语义角色与关系从句生成　197

续表

			从句类型				合计
			SS	OS	SO	OO	
被关系化名词的生命度	3RD	计数	14	3	0	1	18
		期望的计数	3.4	5.9	2.7	6.0	18.0
		被关系化名词的生命度中的%	77.8%	16.7%	.0%	5.6%	100.0%
	PRN/KIN	计数	12	13	2	4	31
		期望的计数	5.8	10.1	4.7	10.4	31.0
		被关系化名词的生命度中的%	38.7%	41.9%	6.5%	12.9%	100.0%
	HUM	计数	152	190	40	70	452
		期望的计数	84.2	147.9	68.1	151.8	452.0
		被关系化名词的生命度中的%	33.6%	42.0%	8.8%	15.5%	100.0%
	ANI	计数	6	5	1	4	16
		期望的计数	3.0	5.2	2.4	5.4	16.0
		被关系化名词的生命度中的%	37.5%	31.3%	6.3%	25.0%	100.0%
	INA	计数	193	458	265	608	1524
		期望的计数	283.9	498.6	229.5	512.0	1524.0
		被关系化名词的生命度中的%	12.7%	30.1%	17.4%	39.9%	100.0%
合计		计数	381	669	308	687	2045
		期望的计数	381.0	669.0	308.0	687.0	2045.0
		被关系化名词的生命度中的%	18.6%	32.7%	15.1%	33.6%	100.0%

卡方检验

	Value	df	Asymp. Sig. (2-sided)
Pearson 卡方	255.027[a]	15	.000

续表

	Value	df	Asymp. Sig. (2-sided)
似然比	244.874	15	.000
线性及线性组合	213.217	1	.000
有效案例中的 N	2045		

a. 9 cells (37.5%) have expected count less than 5. The minimum expected count is .60.

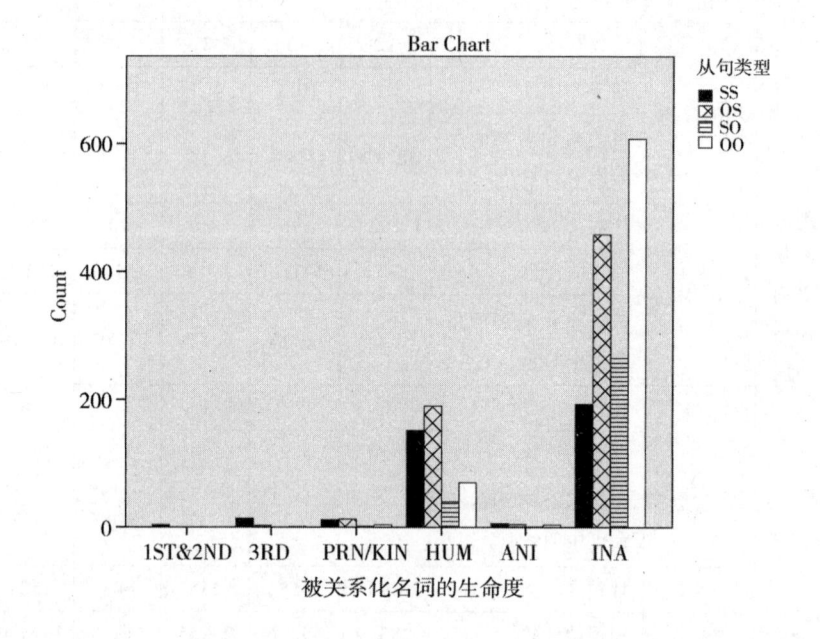

卡方值（255.027[a]）和 p 值（小于 0.0002）均显示，生命度等级不同位置的名词短语与生成的关系从句类型显著相关。列联表数据清楚表明了具体的关系。当被关系化名词为有生实体时，生成更多的主语提取关系从句；而当被关系化名词为无生实体时，则生成更多的宾语提取关系从句。随着有生实体在生命度等级位置的下降，生成的主语提取关系从句的比例随之降低：当被关系化名词短语为生命度等级位置最高的 1ST&2ND 时，只生成主语提取关系从句（100%）；为 3RD 时，主语提取关系从句比例为 94.5%；依次分别为 PRN/KIN——80.6%，HUM——75.6%，ANI——68.8%。这些结果与第四章的一致，比第四章更具体和详细，且完全符合名词短语竞争体系的预测。

条形图显示，具有代表性的生命度等级位置是 HUM 和 INA，生成的关系从句数量最多。当被关系化名词的生命度等级位置为 HUM 时，生成更多的 OS，其次为 SS、OO 及 SO，即，主语提取关系从句更多；当被关系化名词的生命度等级位置为 INA 时，生成最多的是 OO，其次是 OS、SO 和 SS，且宾语提取关系从句更多。对比这个条形图与表 8—2 的条形图发现，生命度等级位置 INA 与语义角色 THE 的重合度很高，对生成关系从句的提取类型作用相似，两个等级其他位置的表现具有更多的不一致。

二 汉语被关系化名词的语义角色与生成关系从句的提取类型

在汉语数据库中建立查询：SRR-GFH-GFR，结果见表 8—5。

表 8—5 汉语被关系化名词语义角色与关系从句提取类型查询结果

被关系化名词语义角色	主语提取关系从句		宾语提取关系从句		合计
关系从句类型	SS	OS	SO	OO	
AGE	65	111			176
CAU	2	30			32
EXP	6	20			26
INS	1	9		1	11
LOC	4	2	2	6	14
PAT	52	108	40	95	295
POS	8	19			27
REC	1				1
THE	227	554	74	251	1106
总计	1219		469		1688

将表中各数据输入 SPSS 进行卡方检验，结果见表 8—6。

表 8—6　　**汉语数据库被关系化名词语义角色与关系从句类型卡方检验结果**

被关系化名词的语义角色 * 从句提取类型 交叉制表

<table>
<tr><th rowspan="2" colspan="2"></th><th></th><th colspan="4">从句提取类型</th><th rowspan="2">合计</th></tr>
<tr><th></th><th>SS</th><th>OS</th><th>SO</th><th>OO</th></tr>
<tr><td rowspan="21">被关系化名词的语义角色</td><td rowspan="3">AGE</td><td>计数</td><td>65</td><td>111</td><td>0</td><td>0</td><td>176</td></tr>
<tr><td>期望的计数</td><td>38.2</td><td>88.9</td><td>12.1</td><td>36.8</td><td>176.0</td></tr>
<tr><td>被关系化名词的语义角色中的%</td><td>36.9%</td><td>63.1%</td><td>.0%</td><td>.0%</td><td>100.0%</td></tr>
<tr><td rowspan="3">CAU</td><td>计数</td><td>2</td><td>30</td><td>0</td><td>0</td><td>32</td></tr>
<tr><td>期望的计数</td><td>6.9</td><td>16.2</td><td>2.2</td><td>6.7</td><td>32.0</td></tr>
<tr><td>被关系化名词的语义角色中的%</td><td>6.3%</td><td>93.8%</td><td>.0%</td><td>.0%</td><td>100.0%</td></tr>
<tr><td rowspan="3">EXP</td><td>计数</td><td>6</td><td>20</td><td>0</td><td>0</td><td>26</td></tr>
<tr><td>期望的计数</td><td>5.6</td><td>13.1</td><td>1.8</td><td>5.4</td><td>26.0</td></tr>
<tr><td>被关系化名词的语义角色中的%</td><td>23.1%</td><td>76.9%</td><td>.0%</td><td>.0%</td><td>100.0%</td></tr>
<tr><td rowspan="3">INS</td><td>计数</td><td>1</td><td>9</td><td>0</td><td>1</td><td>11</td></tr>
<tr><td>期望的计数</td><td>2.4</td><td>5.6</td><td>0.8</td><td>2.3</td><td>11.0</td></tr>
<tr><td>被关系化名词的语义角色中的%</td><td>9.1%</td><td>81.8%</td><td>.0%</td><td>9.1%</td><td>100.0%</td></tr>
<tr><td rowspan="3">LOC</td><td>计数</td><td>4</td><td>2</td><td>2</td><td>6</td><td>14</td></tr>
<tr><td>期望的计数</td><td>3.0</td><td>7.1</td><td>1.0</td><td>2.9</td><td>14.0</td></tr>
<tr><td>被关系化名词的语义角色中的%</td><td>28.6%</td><td>14.3%</td><td>14.3%</td><td>42.9%</td><td>100.0%</td></tr>
<tr><td rowspan="3">PAT</td><td>计数</td><td>52</td><td>108</td><td>40</td><td>95</td><td>295</td></tr>
<tr><td>期望的计数</td><td>64.0</td><td>149.1</td><td>20.3</td><td>61.7</td><td>295.0</td></tr>
<tr><td>被关系化名词的语义角色中的%</td><td>17.6%</td><td>36.6%</td><td>13.6%</td><td>32.2%</td><td>100.0%</td></tr>
<tr><td rowspan="3">POS</td><td>计数</td><td>8</td><td>19</td><td>0</td><td>0</td><td>27</td></tr>
<tr><td>期望的计数</td><td>5.9</td><td>13.6</td><td>1.9</td><td>5.6</td><td>27.0</td></tr>
<tr><td>被关系化名词的语义角色中的%</td><td>29.6%</td><td>70.4%</td><td>.0%</td><td>.0%</td><td>100.0%</td></tr>
</table>

续表

			从句提取类型				合计
			SS	OS	SO	OO	
	REC	计数	1	0	0	0	1
		期望的计数	0.2	0.5	0.1	0.2	1.0
		被关系化名词的语义角色中的%	100.0%	.0%	.0%	.0%	100.0%
	THE	计数	227	554	74	251	1106
		期望的计数	239.8	558.9	76.0	231.3	1106.0
		被关系化名词的语义角色中的%	20.5%	50.1%	6.7%	22.7%	100.0%
合计		计数	366	853	116	353	1688
		期望的计数	366.0	853.0	116.0	353.0	1688.0
		被关系化名词的语义角色中的%	21.7%	50.5%	6.9%	20.9%	100.0%

卡方检验

	Value	df	Asymp. Sig.（2-sided）
Pearson 卡方	188.226[a]	24	.000
似然比	250.356	24	.000
线性和线性组合	46.678	1	.000
有效案例的 N	1688		

a. 13 cells (36.1%) have expected count less than 5. The minimum expected count is .07.

卡方检验的结果同样证实了汉语被关系化名词的语义角色与生成的关系从句类型存在显著相关性：卡方值为 188.226[a]，$p < 0.0003$。

列联表的结果清楚地显示：当被关系化的名词语义角色为 AGE、CAU、EXP 及 POS 时，只生成主语提取关系从句，与英语相似；

当其为 PAT 时，生成的主语提取关系从句多于宾语提取关系从句，说明即使当被关系化的名词为受事时，汉语依然偏好用主动形式表达，这一点将在下节详述。而当被关系化名词的语义角色为 THE 时，生成的主语提取关系从句远大于宾语关系从句（比例为 70.9% vs 29.1%），与英语有很大不同。这一偏好在条形图中非常显眼：除了 LOC 这一项外，其余的各组别语义角色中，OS 条均最高，即，当汉语中心名词为宾语时，生成的主语提取关系从句最多。换言之，无论中心名词的语义角色是什么，汉语都倾向生成更多的主语提取关系从句。

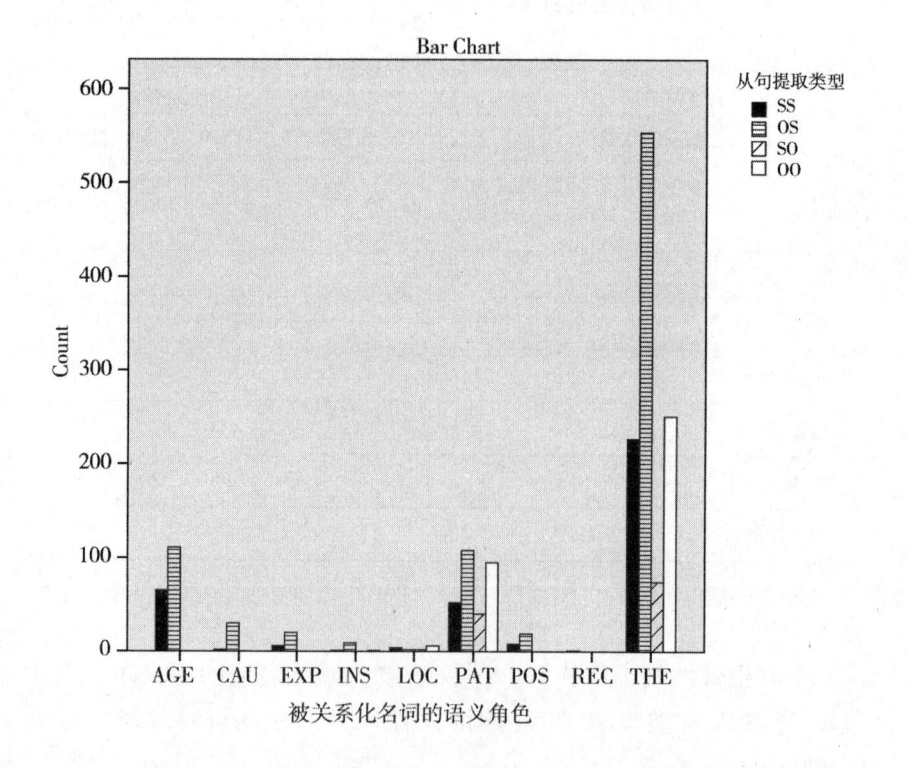

为了对比生命度等级各位置上的被关系化名词短语与生成关系从句提取类型的关系，在数据库中创建查询：AOH-GFH-GFR，结果见表 8—7。

表8—7 汉语被关系化名词的生命度与关系从句提取类型查询结果

被关系化名词生命度 关系从句类型	主语提取关系从句 SS	OS	宾语提取关系从句 SO	OO	合计
3RD	1	2		1	4
PRN/KIN	25	59	1	7	92
HUM	183	362	20	43	608
ANI	27	63	3	13	106
INA	126	369	91	292	878
总计	1217		471		1688

对上表数据进行卡方检验,以探究名词短语在生命度等级上的位置与生成关系从句提取类型的相关性,结果如表8—8所示。

表8—8 汉语被关系化名词的生命度与关系从句提取类型卡方检验结果

被关系化名词的生命度 * 从句类型 交叉制表

			从句类型 SS	OS	SO	OO	合计
被关系化名词的生命度	3RD	计数	1	2	0	1	4
		期望的计数	0.9	2.0	0.3	0.8	4.0
		被关系化名词的生命度中的%	25.0%	50.0%	.0%	25.0%	100.0%
	PRN/KIN	计数	25	59	1	7	92
		期望的计数	19.7	46.6	6.3	19.4	92.0
		被关系化名词的生命度中的%	27.2%	64.1%	1.1%	7.6%	100.0%
	HUM	计数	183	362	20	43	608
		期望的计数	130.4	308.0	41.4	128.2	608.0
		被关系化名词的生命度中的%	30.1%	59.5%	3.3%	7.1%	100.0%

续表

			从句类型				合计
			SS	OS	SO	OO	
	ANI	计数	27	63	3	13	106
		期望的计数	22.7	53.7	7.2	22.4	106.0
		被关系化名词的生命度中的%	25.5%	59.4%	2.8%	12.3%	100.0%
	INA	计数	126	369	91	292	878
		期望的计数	188.3	444.7	59.8	185.2	878.0
		被关系化名词的生命度中的%	14.4%	42.0%	10.4%	33.3%	100.0%
合计		计数	362	855	115	356	1688
		期望的计数	362.0	855.0	115.0	356.0	1688.0
		被关系化名词的生命度中的%	21.4%	50.7%	6.8%	21.1%	100.0%

卡方检验

	Value	df	Asymp. Sig. (2-sided)
Pearson 卡方	236.013[a]	12	.000
似然比	253.806	12	.000
线性和线性组合	195.503	1	.000
有效案例中的 N	1688		

a. 4 cells (20.0%) have expected count less than 5. The minimum expected count is .27.

卡方值（236.013[a]）和 p 值（小于 0.0004）都说明被关系化名词的生命度等级位置与生成关系从句的提取类型有相关性。但观察表 8—8 的主语提取和宾语提取关系从句的比例不难发现，不论被关系化的名词短语在生命度等级上的位置如何，生成的主语提取关系从句的比例均高于宾语提取关系从句。而且，与英语略有不同，名词短语在生命度等级位置上的变化与生成关系从句提取类型的比例不完全成正比。各位置上的主语提取关系从句比例分别为：3RD——75%；PRN/KIN——91.3%；HUM——89.6%；ANI——

84.9%；INA——56.4%。显然，除了 3RD 这一位置外，随着名词短语在等级上的其余位置逐步降低，生成的主语提取关系从句比例也随之降低。但在无生实体这一位置时，并没有像英语一样，生成更多的宾语提取关系从句。因此，有生名词与无生名词与生成关系从句提取类型的差异仅仅体现在比例上，当被关系化的名词短语为有生实体时，生成的主语提取关系的比例远高于宾语提取的关系从句；而当其为无生实体时，这一比例的差异不那么显著（56.5% vs 43.5%），而非名词短语竞争体系预测的生成更多的宾语提取关系从句。但不论该名词为有生还是无生，都体现出对 OS 的偏好，且总体上，汉语倾向于生成更多的主语提取关系从句（包括 SS 和 OS），与语义角色视角下的考察结果相同。

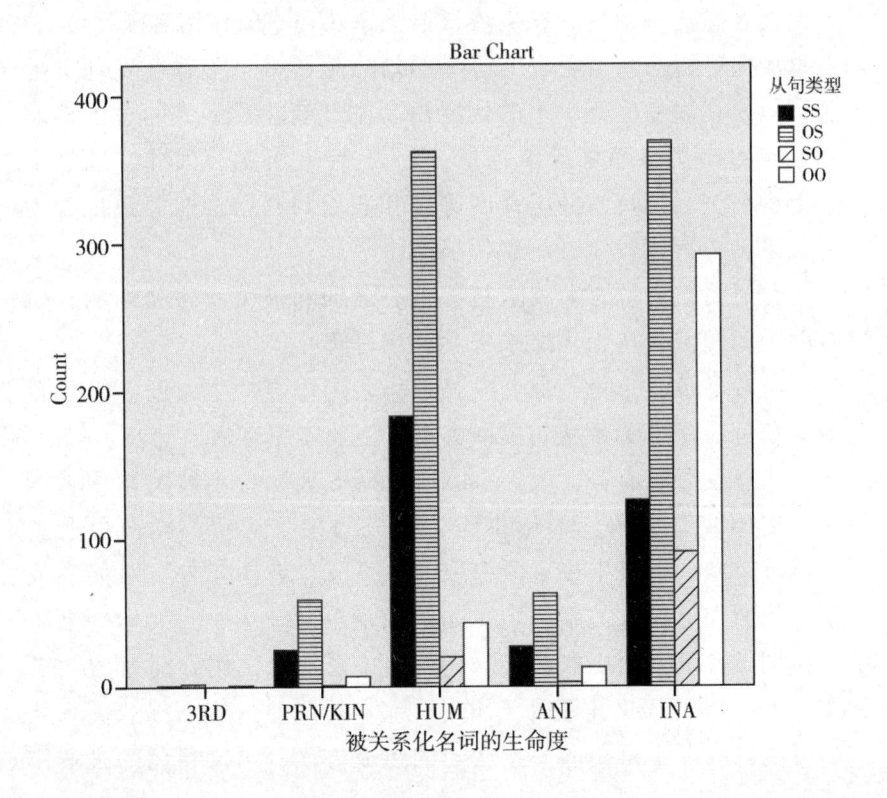

三 讨论

就上节的具体结果而言，语义角色等级和生命度等级与句子的表层结构存在某种程度的投射关系,但这一投射关系存在跨语言差异。就英语而言,贝克①的题元指派的一致性假设在本书语料中得到语言事实的支持。贝克的语义角色等级与句法结构等级的投射关系为:

Thematic hierarchy　　Agent > Theme
Syntactic hierarchy　　Subject > Object

即,施事做主语、客事做宾语都是非标记性的,主句和关系从句都有这一对应关系。

汉语的情形略有不同。如果看单纯主句成分,这一倾向也是存在的。但从关系从句生成角度而言,当语义角色为客事时,并没有生成更多的宾语提取关系从句,因此,语义角色在关系从句生成时,尤其客事这一角色,在生成汉语关系从句中的作用有限。

非常有趣的是,当生命度等级的划分更精密一些就会发现,随着名词短语在生命度等级上的位置由高到低变化,生成的主语提取关系从句的比例也随之越来越低,如表8—6所示。因此,从这个意义上讲,把名词短语的生命度等级和表层句法结构的关系推定为投射关系,也有比较充分的事实根据。

考虑到关系从句的生成是基于中心名词和被关系化名词的,所以有两个问题需要从上述结果中尝试获得解答。

首先需要回答的问题是:被关系化名词短语的生命度等级位置与语义角色在生成关系从句提取类型方面的作用有何异同?

就英语数据库而言,表8—4和表8—6表明,当被关系化名词为有生实体或语义角色为施事时,生成的关系从句都指向提取主语;但施事条件下只生成主语提取关系从句,有生条件下可能生成一定比例的宾语提取关系从句,如第四章第三节第一目所示,有生中心名词条件下主语提取和宾语提取的关系从句比例分别为76.6%和23.4%。即,语义角色为施事时,基本排除生成宾语提取关系从句的可能,故在主语提取关系从句的生成方面,语义角色的决定作

---

① Baker, M. C., *Incorporation: A Theory of Grammatical Function Changing*, Chicago, IL: University of Chicago Press, 1988.

用比生命度更凸显。

　　名词短语的语义角色与生命度等级分别在 THE 和 INA 方面存在相似之处：二者都有生成主语提取和宾语提取的潜势，且 OO 的比例都最高，其次为 OS、SO 和 SS。但就生成主语提取和宾语提取关系从句的比例而言，THE 条件下的比例略高（61.2% vs 57.3%）。条形图显示，从语义角色角度看，关系从句的分布集中在 AGE 和 THE 两种语义角色上，且 THE 占绝对多数；从生命度看，关系从句的分布集中在 HUM 和 INA 两个位置上，即，以 HUM 为代表的有生实体与 AGE 有重合，而 THE 与 INA 有更多的重合，它们的作用也相当。

　　从名词短语的生命度等级和语义角色的分布频度看，生命度其他位置与其他语义角色在生成关系从句时作用不如前两者突出。

　　值得指出的是 PAT，在生成关系从句类型方面，它对主语提取和宾语提取的偏好不明显。换言之，当被关系化的名词短语的语义角色为受事时，生成的关系从句主动式和被动式的比例相当，该名词短语做被动式关系从句主语与主动式关系从句宾语的概率也相当。第五章的结果显示，只有在有生+受事、无生+客事复合条件下，生成关系从句主动和被动结构的比例才会有显著差异。林（Lin）[①] 的研究也表明，语境中，"受事—动作—施事" 这一被动结构对 "动作—受事—施事" 结构的主语提取关系从句和 "施事—动作—受事" 结构的宾语提取关系从句的加工并未带来利好，只有语境中上文的语义角色结构与宾语提取关系从句的语义角色结构相一致时，汉语宾语提取关系从句的阅读（加工）才快于主语提取关系从句，因此，受事这一语义角色对生成被动结构的关系从句并无明显影响。

　　就汉语数据库而言，至少四种语义角色对主语提取的关系从句有明显偏好：AGE、CAU、EXP 及 POS，在数据库中未发现它们生成宾语提取关系从句。

[①] Lin, C. C., "Effect of thematic order on the comprehension of Chinese relative clauses", *Lingua*, Vol. 140, 2014, pp. 180-206.

同样，施事与有生实体都有生成主语提取关系从句的潜势，但施事不出现在宾语提取关系从句中，二者在交集中有分野。

从语义角色看，关系从句集中在 AGE、PAT 及 THE 三大项上，尤以 THE 最突出，且 PAT 和 THE 对生成关系从句提取类型的作用类似；对照生命度等级位置，关系从句集中分布在 HUM 和 INA 两项，且其作用差异也不明显，只在 OO 这一类型上 INA 占有优势。

从语义角色看，OS 的分布不平衡，在 AGE 和 PAT 上相当，但在 THE 上则一骑绝尘，非常突出；而在生命度等级位置上，至少在 OS 这个类型上，HUM 和 INA 虽分属有生—无生不同大类，但生成 OS 的比例难分伯仲。即，语义角色在 OS 的分布上的作用明显大于生命度。第四章第三节第一目也表明，在汉语无生中心名词条件下，主语提取和宾语提取关系从句的计量分别为 488 和 373，比率为 56.7% 和 43.3%，前者多于后者。表 8—6 则说明，语义角色客事对生成主语提取关系从句更有优势。而在 OO 类型中，生命度等级位置 INA 比语义角色 THE 的作用更大。

同样需要指出的是，PAT 这一语义角色在主语提取和宾语提取方面的倾向不甚分明，前者稍多一点（54.3%）。

第二个需要回答的问题是：语义角色和生命度在生成关系从句中的作用有没有跨语言差异？

至少在英语和汉语中，二者既有共性，也有差异。

共性主要有：语义角色等级与表层句法结构的投射关系在主句层面相似；AGE 只分布在主语提取关系从句中；有生实体条件下倾向于生成更多的主语提取关系从句；语义角色 PAT 在生成关系从句提取类型方面的偏好不明显；两种语言的关系从句提取类型都基本遵循名词短语竞争体系；AGE 与 HUM 在主语提取关系从句中的功能相当，THE 与 INA 在宾语提取关系从句中的功能相当。

不同处主要有：在生成关系从句时，英语更符合语义角色等级与表层句法结构投射预测，汉语在客事这一语义角色中生成最多的是 OS 关系从句，与英语不同；英语的 AGE、CAU 和 EXP 表现出对主语提取关系从句的绝对优势，汉语则有四个——AGE、CAU、EXP 和 POS，且计量更多；生成主语和宾语提取关系从句时，英语完全遵循生命度等级，即完全符合名词短语竞争体系的预测，而汉语在无生条件下依然生成更多的主语提取关系从句；英语的关系从句集中分布在 AGE 和 THE 两种语义角色上，而汉语集中在 AGE、PAT 及 THE 三大项上；英语的 THE 和 INA 均指向 OO，而汉语的 THE 和 INA 指向 OS；英语的 THE 和 INA 都偏好 OO，且趋势相似，汉语则更偏好 OS，且 HUM 与 INA 对 OS 的偏好相似，而 THE 对 OS 的偏好则非常凸显，作用比生命度更明显。

两种语言在语义角色、生命度与生成关系从句提取类型方面的共性可以推及到更多的语言中加以检验，而个性差异可用于应用语言学研究。如果说生命度等级体现了人认识客观世界的普遍属性的话，语义角色则是人认识事件参与者的本质属性。普遍属性在具体事件中的体现可能会有所不同，前者的作用也有可能在某些方面不及后者。

第二节 中心名词的语义角色与生成关系从句的语态

英语和汉语在语态形式与偏好上有差异，比如汉语的主动偏好较英语强；汉语除了主动形式和被动形式外，还有非人称主动式等。其中，语义角色是否起到作用呢？

一 英语中心名词的语义角色与生成关系从句的语态

从英语数据库中创建查询：SRR-GFH-GFR-VRC，结果见表 8—9。

表 8—9　英语被关系化名词的语义角色与关系从句语态分布

被关系化名词的语义角色	主语提取关系从句				宾语提取关系从句			
关系从句类型	SS		OS		SO		OO	
关系从句语态	ACT	PAS	ACT	PAS	ACT	PAS	ACT	PAS
AGE	134		169		1			
BEN	1		1		1		1	

续表

被关系化名词的语义角色	主语提取关系从句				宾语提取关系从句			
关系从句类型	SS		OS		SO		OO	
关系从句语态	ACT	PAS	ACT	PAS	ACT	PAS	ACT	PAS
CAU	12		35		1			
EXP	21		13					
INS	1		1		1		2	
LOC					3		5	
PAT	3	22	2	25	15	2	30	1
POS	7		11					
REC	1						1	
THE	158	21	360	52	282	2	644	3
	338	43	592	77	304	4	683	4
总计	2045							

通过卡方检验，可以更清楚地观察到英语语义角色在生成关系从句语态中的作用及分布，以及各种语义角色对从句语态的偏好。如表8—10所示。

表8—10　英语被关系化名词的语义角色与关系从句语态的卡方检验结果

语义角色 语态 交叉制表					
			VRC		合计
			ACT	PAS	
SRR	AGE	计数	304	0	304
		期望的计数	285.0	19.0	304.0
		SRR 中的%	100.0%	.0%	100.0%
	BEN	计数	4	0	4
		期望的计数	3.7	0.3	4.0
		SRR 中的%	100.0%	.0%	100.0%

续表

			VRC ACT	VRC PAS	合计
SRR	CAU	计数	48	0	48
		期望的计数	45.0	3.0	48.0
		SRR 中的%	100.0%	.0%	100.0%
	EXP	计数	34	0	34
		期望的计数	31.9	2.1	34.0
		SRR 中的%	100.0%	.0%	100.0%
	INS	计数	5	0	5
		期望的计数	4.7	0.3	5.0
		SRR 中的%	100.0%	.0%	100.0%
	LOC	计数	8	0	8
		期望的计数	7.5	0.5	8.0
		SRR 中的%	100.0%	.0%	100.0%
	PAT	计数	50	50	100
		期望的计数	93.7	6.3	100.0
		SRR 中的%	50.0%	50.0%	100.0%
	POS	计数	18	0	18
		期望的计数	16.9	1.1	18.0
		SRR 中的%	100.0%	.0%	100.0%
	REC	计数	2	0	2
		期望的计数	1.9	0.1	2.0
		SRR 中的%	100.0%	.0%	100.0%
	THE	计数	1444	78	1522
		期望的计数	1426.7	95.3	1522.0
		SRR 中的%	94.9%	5.1%	100.0%
合计		计数	1917	128	2045
		期望的计数	1917.0	128.0	2045.0
		SRR 中的%	93.7%	6.3%	100.0%

续表

卡方检验			
	Value	df	Asymp. Sig. (2-sided)
Pearson 卡方	357.665[a]	9	.000
似然比	203.174	9	.000
线性及线性组合	4.958	1	.026
有效案例中的 N	2045		

a. 10 cells (50.0%) have expected count less than 5. The minimum expected count is .13.

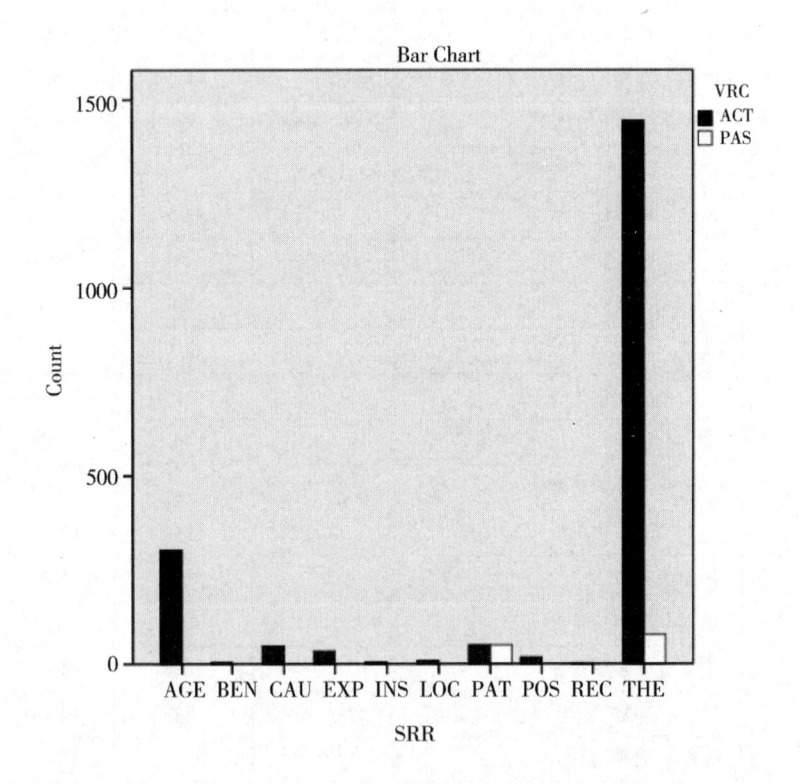

表 8—10 的卡方检验结果显示，卡方值（357.665[a]）与 p 值（小于 0.0003）都说明语义角色与生成关系从句的语态关系密切，主动语态与被动语态的差异显著。列联表的数据很整齐：当语义角色为施事、受益者、致事、感事、工具、处所、所有者、接受者

时，生成的关系从句全部为主动语态；当语义角色为客事时，主动语态占绝大多数（94.9%）；更意外的是，当语义角色为受事（是典型的被动语态的主语）时，主动—被动平分秋色。条形图直观地展示了这一趋势。

虽然条形图显示，当被关系化名词的语义角色为客事时，主动形式最多，但考虑到客事本是最高频分布，且当被关系化名词的语义角色为施事时，生成的关系从句全部为主动语态，说明在对主动态的选择上，施事的影响最大。就比例而言，受事对被动态的选择是所有语义角色中倾向最明显的，但也只有一半。

对照第五章中心名词的生命度对语态的影响，可以发现：中心名词的生命度对语态的选择作用远不及语义角色。即使考虑热纳里等人[1]和本书数据库第一阶段的研究结果，也发现中心名词的生命度只有与语义角色组成复合条件才能有效地证明中心名词为有生条件下会生成更多的被动结构的关系从句，无生条件下的被动结构相对较少。而第五章第二阶段对中心名词生命度对关系从句语态的独立影响发现，影响非常有限。

二 汉语中心名词的语义角色与生成关系从句的语态

在汉语数据库中创建查询：SRR-GFH-GFR-VRC，得到如下结果（见表8—11）。

表8—11 汉语被关系化名词的语义角色与关系从句语态分布

被关系化名词的语义角色	主语提取关系从句					
关系从句类型	SS			OS		
关系从句语态	ACT	PAS	IMP	ACT	PAS	IMP
AGE	65			112		
CAU	3			28		

---

[1] Gennari, S. P., Mirković, J., & MacDonald, M. C., "Animacy and competition in relative clause production: A cross-linguistic investigation", *Cognitive Psychology*, Vol. 65, 2012, pp. 141-176.

续表

被关系化名词的语义角色	主语提取关系从句					
关系从句类型	SS			OS		
关系从句语态	ACT	PAS	IMP	ACT	PAS	IMP
EXP	6			20		
INS	1			9		
LOC	2			4		
PAT	12	13	27	31	22	55
POS	8			19		
REC	1					
THE	229			554		3
合计	327	13	27	777	22	58

被关系化名词的语义角色	宾语提取关系从句					
关系从句类型	SO			OO		
关系从句语态	ACT	PAS	IMP	ACT	PAS	IMP
AGE						
CAU				2		
EXP						
INS				1		
LOC	2			6		
PAT	14	2	25	47	3	42
POS						
REC						
THE	70		2	241	1	6
合计	86	2	27	297	4	48
总计	1688					

表8—11的数据反映在卡方检验中,结果如表8—12所示。

表 8-12　汉语被关系化名词的语义角色与关系从句语态分布卡方检验结果
语义角色（SRR）* 从句提起类型与语态（TRC+VRC）交叉制表

从句提取类型			SS			OS			SO			OO			合计
	从句语态		ACT	PAS	IMP	ACT	PAS	IMP	ACT	PAS	IMP	ACT	PAS	IMP	
						TRC - VRC										
SRR	AGE	计数	65	0	0	112	0	0	0	0	0	0	0	0	177
		期望计数	34.3	1.4	2.8	81.5	2.3	6.1	9.0	0.2	2.8	31.1	0.4	5.0	177.0
		SRR 中的%	36.7%	.0%	.0%	63.3%	.0%	.0%	.0%	.0%	.0%	.0%	.0%	.0%	100.0%
	CAU	计数	3	0	0	28	0	0	0	0	0	2	0	0	33
		期望计数	6.4	0.3	0.5	15.2	0.4	1.1	1.7	0.0	0.5	5.8	0.1	0.9	33.0
		SRR 中的%	9.1%	.0%	.0%	84.8%	.0%	.0%	.0%	.0%	.0%	6.1%	.0%	.0%	100.0%
	EXP	计数	6	0	0	20	0	0	0	0	0	0	0	0	26
		期望计数	5.0	0.2	0.4	12.0	0.3	0.9	1.3	0.0	0.4	4.6	0.1	0.7	26.0
		SRR 中的%	23.1%	.0%	.0%	76.9%	.0%	.0%	.0%	.0%	.0%	.0%	.0%	.0%	100.0%
	INS	计数	1	0	0	9	0	0	0	0	0	1	0	0	11
		期望计数	2.1	0.1	0.2	5.1	0.1	0.4	0.6	0.0	0.2	1.9	0.0	0.3	11.0
		SRR 中的%	9.1%	.0%	.0%	81.8%	.0%	.0%	.0%	.0%	.0%	9.1%	.0%	.0%	100.0%
	LOC	计数	2	0	0	4	0	0	2	0	0	6	0	0	14
		期望计数	2.7	0.1	0.2	6.4	0.2	0.5	0.7	0.0	0.2	2.5	0.0	0.4	14.0
		SRR 中的%	14.3%	.0%	.0%	28.6%	.0%	.0%	14.3%	.0%	.0%	42.9%	.0%	.0%	100.0%
	PAT	计数	12	13	27	31	22	55	14	2	25	47	3	42	293
		期望计数	56.8	2.3	4.7	134.9	3.8	10.1	14.9	0.3	4.7	51.6	0.7	8.3	293.0
		SRR 中的%	4.1%	4.4%	9.2%	10.6%	7.5%	18.8%	4.8%	0.7%	8.5%	16.0%	1.0%	14.3%	100.0%
	POS	计数	8	0	0	19	0	0	0	0	0	0	0	0	27
		期望计数	5.2	0.2	0.4	12.4	0.4	0.9	1.4	0.0	0.4	4.8	0.1	0.8	27.0
		SRR 中的%	29.6%	.0%	.0%	70.4%	.0%	.0%	.0%	.0%	.0%	.0%	.0%	.0%	100.0%

			SS			OS			SO			OO			合计
从句提取类型	从句语态		ACT	PAS	IMP	ACT	PAS	IMP	ACT	PAS	IMP	ACT	PAS	IMP	
SRR	REC	计数	1	0	0	0	0	0	0	0	0	0	0	0	1
		期望计数	0.2	0.0	0.0	0.1	0.0	0.0	0.0	0.0	0.0	0.2	0.0	0.0	1.0
		SRR中的%	100.0%	.0%	.0%	.0%	.0%	.0%	.0%	.0%	.0%	.0%	.0%	.0%	100.0%
	THE	计数	229	0	0	554	0	3	70	0	2	241	1	6	1106
		期望计数	214.3	8.5	17.7	509.1	14.4	38.0	56.3	1.3	17.7	194.6	2.6	31.5	1106.0
		SRR中的%	20.7%	.0%	.0%	50.1%	.0%	0.3%	6.3%	.0%	0.2%	21.8%	0.1%	0.5%	100.0%
合计		计数	327	13	27	777	22	58	86	2	27	297	4	48	1688
		期望计数	327.0	13.0	27.0	777.0	22.0	58.0	86.0	2.0	27.0	297.0	4.0	48.0	1688.0
		SRR中的%	19.4%	0.8%	1.6%	46.0%	1.3%	3.4%	5.1%	0.1%	1.6%	17.6%	0.2%	2.8%	100.0%

卡方检验

	Value	df	Asymp. Sig. (2-sided)
Pearson 卡方	1098.966[a]	88	.000
似然比	958.185	88	.000
线性和线性组合	27.096	1	.000
有效案例中的 N	1688		

a. 77 cells (71.3%) have expected count less than 5. The minimum expected count is .00.

Bar Chart

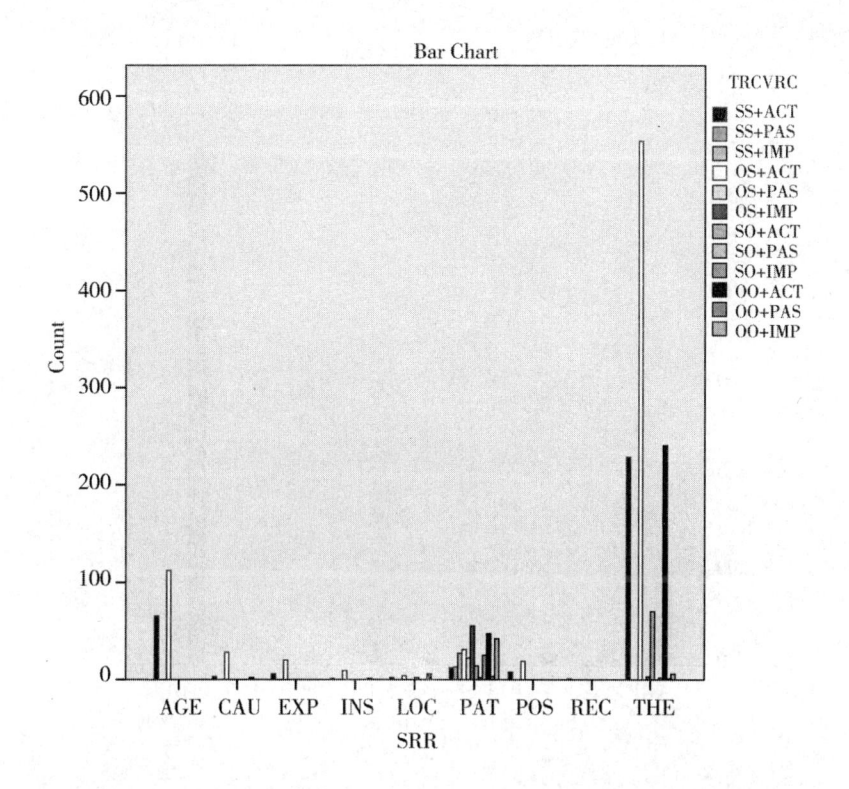

卡方值 1098.966[a] 与 p 值（< 0.0003）均显示，语义角色在生成关系从句语态时作用明显。从卡方检验的列联表看，当语义角色为施事、致事、感事、工具、处所、所有者及接受者时，关系从句全部为主动语态。当语义角色为受事时，主动语态占比例 36.2%。但是，在表达被动意义时，50.2%采用非人称主动式，被动式仅占 13.6%。

当语义角色为客事时，绝大多数关系从句为主动结构。这与语义角色为客事的名词短语可以做主语和宾语相关，做主语时是被描述的对象，做宾语时是动作的对象，但不同于受事。

不考虑从句类型，单纯观察语义角色与关系从句语态的关系，得到下列条形图，它直观展示了二者的相互关系。

汉语有三种表达语态的方式：主动式、被动式和非人称主动式。后两者都表达被动意义，但非人称主动式是通过主动形式表达的。

Bar Chart

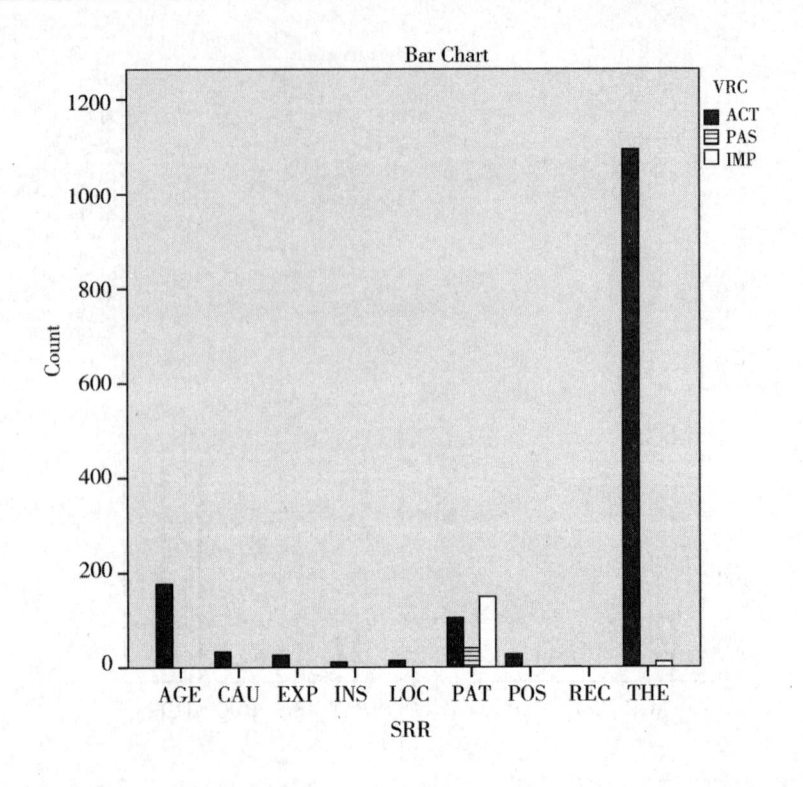

值得注意的是，不论语义角色为受事还是客事，当表达被动意义时，汉语关系从句更多选择非人称主动式，体现了对主动结构的强烈偏好。这一点在条形图上体现得很明显。

三　讨论

第五章第一节第一目的结果说明，在英语 ANI-PAT 条件下，实际语料中关系从句主动式和被动式的分布比例分别为 42.0% 和 58.0%，远低于实验结果的 2.9% 和 97.1%。在 INA-THE 条件下，实际语料显示关系从句主动式和被动式的分布比例分别为 92.9% 和 7.1%，远高于实验结果的 50.3% vs 49.7%。即，在第一种情况下，尚且能证明生命度和语义角色的组合条件能生成更多的被动式关系从句，第二种情况下没有这种倾向。

而第五章第一节第二目检验生命度对生成关系从句语态的独立影响发现，无论中心名词为有生还是无生，其生成主动式关系从句的比例都远大于生成被动式关系从句。当中心名词的生命度较高时，并不会比生命度较低时生成更多的被动式关系从句。而且，去掉受事这一语义角色的支持，主动—被动的比例由 42.0% vs 58.0%急剧变化为 92.5% vs 7.5%，意味着，生命度本身独立影响关系从句语态的作用有限，远不及语义角色在此的作用。

第五章第二节第一目已经讨论过，在中心名词有生+受事条件下，汉语生成较多的主动式关系从句（55.63%），被动式很少（12.7%），而非人称主动式较多（31.7%）。即，即使加上语义角色受事，生命度在生成汉语关系从句语态方面也没有体现出明显的语态方面的影响。

考察中心名词的生命度对生成汉语关系从句语态的独立影响发现，当中心名词为有生条件时，生成的被动式（包括被动式和非人称被动式）的比例为 4.9%，而在无生条件下，生成的比例为 15.2%。即，去掉语义角色的限制，有生条件下生成主动语态关系从句的比例由 55.6%急剧上升到 95.1%，无生条件下则由 44.4%下降为 4.9%。由此可以看出，在生成关系从句的语态选择方面，生命度的作用远不及语义角色。

对比英语和汉语发现：两种语言都有主动式的偏好，而这种偏好更多地源自语义角色，它在两种语言关系从句生成的语态选择方面均起到决定性的作用。两种语言反映的事实相似：当语义角色为施事、致事、感事、工具、处所、所有者及接受者时，生成关系从句全部为主动语态。

两种语言的主动语态分布主要集中在施事和客事两项语义角色上，前者只生成主动形式，后者可以生成主动和被动两种形式，但主动式占优势。

在生成关系从句时，四种语义角色的分布频度较高：THE、AGE、PAT 和 CAU。

被动式关系从句的生成主要体现在受事和客事两种语义角色上。

同时，英汉两种语言的语义角色与生成关系从句的语态的分布上也有差异。

首先，当名词短语的语义角色为 PAT 时，英语生成的主动式和被动式关系从句的比例非常接近；汉语则不同，主动式比例略高。且在表达被动意义时，汉语选择的非人称主动式比例远超被动式，因此，当汉语名词短语的语义角色为 PAT 时，生成的关系从句的主动形式依然占多数。

其次，当名词短语的语义角色为客事时，生成的关系从句的语态都以主动形式为主，但汉语被动式的比例不如英语高，进一步体现出比英语更强烈的主动式偏好。

第三节 小结

生命度和语义角色都是探究事物本质属性的视角，前者的普遍性更高，后者更多受具体事件的限制，但二者是有交集与分野的，以往的研究曾有尝试将二者的等级投射到句法功能之上，以探求其匹配程度。这些研究都基于相似的信念：生命度等级和语义角色等级与句子的表层结构存在某种程度的对应关系。

名词短语竞争体系下基于生命度等级的研究尝试探求其对生成关系从句类型、语态选择、被动句施事的隐现等方面的影响或决定作用，尤其是对语态的选择，需要借助语义角色来检验。虽同属事物的本质属性，名词短语的生命度与语义角色在生成关系从句的提取类型和语态选择方面的作用存在异同，且具有跨语言差异。

本章研究发现，在生成关系从句的提取类型方面，被关系化名词短语的生命度等级和语义角色等级位置越高，生成主语提取关系从句的倾向越明显；语义角色施事与有生实体均可生成主语提取关系从句，但施事在这方面几乎是排他性的，作用大于有生实体。

被关系化名词短语的语义角色与生命度在生成关系从句提取类型时的作用不同。英语中，当被关系化名词的语义角色为施事、感事和所有者时，生成的关系从句全部为主语提取关系从句；当被关系化名词的语义角色为处所时，生成的均为宾语提取关系从句；而当其为客事时，生成更多的宾语提取关系从句。对照被关系化名词短语的生命度等级位置，随着名词短语在等级位置上由高到低的变化，生成的主语提取关系从句的比例相应降低，到无生位置时最低，宾语提取关系从句比例最高，完全符合名词短语竞争体系的预测。

汉语中，当被关系化名词的语义角色为施事、致事、感事和所有者时，生成的关系从句全部为主语提取关系从句，这一偏好比英语更明显；当其为客事时，生成更多的主语提取关系从句，与英语不同。即，无论中心名词的语义角色是什么，汉语都倾向生成更多的主语提取关系从句。与名词短语生命度等级对照，等级位置在一定程度上（主要在 PRN/KIN、HUM 和 ANI 三个位置上）反映了名词短语的竞争体系，但在有生—无生对比项上，汉语没有表现出英语那样明显的倾向——有生—无生与主语提取—宾语提取关系从句的对应关系，而体现了强烈的主语提取倾向。

英语名词短语的语义角色 THE 与生命度等级位置 INA 存在相似之处：二者都有生成主语提取和宾语提取的潜势，英语中，OO 的比例都最高，其次为 OS、SO 和 SS。但就生成主语提取和宾语提取关系从句的比例而言，THE 条件下的比例略高（61.2% vs 57.3%）。关系从句的分布集中在 AGE 和 THE 两种语义角色上，且 THE 占绝对多数；从生命度看，关系从句的分布集中在 HUM 和 INA 两个位置上，即，以 HUM 为代表的有生实体与 AGE 有重合，而 THE 与 INA 有更多的重合，它们的作用也相当。

汉语名词短语的语义角色与生命度等级的重合度不如英语高，关系从句的分布分别集中在 AGE、PAT 和 THE 三项语义角色，以及 HUM、INA 两个生命度等级位置上。

两种语言的语义角色 PAT 在主语提取和宾语提取方面的倾向不甚分明。

生命度与语义角色在生成关系从句类型中的作用的跨语言差异主要有：

英语只有 AGE 表现出对主语提取关系从句的绝对优势，汉语有四个：AGE、CAU、EXP 和 POS，因此汉语主语提取优势的语义角色较多；

英语的关系从句集中分布在 AGE 和 THE 两种语义角色上，而汉语集中在 AGE、PAT 及 THE 三大项上，分布较广泛；

英语的 THE 和 INA 均更多地指向 OO，而汉语的 THE 和 INA 更多地指向 OS，造成上述条件下英语的 OO 分布最广，汉语的 OS 分布最广，因而汉语表现出强烈的主语提取倾向；

英语的 THE 和 INA 都偏好 OO，且趋势相似，汉语更偏好 OS，且 HUM 与 INA 对 OS 的偏好相似，而 THE 对 OS 的偏好则非常凸显，作用比生命度更明显。

简而言之，在关系从句提取类型的生成方面，语义角色的作用比生命度更突出。

在生成关系从句的语态选择方面，生命度与语义角色也有异同和跨语言差异。

总体而言，当被关系化名词为有生实体时，倾向于生成更多的被动式关系从句，但在语态的选择方面，中心名词的生命度的作用远不及语义角色的作用明显。一些语义角色（如施事、致事、感事、工具、处所、所有者及接受者时）只生成主动形式的关系从句。没有语义角色的限制，只凭中心名词的生命度独立影响关系从句语态的作用很小。

被动形式的关系从句主要体现在被关系化名词的受事和客事两个语义角色上，且受事生成被动式的比例高于客事。

被关系化名词的语义角色对生成关系从句语态的作用跨语言差异主要有两点，且差异都主要体现在受事和客事两种语义角色上。当名词短语的语义角色为 PAT 时，英语生成的主动式和被动式关系从句的比例相当，而汉语的主动式比例略高。更重要的是，当受事体现被动意义时，汉语更多地选择非人称主动式而非被动式，导致关系从句的主动形式占绝对多数。

当名词短语的语义角色为客事时，英语和汉语生成的关系从句的语态都以主动形式为主，但汉语被动式的比例不如英语高，甚至不如表达被动意义的非人称主动式高，实验结果和数据库的统计分析都证明了这一点。

第九章

翻译中的关系从句生成

翻译也是检验不同语言关系从句生成的手段之一。当源语的关系从句表达的内容转换成目标语时，一般受制于多种因素。比如具体语言的限制，即，同样的内容，是否需要用关系从句来表达；若需要，用何种形式的关系从句，等等。这些选择同时受制于译者的翻译风格、策略、语言能力（或个人语言风格）等，有些译者倾向于模拟源语的语言结构，有些倾向于变通，不一而足。无论如何，其目标语总体受制于语言本身的限制。这样，观察翻译平行语料也可以发现不同语言关系从句生成的大致倾向。

第一节 中心名词的生命度与关系从句类型

第四章第三节第二目对数据库的统计分析发现，英语中心名词的生命度与关系从句提取类型存在显著相关性。当中心名词为有生实体时，英语的主语提取关系从句（399个）多于宾语提取关系从句（122个），分别占76.6%和23.4%。当中心名词为无生实体时，主语提取关系从句（651个）少于宾语提取关系从句（864个），比例为42.97% vs 57.03%。这一结果符合名词短语竞争体系的预测。

根据同样的条件，汉语中心名词的生命度与关系从句提取也呈现比较显著的相关性。其中，当中心名词为有生实体时，生成更多的主语提取关系从句，SS和OS占比例为89.2%；当中心名词为无生实体时，没有这么明显的倾向，主语提取和宾语提取关系从句的比例分别为 56.6% 和 43.4%。即,当中心名词为有生实体时,生成的关系从句类型符合名词短语竞争体系;无生条件下的生成倾向不如英语明显。换言之,汉语更倾向于关系化主语。

如例(1):

The boy moved restlessly from one foot to the other, keeping his eyes down, and for the most part only half singing. <u>A tall and as yet slight figure, surmounted by an interesting head and face—white skin, dark hair—he seemed more keenly observant and decidedly more sensitive than most of the others</u>—appeared indeed to resent and even to suffer from the position in which he found himself. Plainly pagan rather than religious, life interested him, although as yet he was not fully aware of this. All that could be truly said of him now was that there was no definite appeal in all this for him. <u>He was too young, his mind much too responsive to phases of beauty and pleasure which had little, if anything, to do with the remote and cloudy romance which swayed the minds of his mother and father.</u>

<u>Indeed the home life of which this boy found himself a part and the various contacts, material and psychic, which thus far had been his, did not tend to convince him of the reality and force of all that his mother and father seemed so certainly to believe and say…</u> (*An American Tragedy*)

那个男孩子闲不住地两脚替换站着,两眼俯视着,充其量只是半心半意地在哼唱。<u>他是瘦高个儿,头和脸长得真逗人——白净的肌肤,乌黑的头发——同其他几位相比,他好像特别善于观察,肯定更加敏感</u>——显而易见,他对自己目前处境的确感到恼火,乃至于痛苦。他最感兴趣的,显然是世俗生活,而不是宗教生活,虽然他还没有充分意识到这一点。反正最能正确地说明他此时此刻的心态,不外乎是:眼下要他干的这一套,肯定是不合他的心意。<u>他太年轻了,他的心灵对于形形色色的美和享乐确实太敏感了,不过这些东西——也许跟主宰他父母心灵的那个遥远、朦胧的幻想境界,甚至还是格格不入。</u>

说实话,<u>这个男孩子的家里生活境况,以及他迄至今日在物质上和心灵上的种种遭际,都不能使他相信:他父母似乎如此坚信和</u>

传播的那一套教义，真的是那么实在，那么有力量。

(《美国悲剧》①)

源语第一个关系从句 from the position in which he found himself 中，中心名词 the position 为无生实体，关系化的是旁语。相应的汉语译文为"自己目前处境"，是介词"对"的宾语（旁语）。即，英语的关系从句在此不必译成汉语的关系从句。源语第二个关系从句 the remote and cloudy romance which swayed the minds of his mother and father 为主语提取关系从句，译成"主宰他父母心灵的那个遥远、朦胧的幻想境界"，也是主语提取关系从句。源语第三个关系从句 the home life of which this boy found himself a part 对应的译文是"这个男孩子的家里生活境况"，只是一个名词短语。

由此可以发现：英语比汉语使用更多的关系从句，且从句类型更丰富；英语的关系从句在译成汉语时，不一定转换为相应的从句。

从汉译英角度观察关系从句的翻译，情形是否有所不同呢？

例（2）：

他也开始闻见路旁的草味，也听见几声鸟鸣；因为看见了渺茫的物形，他的耳目口鼻好似都恢复了应有的作用。……正是牲口脱毛的时候，骆驼身上已经都露出那灰红的皮，只有东一缕西一块的挂着些零散的、没力量的、随时可以脱掉的长毛，象些兽中的庞大的乞丐。顶可怜的是那长而无毛的脖子，那么长，那么秃，弯弯的，愚笨的，伸出老远，象条失意的瘦龙。可是祥子不憎嫌它们，不管它们是怎样的不体面，到底是些活东西。他承认自己是世上最有运气的人，上天送给他三条足以换一辆洋车的活宝贝；这不是天天能遇到的事。

(《骆驼祥子》)

Once more he could smell the grass by the road and hear a few birds twitter. Now that he had made out objects indistinctly, he regained the use of his other faculties too...

---

① ［美］西奥多·德莱塞：《美国悲剧》，潘庆舲译，上海译文出版社 1994 年版，第 5 页。

… It was the moulting season and patches of their greyishred skin showed through the scattered tufts of limp, dangling long fur ready to drop from their sides at any moment. They were like huge beggars of the animal kingdom. Most pathetic were their hairless necks, so long, bent and clumsy, craning out like scraggy, disconcerted dragons. But no matter how scruffy they looked, Xiangzi did not find them disgusting because they were, after all, alive.

And he counted himself the luckiest man in the world, now that Heaven had given him these three precious creatures—enough to exchange for a rickshaw. Such luck was not to be met with every day.

(*Camel Xiangzi*[①])

The smell of grass grew stronger and he heard bird songs. Now that he could distinguish shapes, his ears, his eyes, his mouth, and his nose were back in working order…

They were as sorry-looking as he, and as wonderful. They were molting, pinkish-gray skin showing through in clumps, the sloughed-off hide hanging from parts of their bodies; pulling it off would have required little effort. They looked like big, lumbering beggars. The long necks were the most wretched-looking: long, hairless, curved, un-graceful, stretched out in front like frustrated dragons. But Xiangzi did not find them disgusting, no matter how disreputable they might appear. They were, after all, living creatures. He was, he felt, the luckiest man alive, for the heavens had sent him three treasures that he could swap for a rickshaw. Things like that did not happen every day. (*Rickshaw Boy*[②])

源语中的第一个关系从句"他的耳目口鼻好似都恢复了应有的作用"在中外两位译者的笔下均融入了一般叙述：he regained the use of his other faculties too 和 his ears, his eyes, his mouth, and his

---

① Lao She（老舍）：*Camel Xiangzi*（《骆驼祥子》），施晓菁译，外文出版社 1988 年版。

② Lao She（老舍）：*Rickshaw Boy*（《骆驼祥子》），Howard Goldblatt（葛浩文）译，Happerperennial 2010 年版。

nose were back in working order，因为"应有的"作为简短的修饰语，在语义功能部分地被动词 regained 和短语 were back 兼容，在生成的表达计划阶段就失去了其关系从句的地位。第二句"顶可怜的是那长而无毛的脖子"同样在两个译文中均为翻译成关系从句。至于第三句——"他承认自己是世上最有运气的人，上天送给他三条足以换一辆洋车的活宝贝"，里面包含两个关系从句，施晓菁的译文一全部处理为非关系从句，而葛浩文的译文二把最后一个译成了关系从句。

观察上述平行文本可以发现，当汉语中的关系从句为简短的、类似形容词短语的结构时，在译文中都没有翻译成从句，因为虽然"应有的"、"无毛的"、"最有运气的"都符合关系从句的定义——名词短语的修饰语，带有一个动词，但其动词多为静态动词，语义接近形容词，因此在译文的生成过程中无须使用关系从句锚定或辨识中心名词。原文中前两个中心名词的生命度为无生，后一个是有生；第一个为宾语关系从句，后两个为主语关系从句，但在译文中都不是从句。

值得分析的是最后一句："三条足以换一辆洋车的活宝贝"，中国译者施晓菁处理为 these three precious creatures—enough to exchange for a rickshaw，美国译者葛浩文则译成 three treasures that he could swap for a rickshaw。即，前者为补充说明，后者为关系从句。二者的区别主要有两点。第一，前者将中心名词看作定指的，后者为非定指的，这跟汉语的定指和非定指的界限难以辨析有关，中国译者能根据上下文确定为定指（用了 these），美国译者未用定冠词等定指标记，表明其根据"三条"确定为非定指，受英语的影响。第二，从语言分布规律来看，英语的关系从句频度高于汉语（参见第四章），意味着英语为母语者更倾向于用关系从句描述较复杂的概念。罗德·艾利斯（Rod Ellis）甚至认为汉语没有关系从句，且中国英语学习者避免使用这个结构。[①] 实际上，基南和科姆里的研究表明汉

[①] 艾利斯（Ellis, R.）：《第二语言习得》（Second Language Acquisition），上海外语教育出版社 2000 年版。

语不仅有关系从句，且名词短语可及性等级上的所有六个位置都能关系化。①

本例说明：汉语的关系从句在翻译成英语时，也不一定译成相应的从句，前提是关系从句满足句长短、带有静态动词两个特征；是否将汉语关系从句译为英语的关系从句，也受译者的个人影响——英语国家的译者比中国译者更倾向使用关系从句；从句的类型也可能发生变化，如本例的源语中主语关系从句被转换为目标语的宾语关系从句。

第二节 名词短语竞争与关系从句的语态

第五章第一节第二目通过统计分析数据库发现，英语中心名词的生命度与生成关系从句的语态选择没有显著相关性，即，中心名词的生命度独立影响关系从句语态的作用力有限。无论中心名词为有生还是无生实体，其生成主动式关系从句的比例都远大于生成被动式关系从句（分别为 94.6% vs 5.4%；93.4% vs 6.6%）。当中心名词的生命度较高时，并不会比生命度较低时生成更多的被动式关系从句。

汉语的情况类似。卡方检验结果表明中心名词的生命度与生成关系从句的语态选择有一定的关系，但列联表说明，相关性主要体现在表达被动意义时，被动式和非人称主动式结构的选择上，而在主动式结构方面没有显著差异。换言之，生命度独立影响汉语关系从句的语态选择的作用也是十分有限的。生成的关系从句语态比例说明，当中心名词为有生实体时，被动式结构（包括被动式和非人称主动式）的比例为 6.2%，而在无生条件下，生成的比例为 17.4%。与在受事这一语义角色支持下的比例相比，比例分别由 44.4% 和 1.8% 急剧变化为 6.2% 和 17.4%。即，语义角色中的受事

---

① Keenan, E. L., & Comrie, B., "Noun phrase accessibility and universal grammar", *Linguistic Inquiry*, Vol. 8, 1977, pp. 63–99.

在生成被动式关系从句时的作用更大，而生命度独立影响被动式关系从句语态选择中的作用很低。

值得一提的是，在表达被动意义时，汉语更偏好使用非人称主动式，与被动式的比例在有生和无生条件下分别为 2.1% vs 4.1%；2.9% vs 14.5%，这个比例差异进一步说明，汉语和塞尔维亚语一样，偏好用主动形式表达被动意义，虽然汉语没有塞尔维亚语的格标记。

如例（3）：

… Particularly she remembered one beautiful actress—the sweet-heartwho had been wooed and won. The grace of this woman had won arrie's heart. Her dresses had been all that art could suggest, her sufferings had been so real. The anguish which she had portrayed Carrie could feel. It was done as she was sure she could do it…

… It clinched her convictions concerning her state. She had not lived, could not lay claim to having lived, until something of this had come into her own life. Women were spending money like water; she could see that in every elegant shop she passed. Flowers, candy, jewelry, seemed the principal things in which the elegant dames were interested. And she—she had scarcely enough pin money to indulge in such outings as this a few times amonth…

… Her dresses had been all that art could suggest, her sufferings had been so real. The anguish which she had portrayed Carrie could feel. It was done as she was sure she could do it.　　　　　　　(*Sister Carrie*)

……她特别念念不忘一个美貌的女演员——演的是剧中人追求而后来赢得的那个情人。这个女人的风姿迷住了嘉莉的心。她的服饰真是极尽精美之能事，她的苦痛又这么真切。嘉莉能够体会她所表达的愁苦，确信自己也能演得这么好……

……这使她对自己的处境有了一种坚定的看法。要是她自己的生活里不出现这种景况，她就等于没有生活过，说不上享受了生活。女人都挥金如土。她走过每一家高雅的店铺，都看到这样的光景。鲜花、糖果、珠宝，看来正是漂亮的太太小姐们所喜欢的主要东西。而她——她竟没有足够的零用钱来放纵自己每个月上街这样游玩几次……

……她的服饰真是极尽精美之能事，她的苦痛又这么真切。嘉莉能够体会她所表达的愁苦，确信自己也能演得这么好……

(《嘉莉妹妹》①)

她尤其记得一个漂亮的女演员——饰演剧中那个被人追求并且得到的情人。这个女人的风姿征服了嘉莉的心。她的服装是完美艺术的体现，她的苦恼又是如此的真实。她所表现的痛苦，嘉莉都能感觉得到。她的表演很出色，嘉莉确信自己也能演得同样出色……

……这更加坚定了她对自己的处境的看法。她等于没有生活过，根本谈不上享受过生活，除非她自己的生活中也能出现这种情景。她每走过一家高雅的店铺，都能看到女人们花钱如流水。鲜花、糖果和珠宝看来是那些贵妇人的主要兴趣。而她呢，她甚至没有足够的零用钱让自己每个月都能这样出来玩几次……

……她的服装是完美艺术的体现，她的苦恼又是如此的真实。她所表现的痛苦，嘉莉都能感觉得到。她的表演很出色，嘉莉确信自己也能演得同样出色……

(《嘉莉妹妹》②)

源语中的第一个关系从句 the sweetheart who had been wooed and won 的中心名词为有生实体，生成的关系从句为被动结构，这一点与名词短语竞争体系的预测一致。对比两个译文发现，第一个译文"剧中人追求而后来赢得的那个情人"增加了模糊（或曰泛指）施事，从而用主动结构处理源语的被动结构。译文二"那个被人追求并且得到的情人"依照源语的结构，译成了被动式。在语义确定的情况下，这两种译文的关系从句生成采取了不同的加工路径：译文一在表达计划阶段补全了源语以被动结构隐去的施事，增加了概念干扰，付出了更多的加工努力，但这种努力为后来的句法进展赢得了更为宽松的空间，句子的两个动词共享一个宾语，语义顺畅；译文二模仿源语的结构译作被动式，看似付出的加工努力小，实际上

---

① [美] 西奥多·德莱塞：《嘉莉妹妹》，裘柱常译，外语教学与研究出版社 1992 年版。

② [美] 西奥多·德莱塞：《嘉莉妹妹》，汤美君译，大众文艺出版社 2005 年版。

产生了新的负荷：一是由于汉语没有英语的形态变化，表达被动意义时需依靠词义，因此也补全了施事"被人"，这一点和译文一的加工类似；二是两个动词在语态上的不匹配给理解造成了新的困难，因为"追求"与"得到"在被动结构中的分布不均衡，前者频度高，后者一般出现在主动结构中，"那个情人被得到"的结构很少见。根据生成—分布—理解观，这种分布上的劣势会给理解带来更大的负荷，因此不如译文一自然。

源语的第二个关系从句 the principal things in which the elegant dames were interested 在译文一和二中分别译成"鲜花、糖果、珠宝，看来正是漂亮的太太小姐们所喜欢的主要东西"和"鲜花、糖果和珠宝看来是那些贵妇人的主要兴趣"，前者为关系从句，后者为名词短语，均为主动形式。一方面，be interested in 中的 interested 过去分词已逐渐演变为形容词，描写心理状态的变化，其静态特征愈来愈明显，被动意义愈来愈模糊；另一方面，源语中的中心名词 the principal things 为无生实体，其优势句法位置为宾语（此处为旁语）。在翻译过程中，译文一显然受到源语语言生成路径的影响，也用关系从句来表达源语的意义，但其译文并不自然。相比而言，译文二更顺畅。尽管译文二不是关系从句，但"那些贵妇人的"作为中心名词"主要兴趣"的修饰限定语，其结构往往是汉语去关系从句后的结果。

源语中的第三、四个关系从句均为主动式，相应的汉语译文也为主动式，这一点不必赘述。

再观察汉译英的例子，可以反证英汉关系从句语态的选择。

如例（4）：

特别是在一清早，被大车轧起的<u>土棱上镶着几条霜边</u>，小风尖溜溜的把早霞吹散，露出极高极蓝极爽快的天；祥子愿意早早的拉车跑一趟，凉风飕进他的袖口，使他全身象洗冷水澡似的一哆嗦，一痛快。……打出这个嗝，他继续往前奔走，往前冲进，没有任何东西能阻止住这个巨人；他全身的筋肉没有一处松懈，象<u>被蚂蚁围攻的绿虫</u>，全身摇动着抵御。……忽然直驰，象<u>惊狂了的大精灵</u>，扯天扯地的疾走；忽然慌乱，四面八方的乱卷，象不知怎好而决定

乱撞的恶魔……　　　　　　　　　　（《骆驼祥子》）

　　Especially in the early hours, when <u>the ruts made by the carts were inlaid with frost</u>, and piercing gusts of winds scattered the morning mist to reveal the exhilarating blue, blue sky high above. That was when Xiangzi liked taking the rickshaw out. The icy wind would funnel up his sleeves making him shiver as if taking a cold bath... Aftr letting out the belch on he would push, battling his way, every muscle tout and straining, a giant whom nothing could stop. He was like <u>a green insect attacked by ants</u>, its whole body quivering in its resistance... Sometimes it careered ahead like a huge terrified spirit, tearing heaven and earth apart in its frenzied flight; then suddenly, as if in panic, it would swirl around in all directions like <u>an evil demon which has run amok</u>...　　　　（Camel Xiangzi[①]）

　　<u>Ruts in the road made by passing carts in the morning were crusted with frost</u>, and gusts of wind cut the haze to reveal a high, very blue, and refreshing sky. Xiangzi like going out early in the morning, to feel the cool wind rush up his sleeves and make him shudder pleasurably, like bathing in icy water... One belch, and he was off again, charging ahead; nothing, no force on earth, could stop this giant of a man. Every muscle in his body was taut-he was like <u>an insect besieged by an army of ants</u>, squirming and battling for its life... it sang, it roard, it howled, it resounded, and then it abruptly straightened out and stormed ahead like a terrified specter, rending heaven and earth. Then, without warning, it turned tumultuous, chrning in all directions, <u>like an evil spirit running amok</u>.

（Rickshaw Boy[②]）

　　源语"被大车轧起的土棱"中，中心名词"土棱"和施事"大车"均为无生实体，关系从句为被动式。译文一将它译成 the ruts made by the carts，也是被动式，但将关系从句 the ruts which were

---

　　① Lao She（老舍）：Camel Xiangzi（《骆驼祥子》），施晓菁译，外文出版社 1988 年版。
　　② Lao She（老舍）：Rickshaw Boy（《骆驼祥子》），Howard Goldblatt（葛浩文）译，Happerperennial 2010 年版。

made by the carts 简化为过去分词短语。比较译文二发现类似的情况：Ruts in the road made by passing carts。换言之，源语的被动结构在译文中均处理为被动结构。两个译文不约而同地采用简化形式，与源语的全句语义结构有关。观察该句发现"被大车轧起的土棱上镶着几条霜边"中的后半句"镶着几条霜边"实际是主动形式表达被动意义：土棱被几条霜边覆盖。第五章的统计分析表明这是汉语典型的表达被动意义的方式。正因为如此，两种译文都用被动结构来翻译：the ruts made by the carts were inlaid with frost; Ruts in the road made by passing carts in the morning were crusted with frost。既然英语译文的从句和主句均为被动式，那么从句采用简化形式也就不足为奇了。[①] 本句也说明：英语比汉语更倾向使用被动结构。

源语第二个被动式关系从句"象被蚂蚁围攻的绿虫"的两个译文分别为：like a green insect attacked by ants 及 like an insect besieged by an army of ants，其中的施事和受事均为有生实体，在英文译文中采用被动结构基本符合名词短语竞争体系。不过，两个译文均为简化了的被动结构。即，汉语的被动结构在译成英语时，多采用被动结构。反观上例英译汉发现，英语源语的被动结构不一定翻译成汉语的被动结构。

源语的第三个关系从句是非人称主动式，即主动形式表达被动意义的例子，"象惊狂了的大精灵"，如果根据基南与科姆里[②]对关系从句的识别，限定小句应为"大精灵惊狂了"，实际语义为"大精灵被惊狂了"，或"被……惊狂了的大精灵"，故原句形式为主动，意义为被动。本例中的限定性关系从句比较简短，且"惊狂"

[①] 有研究认为简式被动结构与完整形式甚至泛指人称主动式一样，是平行结构，地位对等。因为在表达开始前的计划阶段，进入计划的不同名词或概念有交叠，而非逐词进入计划的线性加工模式（Konopka, 2012; Wagner et al., 2010）。所以，在表达的初始阶段，简式被动式（如 the man being punched）也是备选项，而非被动结构简化的结果。甚至无施事的被动式（如 The book was sold）也是备选项，与带有泛指人称代词（如 you、they）的表达对等（Jaeggli, 1986; Weiner & Labov, 1983），如 They sold the book。因此，简式被动结构作为被动结构的地位是毫无疑问的，只是该结果源于完整形式的简化还是本来如此见仁见智。

[②] Keenan, E. L., & Comrie, B., "Noun phrase accessibility and universal grammar", *Linguistic Inquiry*, Vol. 8, 1977, pp. 63-99.

类似今天讲的"发狂",即同英语一样,动词特征弱化,静态特征增强,两个译文都处理为主动形式:like an evil demon which has run amok;like an evil spirit running amok。即,汉语的非人称主动结构在译成英语时,多数会译成主动结构。

总之,英译汉和汉译英译例表明:英语在关系从句语态方面比汉语更符合名词短语竞争体系的预测。当中心名词的生命度为有时,更倾向生成被动式关系从句。由于汉语的主动语态为强势语态,英译汉时,一些被动结构处理为主动式,反之亦然。

第三节 名词短语竞争与施事的隐现

第二章已说明,名词短语竞争体系整合了基于生命度的提取顺序观与基于概念相似性的竞争观,即,两个概念相似的名词在句子生成时会产生高度竞争,形成的张力使得两个名词的距离不宜过近,比如 the man (that) the woman is beating。在表达计划中,当其中的一个参与者被选择后,另一个会受到抑制(inhibit),从而形成诸如 the man that's being beaten (by the woman) 这样的被动结构。这种结构安排使得名词短语拉大了彼此间的距离,且施事短语也视情况可隐可现。

当两个名词的概念相似度较低时(如 bag 和 woman),竞争不够激烈,不足以导致其中一个被抑制,在句子结构中可以共现[如:the bag (that) the woman is punching]。因此,被动结构也许是句子生成过程中施事在与概念相似的中心名词竞争时落败,从而在语法地位上被降级的结果。

施事名词短语的句法地位降级后,在一定条件下会被省略,如竞争程度太激烈产生概念干扰,语境中概念过多形成干扰,语境预设了施事的足够信息,等等。值得注意的是,当竞争的名词短语均为无生实体时,概念间的竞争不如有生实体间那么激烈,省略施事的可能性也随之降低。被动式关系从句施事的隐现可用来诊断关系从句的中心名词和施事名词的竞争过程,竞争越激烈,省略施事的比率越大，反之亦然。[1]

不过数据库统计分析发现英语施事的隐现与生命度没有显著相关性：在有生中心名词条件下，英语省略施事的比例高于未省略施事的比例，这一点符合名词短语竞争体系的预测；而在无生中心名词条件下，施事的省略并未明显受到中心名词和竞争名词的影响。

数据分析表明，汉语中心名词的生命度与被动式关系从句施事的隐现存在显著相关性：当中心名词为有生实体时，55.56%的被动式关系从句省略了施事，而当中心名词为无生实体且施事为有生实体时，约80%的关系从句被动结构未省略施事，这一结果与名词短语竞争体系的预测一致。

尤其值得观察的现象是：所有非人称主动式都省略了施事，或者说，非人称主动式的目的就是为了省略施事，与中心名词和施事的生命度格局关系不大。

如例（5）：

For after all, who was she? A factory girl! The daughter of parents who lived and worked on a farm and one who was compelled to work for her own living. Whereas he—he—if fortune would but favor him a little—! Was this to be the end of all his dreams in connection with his perspective superior life here? ...

(*An American Tragedy*)

罗伯达到底是何许人也？厂里的一个女工！她的父母就是住在农场上干活的，女儿为了自己温饱，不能不干活啊。可是他呢——他只要运气稍微好一些——！难道说他向往自己未来在这里过上高贵生活的种种梦想，就这样给破灭了吗？ （《美国悲剧》[2]）

归根结蒂，她是一个什么样的人啊？厂里的一个女工！是住在田庄上，在田庄上干活的女儿，为了谋生活不能不干活的姑娘。可是他呢，他只要运气好一些！他对这里高贵生活的种种梦想，难道

---

[1] Gennari, S. P., Mirković, J., & MacDonald, M. C., "Animacy and competition in relative clause production: A cross-linguistic investigation", *Cognitive Psychology*, Vol. 65, 2012, pp. 141-176.

[2] [美] 西奥多·德莱塞:《美国悲剧》，潘庆舲译，上海译文出版社1996年版。

就这样幻灭了么？ （《美国的悲剧》①）

源语的关系从句 one who was compelled to work for her own living 中，中心名词在生命度等级 1ST&2ND>3RD>PRN/KIN>HUM>ANI>INA 上的位置为 HUM，与之竞争的名词短语（施事）一说为 HUM，一说为 livelihood（INA）。由于本句的前半部分 the daughter of parents who lived and worked on a farm，所以 HUM 的说法更可靠。如此，在表达计划阶段，两个有生实体在概念上产生竞争。由于上文 who was she 的焦点是 she，因此本句中 she 依然为焦点，另外一个概念被抑制，生成关系从句的被动结构。同时，施事省略。

本句的两个译文显然不同。译文一考虑到此处在讲述女主人公的身世，将原文的视点由"她"转为"她的父母"，因而源语的关系从句在译文中变成了单句，语态也转为主动。译文二没有改变原文的视点，将原句的关系从句翻译为汉语的关系从句，但形式改为主动，虽然意义是被动的。这里有两点值得分析：一是汉语更倾向主动形式，根据第六章的统计分析，主动形式表达被动意义是优势选择；二是英语的关系从句译成汉语时，可以译为单句。当然，译文二在翻译本句时，对 The daughter of parents who lived and worked on a farm 的理解有误，这里的关系从句修饰的应是 parents，否则本句的逻辑不通。

那么，当中心名词与竞争名词在生命度等级位置相同时，不省略施事的条件是什么呢？看例（6）：

The mere thought of her being so frank with him, and saying that she cared for him a lot, at times, was sufficient to cause him to almost reel with joy. To think that this beautiful girl was so anxious to include him in her life if she could – <u>this wonderful girl who was surrounded by so many friends and admirers</u> from which she could take her pick...

(*An American Tragedy*)

只要一想到她对他这么坦率，还说有时她很疼他的话，就足以使他乐得神魂颠倒了。只要想一想吧，这么一位美丽的姑娘——这

---

① [美] 西奥多·德莱塞：《美国的悲剧》，许汝祉译，人民文学出版社 1999 年版。

么一个了不起的姑娘,被那么多的朋友和爱慕者所包围,本来她可以从他们里头随意挑选自己的意中人——如今她却恨不得尽可能把他纳入自己的生活圈子里去。　　　　　　　　(《美国悲剧》①)

想到她对他这么坦率,还说很把他放在心上,他就快乐得神魂颠倒了。试想吧,这样美丽的姑娘,这样一个了不起的姑娘,被这么多朋友和爱慕她的人包围着,而且能随她的心意,爱挑选哪一个意中人就挑选哪一个,却急于想把他尽可能划进她的生活圈子去。
(《美国的悲剧》②)

源语的关系从句 this wonderful girl who was surrounded by so many friends and admirers 中,中心名词 girl 和竞争名词 friends and admirers 在生命度等级上的位置相同,在表达计划阶段,两个概念会产生竞争。由于此处的视点依然是女主人公,所以被选中后占据句法凸显位置,竞争名词 friends and admirers 被抑制后移至句末,但并未隐去,因为这里的施事在语义上是新信息,起强调作用,且 admirers 被另一个关系从句限定。即,尽管概念之间有干扰,但被抑制的名词短语在语境意义上承担完善信息的功能,因而语境在关系从句生成中发挥了积极作用,这一点也得到试验研究的支持。③

两个汉语译文均采用单句来翻译,形成流水句。不过,由于上述原因,单句均为被动式,施事均未省略。即,英语的关系从句在翻译成汉语时,可以不用对等的从句结构;尽管中心名词和竞争名词的概念相似度高,竞争力强,但当施事需要承担语境意义时,不会省略。

同理,中心名词和竞争名词在生命度等级上均为无生时,也有类似情况,如例(7):

One of the latter—a Dr. A. K. Sword, of Rehobeth—chancing to be at Big Bittern on the day that Roberta's body was returned to the boathouse, now declared that he had seen and examined it there and that the

---

① [美] 西奥多·德莱塞:《美国悲剧》,潘庆聆译,上海译文出版社1996年版。
② [美] 西奥多·德莱塞:《美国的悲剧》,许汝祉译,人民文学出版社1999年版。
③ Fedorenko, E., Piantadosi, S., & Gibson, E., "Processing Relative Clauses in Supportive Contexts", *Cognitive Science*, Vol. 36, 2012, pp. 471-497.

wounds, as they appeared then, did not seem to him as other than <u>such as might have been delivered by such a blow as Clyde admitted to having struck accidentally</u>, and that unquestionably Miss Alden had been drowned while conscious—and not unconscious, as the state would have the jury believe—a result which led Mason into an inquiry concerning the gentleman's medical history, which, alas, was not as impressive as it might have been. (*An American Tragedy*)

  上次庭审尚未做完的事，就是由十一位见证人作证——其中四人为梅森一方作证，七人为克莱德一方作证。七人里头有一位是来自里霍贝思的索德医生，罗伯达的尸体被抬进船坞那天，他碰巧正在大比腾。现在他声称，他在那里察看过，而且检验过罗伯达的尸体。据他当时判断，<u>她脸部这些伤痕，也许就象克莱德供认的，是在无意之中一砸所造成的</u>。他又说，奥尔登小姐落水时，毫无疑问，还有知觉——并不是象公诉人要陪审团相信那样，早已失去了知觉——听了上述结论，梅森就盘问这位先生行医的经历，可惜得很，压根儿不过硬。（《美国悲剧》①）

  审理中留下来的事就是由十一位见证人作证，有四人为梅森一方作证，七人为克莱德一方作证。七人中有一人是里霍勃斯地方的索特医生，罗伯塔的尸体被抬进船棚那天，他刚好在大卑顿。他现在作证说，他在那里见过，并且检验过罗伯塔的尸体。<u>还说据他那时看来，这些伤痕也许就像克莱德所供认的那样，是无意中打了一下所造成的</u>；并且说奥尔登小姐落水时，毫无疑问，还有知觉，并不是像公诉方面要陪审团相信的那样，已经失去知觉。听到了这样一个说法，梅森就盘问这位先生行医的身世，可惜他的身世并不出众。他在俄克拉荷马州一所二流的医科学校毕业后，就一直在一个小镇上行医。（《美国的悲剧》②）

  源语的关系从句 such as might have been delivered by such a blow as Clyde admitted to having struck accidentally 的中心名词为 such，关

---

 ① ［美］西奥多·德莱塞:《美国悲剧》，潘庆聆译，上海译文出版社1996年版。
 ② ［美］西奥多·德莱塞:《美国的悲剧》，许汝祉译，人民文学出版社1999年版。

系从句承接 such，由 as 引导，且 as 在从句中做主语。竞争名词为 a blow，同样有 as 引导的关系从句限定 a blow，不过由于 a blow 属于非定指中心名词，不属于本书讨论的范围。本句中，中心名词和竞争名词（施事）的生命度均为无生，但施事并未省略，其原因与例（6）相同，事实为新信息，都出于语境的需要而未被省略。

至于汉语译文，都采用了主动形式，且都未译成关系从句，而是用典型的话题—述题结构加以叙述，进一步印证了汉语的主动语态和简单结构的偏好。

那么，汉译英例句中是否能观察到类似的倾向呢？由于汉语采用主动形式表达被动意义的结构在本书数据库中分布频度很高，值得首先考察，如例（8）：

正和一切的生命同样，受了损害之后，无可如何的只想由自己去收拾残局。那斗落了大腿的蟋蟀，还想用那些小腿儿爬。

（《骆驼祥子》）

All living creatures, when they have been injured, seek desperately to make the best of a business. A fighting cricket that has lost its powerful legs still tries to crawl with its small, weak ones. (*Camel Xiangzi*[①])

Like all living creatures, he was thinking only of picking up the pieces after suffering a setback. A fighting cricket that has lost its rear legs tries to crawl on its smaller forelegs. (*Rickshaw Boy*[②])

原文的关系从句"那斗落了大腿的蟋蟀"中，中心名词为 ANI，施事同样为 ANI，根据名词短语竞争体系的预测，概念相似度高的名词产生竞争，被动结构中的施事可能被省略，此即一例。不过，本句的形式是非人称主动句，用以表达被动意义——"那（被其他蟋蟀）斗落了大腿的蟋蟀"。这样的结构在汉语中的分布甚至远远超过了被动结构表达被动意义的句子（见第五章）。

或许正是因为主动形式的缘故，上述两个英文译文均采用主动

---

① Lao She（老舍）：*Camel Xiangzi*（《骆驼祥子》），施晓菁译，外文出版社 1988 年版。

② Lao She（老舍）：*Rickshaw Boy*（《骆驼祥子》），Howard Goldblatt（葛浩文）译，Happerperennial 2010 年版。

式关系从句。虽然根据语境，A fighting cricket that has lost its… legs 可以理解成在搏斗中损失了大腿，但原文中的不幸语气在译文中减去不少，因为原文被抑制的概念虽在表层句法中被省略，但汉语的非人称主动式表达被动意义时，被动的认知是不言自明的，而相应的英语译文的主动结构在这方面与原文并不对等，关键之处译文中关系从句的主语和宾语被转换，在名词短语竞争体系中的位置随之改变（为 ANI vs INA），概念的竞争力减弱使然。

数据库表明，汉语被动式关系从句的分布频度并不高，但省略施事的情况不如英语普遍，如例（9）：

自己，专仗着自己，真象老人所说的，就是<u>被小孩子用线拴上的蚂蚱</u>，有翅膀又怎样呢？（《骆驼祥子》）

Alone without any support, he was <u>like a grasshopper caught and tied by a child</u>, just as the old man said. How could wings help him now?

(Camel Xiangzi[①])

By relying on himself alone, he wound up <u>like the grasshopper tied with a string</u>, just like the old man said, and what good did having wings do him? (Rickshaw Boy[②])

源语中的关系从句"被小孩子用线拴上的蚂蚱"中，中心名词"蚂蚱"和施事"小孩子"在生命度等级上的位置分别为 HUM 和 ANI，虽都为有生实体，但竞争不如同一等级位置上的名词短语那么激烈，所以根据名词短语竞争体系的预测，施事可隐可现。数据库表明，多数情况下，汉语在这种条件下的施事并未隐去。

观察英语译文发现，译文一采用的是简式被动结构，施事保留；译文二也采用简式被动结构，但施事省略。在语义角色明确、中心名词与施事名词在生命度等级上的位置固定的情况下，两种译文中施事的隐现（可能）与译者分别为汉语、英语母语者的身份有关。换言之，中国译者倾向于保留施事，美国译者倾向于省略施

[①] Lao She（老舍）：*Camel Xiangzi*（《骆驼祥子》），施晓菁译，外文出版社 1988 年版。

[②] Lao She（老舍）：*Rickshaw Boy*（《骆驼祥子》），Howard Goldblatt（葛浩文）译，Happerperennial 2010 年版。

事，这与第六章的统计分析相一致。

概括起来，在施事的隐现方面，英语在有生中心名词条件下省略施事的倾向明显，在无生中心名词条件下不明显；汉语比较符合名词短语竞争体系的预测，只是在非人称主动式中，生命度等级位置对施事的隐现不起作用。

第四节 语义角色与生成关系从句的类型和语态

前几章的数据统计分析以及实例都表明，名词短语竞争体系在某些具体条件下出现关系从句生成的不均衡现象，比如在从句类型及语态方面。由于热纳里等人①在生命度与关系从句语态的相关性研究中增加了被关系化名词的语义角色，且本书发现语义角色、语境等因素在关系从句生成中也发挥不同作用，所以这里有必要考察语义角色的功能。

第八章的研究表明，英语数据分析的结果是：部分语义角色（比如 AGE、EXP 和 POS）与生成的关系从句类型呈现显著相关性。即，当被关系化名词的语义角色为施事、感事和所有者时，生成的关系从句全部为主语提取关系从句。

汉语的情况有所不同：当被关系化的名词语义角色为 AGE、CAU、EXP 及 POS 时，只生成主语提取关系从句，与英语相似；当其为 PAT 时，生成的主语提取关系从句多于宾语提取关系从句，说明即使当被关系化的名词为受事时，汉语依然偏好用主动形式表达。而当被关系化名词的语义角色为 THE 时，生成的主语提取关系从句远大于宾语关系从句（比例为 70.9% vs 29.1%），与英语有很大不同。

从英汉互译中，也可以观察到这种现象，如例（10）：

These fellows who were so pushing where they thought a fellow a-

---

① Gennari, S. P., Mirković, J., & MacDonald, M. C., "Animacy and competition in relative clause production: A cross-linguistic investigation", *Cognitive Psychology*, Vol. 65, 2012, pp. 141–176.

mounted to something more than they did! (*An American Tragedy*)

是的，真可以说，这些家伙只要觉得你比他们高出一头，就这么起劲儿！　　　　　　　　　　　　　　　（《美国悲剧》①）

这些家伙，看到人家比他们高出一等，就这么上劲！
（《美国的悲剧》②）

原句的被关系化名词的生命度为 AGE，生成主语提取关系从句（SS）。和译文相比，汉语句子中虽然原来的施事语义角色并未发生改变，但采用的是流水句，而非关系从句。对比英文原文与汉语译文发现，这类现象很普遍：英语的关系从句在汉语译文中被处理为分句。

根据数据库的分析，当英语被关系化名词短语的语义角色为感事（EXP）时，也生成主语提取关系从句。如例（11）：

They were given to wearing the smartest clothes, to the latest novelties in cars and entertainments, and constituted a problem to those who with less means considered their position and their equipment about as fixed and interesting and attractive as such things might well be.

(*An American Tragedy*)

他们喜欢穿最时髦的衣服，坐的汽车和种种娱乐消遣，也都是款式最新的，使那些资财不多的人——原先他们认为自己的地位和生活方式都是固定不变，饶有兴味，引人瞩目——很难同他们争一日之长。　　　　　　　　　　　　　　（《美国悲剧》③）

他们喜欢穿最时髦的衣服，汽车和种种娱乐也是最新式的。经济能力较差的人，原来认为他们的地位、他们的一切陈设，都可以固定不变，又很有趣，引人注目，可这样一来，就发生问题了。
（《美国的悲剧》④）

同例（10）一样，英语原文的关系从句在译文中被处理为流水句的分句，不过语义角色（感事）并未发生变化。英语生成的关系

---

① ［美］西奥多·德莱塞：《美国悲剧》，潘庆舲译，上海译文出版社 1996 年版。
② ［美］西奥多·德莱塞：《美国的悲剧》，许汝祉译，人民文学出版社 1999 年版。
③ ［美］西奥多·德莱塞：《美国悲剧》，潘庆舲译，上海译文出版社 1996 年版。
④ ［美］西奥多·德莱塞：《美国的悲剧》，许汝祉译，人民文学出版社 1999 年版。

从句依然为主语提取从句。

与英语一样，当汉语关系从句被关系化名词短语的语义角色为施事（AGE）时，生成主语提取关系从句，如例（12）：

<u>那个拿着碗酒的中年人</u>，已经把酒喝净，眼珠子通红，而且此刻带着些泪："来，来二两！"等酒来到，老车夫已坐在靠墙的一把椅子上。　　　　　　　　　　　　　　　　　　（《骆驼祥子》）

<u>The middle-aged man who had been drinking</u> had finished his bowl. His bloodshot eyes filled with tears. "Here," he called, "bring me two more ounces!" By the time this arrived, the old puller was seated in a chair by the wall.　　　　　　　　　　　　　　　(*Camel Xiangzi*[①])

<u>The middle-aged man who had been drinking liquor</u> had finished what was in his bowl; his bloodshot eyes were getting moist. "Bring me two more ounces," he said, and when it arrived, even though he was by then noticeably drunk, he went up to the old man, who was now sitting in a chair by the wall.　　　　　　　　　　　　　　(*Rickshaw Boy*[②])

原文中的被关系化名词为"中年人"，从句的动词"拿"和主句的动词"喝"均为二价动词，语义角色为施事，生成的汉语关系从句为主语提取从句 SS。当这一结构被译成英语时，同样生成了 SS，表明英汉两种语言在这一方面存在共性。与例（10）和（11）对照发现，英译汉时，一些关系从句被处理为流水句的分句；汉译英时，多数关系从句保留。即，在既定的语义条件下，汉语的表达方式更自由。

上面提到：当汉语的被关系化名词的语义角色为受事（PAT）时，生成主语提取关系从句的比例高于宾语提取关系从句。换言之，即使当被关系化的名词为受事时，汉语依然偏好用主动形式表达（主要为非人称主动形式），这一点与英语不同。如例（13）：

虹不久消散了，天上已没有一块黑云，<u>洗过了的蓝空与洗过了</u>

[①] Lao She（老舍）：*Camel Xiangzi*（《骆驼祥子》），施晓菁译，外文出版社 1988 年版。

[②] Lao She（老舍）：*Rickshaw Boy*（《骆驼祥子》），Howard Goldblatt（葛浩文）译，Happerperennial 2010 年版。

的一切，象由黑暗里刚生出一个新的，清凉的，美丽的世界。

(《骆驼祥子》)

Before long this disappeared from the now cloudless sky which, newly washed like everything on earth, seemed to have emerged from darkness into a cool, new world of beauty and brightness. (*Camel Xiangzi*[①])

The rainbows were short-lived, as the clouds vanished and everything—sky and earth—was washed clean, emerging from the darkness as a cool and beautiful new world. (*Rickshaw Boy*[②])

源语的被关系化名词短语"天空"和"一切"在语义角色上均为受事，一般而言，受事是当然的宾语或被动结构的主语，但汉语还有另外一种选择——非人称主动式。这种结构在书面语与口语体中均常见，比如"洗过了的菜和没洗过的分开放"，"菜洗过了"，"菜放起来了"，等等。这些句子中的"菜"都是受事，但施事均省略了，不构成一般意义上的 SVO 结构，也没有像英语那样采用主动式，是汉语的一大特色。这种结构加上 SVO 结构，增强了汉语主动语态的倾向。

因此，本例中的英语译文不论是否将原句的关系从句处理为从句，都用了被动结构。

此外，语义角色与生成关系从句的语态关系密切。

第八章第二节第一目发现，英语被关系化名词短语的语义角色与生成关系从句的语态呈显著相关性。当语义角色为施事、受益者、致事、感事、工具、处所、所有者、接受者时，生成的关系从句全部为主动语态；当语义角色为客事时，主动语态占绝大多数(94.9%)；而当语义角色为受事（是典型的被动语态的主语）时，主动—被动结构的比例非常接近。即，只有被关系化名词的语义角色为受事或客事时，才有可能生成被动式关系从句。

汉语的情况与英语类似，语义角色在生成关系从句语态中作用

[①] Lao She (老舍)：*Camel Xiangzi* (《骆驼祥子》)，施晓菁译，外文出版社 1988 年版。

[②] Lao She (老舍)：*Rickshaw Boy* (《骆驼祥子》)，Howard Goldblatt (葛浩文) 译，Happerperennial 2010 年版。

突出：当语义角色为施事、致事、感事、工具、处所、所有者及接受者时，关系从句全部为主动语态；当语义角色为受事时，主动语态占比例 36.2%；但是，在表达被动意义时，50.2%采用非人称主动式，被动式仅占 13.6%。

由于多数语义角色决定了关系从句的主动结构，只有受事和客事条件下生成被动式关系从句，以下各例仅列举客事以说明这一倾向。

例（14）：

All that could be truly said of him now was that there was no definite appeal in all this for him.　　　　　　　　　（An American Tragedy）

反正最能正确地说明他此时此刻的心态，不外乎是：眼下要他干的这一套，肯定是不合他的心意。　　　　　　　（《美国悲剧》①）

总之，要说到他目前的心情，那无非是：眼下这一套是决不能引起他的兴趣的。　　　　　　　　　　　　　（《美国的悲剧》②）

原文的 All 的语义角色为客事，生成的关系从句语态为被动式。在两个汉语译文中，源语的语义角色没有变化，但二者都没有翻译成对应的关系从句，其中译文一的语句似欠通顺，译文二则按照条件从句对待。以上很多译例都说明：英语的关系从句在汉语译文中可有更多的表达选择。类似的例子还有：

例（15）：

Because of his parents, and in spite of his looks, which were really agreeable and more appealing than most, he was inclined to misinterpret the interested looks which were cast at him occasionally by young girls in very different walks of life from him—the contemptuous and yet rather inviting way in which they looked to see if he were interested or disinterested, brave or cowardly.　　　　　　（An American Tragedy）

尽管他的仪表说真的很讨人喜欢，吸引力也比一般人更大，可是当那些社会阶层与他迥然不同的年轻姑娘偶尔向他投以一瞥时，

---

① [美] 西奥多·德莱塞：《美国悲剧》，潘庆舲译，上海译文出版社 1996 年版。
② [美] 西奥多·德莱塞：《美国的悲剧》，许汝祉译，人民文学出版社 1999 年版。

他就是因为一想到自己父母的德行，<u>往往误解了她们的用意</u>，其实，她们这种轻蔑而又存心逗引的神色，不外乎要试探一下：他对她们到底是喜欢呢，还是毫无意思；他这个人到底是好样儿呢，还是个胆小鬼。　　　　　　　　　　　　　　（《美国悲剧》①）

虽然他的相貌实际上很招人欢喜，而且比一般人的吸引力更大，可是当那<u>些出身与他大不相同的女孩子们间或对他有意瞟一眼时</u>，虽然态度高傲，神情是相当妩媚的，而他因为父母的关系，<u>往往误解人家的意思</u>，其实人家望他一眼，为的是要看看他到底是对她们感兴趣呢，还是漠不关心，他究竟是有胆量呢，还是没出息。
　　　　　　　　　　　　　　　　　　　　（《美国的悲剧》②）

原文与译文的语义角色不变，但语态不同，且两个汉语译文均未采用关系从句来描述女孩子们的眼神。

汉语的情形类似，只是非人称主动式是优势选择。如例（16）：
<u>恰巧有辆刚打好的车</u>（订作而没钱取货的）跟他所期望的车差不甚多；本来值一百多，可是因为定钱放弃了，车铺愿意少要一点。　　　　　　　　　　　　　　　　　（《骆驼祥子》）

By chance he heard of a custom-built rickshaw, practically <u>like the one he had in mind</u>, which its would-be purchaser had been unable to pay for. As he had forfeited his deposit on it, the rich shaw shop was willing to let it go for less than its original cost—more than a hundred.
　　　　　　　　　　　　　　　　　　　　（Camel Xiangzi③）

As luck would have it, <u>a custom-made rickshaw that the customer could not afford to pick up</u> became available; it came very close to meeting Xiangzi's expectations. The original price had been over a hundred, but since the customer had forfeited his down payment, the shop was willing to

---

① ［美］西奥多·德莱塞：《美国悲剧》，潘庆聆译，上海译文出版社1996年版。
② ［美］西奥多·德莱塞：《美国的悲剧》，许汝祉译，人民文学出版社1999年版。
③ Lao She（老舍）：*Camel Xiangzi*（《骆驼祥子》），施晓菁译，外文出版社1988年版。

第十章

结　论

热纳里等学者[①]通过实验研究，探讨了影响生成关系从句结构选择的因素，对比了英语（属日耳曼语）、西班牙语（属罗曼语）、塞尔维亚语（属斯拉夫语系），检验基于生命度的可及性是否在各语言中的对结构选择的影响是一致的，在受事与施事间基于相似性的竞争是否也有作用。有几个重要发现：

第一，尽管存在跨语言的显著差异，三种语言的生成选择都受到中心名词生命度的影响。

第二，生命度的作用不具有普遍性，存在跨语言差异，在英语中最明显，西班牙语中次之，塞尔维亚语中最弱。

第三，中心名词除了影响关系从句主动被动形式的选择，还影响施事短语的表达：与无生中心名词条件相比，三种语言的共同倾向都是在有生中心名词条件下更多地省略施事，不论形式是无施事的被动式还是非人称主动式。

第四，这一倾向不仅与中心名词的生命度有关，也与它和竞争名词的相似性有关，但竞争也受制于主动和被动的结构选择以及功能标记等具体语言限制。

上述研究为揭开关系从句的生成奥秘提供了新的思路，也为语言对比开辟了新的视野。鉴于该研究结果来自实验，需要自然语料的验证，且实验的三种语言均属印欧语系，本书选择了该实验研究中代表性的语言——英语，并选择另外一个语系——汉藏语系——

[①] Gennari, S. P., Mirković, J., & MacDonald, M. C., "Animacy and competition in relative clause production: A cross-linguistic investigation", *Cognitive Psychology*, Vol. 65, 2012, pp. 141–176.

lower the price a bit.   (*Rickshaw Boy*[①])

　　原句中的被关系化名词"车"的语义角色为客事,原句为非人称主动式,但表达的意义是被动的,因此,两个英语译文(不论是中国译者还是美国译者的作品)都按照被动式,虽然不是完整结构。即:表达被动意义时,非人称主动式是汉语的优势结构,译成英语时多为被动结构。

　　总之,虽然英汉两种语言在关系从句的类型数量及语态的分布上有差异,但两种语言都证实:在生成关系从句的类型和语态方面,语义角色的独立影响甚至大于名词短语竞争体系,因此,关系从句的生成涉及众多因素,需要根据语料的观察结果尽可能纳入这些因素,并深入探究它们的相互关系。

---

① Lao She(老舍):*Rickshaw Boy*(《骆驼祥子》),Howard Goldblatt(葛浩文)译,Happerperennial 2010 年版。

中的汉语，创建了英汉关系从句平行数据库，以图检验实验结果以及相关理论的价值。

本书选取了英汉叙事小说各 5 部，从中筛选出符合标准的英汉关系从句共 6166 条，其中英语 4230 条，汉语 1936 条。出于对比实验研究结果的需要，数据库对英汉关系从句分别进行了下列标注：语料来源、页码、限定词、关系代词、中心名词的语法功能、被关系化名词的语法功能、中心名词的生命度、中心名词的语义角色、被关系化名词的语义角色、从句的语态、竞争名词的生命度、被动句施事的隐现。通过分析数据库，利用 SPSS 软件对相关项目进行卡方检验以及英汉对比，结合西班牙语和塞尔维亚语的部分语言表现，研究的结果部分证实实验研究的发现，如第一、第二和第四。第三条在语料中的表现不如实验中明显，且原因很复杂。此外，还有其他因素的作用。具体发现如下。

第一节 主要发现

一 名词短语竞争与生成关系从句的类型

首先，就两个数据库中的从句提取类型而言，英语和汉语的从句提取分布趋势均为 SU > DO > OBL > GEN，符合基南与科姆里[1]的名词短语可及性等级 (SU > DO > IO > OBL > GEN > OCOMP)，只是 IO 和 OCOMP 在实际语料中都没有出现。

名词短语竞争体系预测：中心名词的生命度越高，被指派为主语的可能性越大。在关系从句生成中，这一倾向有所体现，但有跨语言差异：

当中心名词为有生实体时，英语和汉语的主语提取关系从句 (SS 和 OS) 均显著高于宾语提取从句 (SO 和 OO)，符合名词短语竞争体系的预测，即，生命度高的名词短语获得主语语法地位的竞

---

[1] Keenan, E. L., & Comrie, B., "Noun phrase accessibility and universal grammar", *Linguistic Inquiry*, Vol. 8, 1977, pp. 63-99.

争力更强。当中心名词为无生条件时，英语的主语提取关系从句频度低于宾语提取从句频度，也符合名词短语竞争体系，即，生命度低的名词短语获得宾语语法地位的可能性更大；但汉语的表现不同：在无生中心名词条件下，主语提取关系从句频度略高于宾语提取从句，不符合上述竞争体系。

此外，当中心名词为有生条件时，英语和汉语的分布频度最高的均为 OS；而当中心名词为无生条件时，汉语依然为 OS，英语则为 OO。在这个单项中的表现，英语也比汉语更符合名词短语竞争体系的预测。

纵向观察 SS、OS、SO 和 OO 各项的表现，英语和汉语也有异同。其中，英语在中心名词有生条件下，SS 和 OS 的生成比例并不比无生中心名词条件下高，没有明显反映出名词短语竞争体系的预测。但 SO 和 OO 不同：无生中心名词条件下生成的比例均高于有生中心名词条件，符合该预测。汉语在此的表现很突出：SS 和 OS 各自在有生中心名词条件下的比例均高于无生条件，SO 和 OO 分别在无生中心名词条件下的比例均高于有生中心名词条件，准确反映了名词短语竞争体系的预测。因此，两种语言的总趋势和分项的表现不尽一致。

由此发现，生命度的确在生成关系从句中起到某种程度的决定作用，但这种作用有跨语言差异：它在英语中的作用明显大于在汉语中的作用。这一发现为重新审视提取顺序观提供了启示：在一种语言中作用显著的生命度在另一种语言中作用不够明显，因为不同语言的具体限制不同，会抵消提取顺序的作用。比如汉语，在无生中心名词条件下，可能采用非人称主动式，反映在关系从句中就是 OS 的优势分布。而其动因可能隐藏在生成—分布—理解模式中的计划再利用和选择表达方式以减少干扰两个途径中。

二 名词短语竞争与生成关系从句的语态

热纳里等人[1]的实验表明，实验参与者在有生中心名词条件下

---

[1] Gennari, S. P., Mirković, J., & MacDonald, M. C., "Animacy and competition in relative clause production: A cross-linguistic investigation", *Cognitive Psychology*, Vol. 65, 2012, pp. 141–176.

比无生中心名词条件下生成更多的关系从句被动式。其中，书面语实验的结果在有生—受事条件下生成的关系从句被动式高达97.1%；无生—客事条件下生成的比例为50.3%。但数据库的结果与实验结果并不完全一致。

数据库统计分析发现：在中心名词生命度为有生、语义角色为受事的条件下，英语生成更多的被动式关系从句，而在无生—客事条件下，主动式关系从句更多，这一结论符合名词短语竞争体系；但汉语不同，不论中心名词是有生还是无生实体，汉语关系从句的主动式都高于被动式，汉语反映该竞争体系的表现在于纵向观察时，第二个条件下的主动式高于第一个条件。

但当中心名词生命度为无生、语义角色为客事时，英语也倾向于生成更多的主动式关系从句，意味着热纳里等人[①]的实验结果与实际语料不一致。在相同条件下，实验结果的主动—被动式关系从句的比例为50.3% vs 49.7%，而数据库结果的比例为92.9%和7.1%。即，即使在英语的实际语料中，中心名词的生命度对关系从句语态的影响也没有实验中那么显著。

由于实验中限定的条件包含了语义角色，且有生中心名词条件下更多生成被动式关系从句的另一条件是该词的语义角色为受事，受事成为被动句的主语是当然的结构选择，故需要考察基于生命度的名词短语竞争是否独立影响关系从句语态的选择。结果发现：英语数据库表明，无论中心名词为有生还是无生，其生成主动式关系从句的比例都远大于生成被动式关系从句。去掉受事这一语义角色的支持，主动—被动的比例由42.0% vs 58.0%急剧变化为92.5% vs 7.5%。

汉语的表现也比较复杂：当中心名词为有生条件时，生成的被动式（包括被动式和非人称被动式）的比例为6.2%，而在无生条件下，生成的比例为17.4%。也就是说，生命度本身独立影响生成关系从句的语态的作用有限，远不及语义角色在此的作用。这为从

---

① Gennari, S. P., Mirković, J., & MacDonald, M. C., "Animacy and competition in relative clause production: A cross-linguistic investigation", *Cognitive Psychology*, Vol. 65, 2012, pp. 141–176.

语义角色角度研究生成关系从句的语态选择提供了启示。

与英语不同的是，汉语除了主动式、被动式外，还有非人称主动式，且非人称主动式的分布频度比被动式更高。二者在语义上的区别主要是，后者强调了事件的施事，前者全部省略施事。这也反映了汉语明显的主动式倾向。

结合实验中的英语、西班牙语和塞尔维亚语，类比数据库中的英语和汉语的整体表现发现，它们的共同倾向是：与无生中心名词条件相比，它们在有生中心名词条件下都可能生成更多的被动式关系从句，但这一倾向在英语、西班牙语、汉语和塞尔维亚语之间逐渐减弱，汉语和塞尔维亚语表现出明显的主动式偏好。原因在于，后三种语言的语态选择更多：西班牙语、汉语及塞尔维亚语都有非人称主动式可供选择，且汉语的关系化标记"的"可以帮助区分语法功能，塞尔维亚语更是有严格的格标记，替代了生命度的作用。换言之，不同语言的具体限制条件制约着生命度作用的发挥。

三 名词短语竞争与被动式关系从句施事的隐现

基于概念相似性的竞争观认为，两个名词短语概念越相似，竞争越激烈。当其中一个被选定为主语后，另一个会被抑制以避免这种竞争的持续。这一预测可通过被动式关系从句施事的隐现来诊断。[①] 因为被动式中，一种途径是把竞争名词（施事）移至句末，另一种途径是直接省略施事。两个名词短语的概念相似性越大，竞争越激烈，省略施事的比率也越大。

热纳里等人的实验结果显示，当中心名词为有生条件时，被动式关系从句省略了更多的施事；当中心名词为无生实体时，省略施事的比例要低（分别为51% vs 25%），书面语体和口语体的结果相似。说明基于生命度的提取顺序和基于概念相似性的竞争协同作用，导致关系从句施事的隐现。

然而，英语数据库的统计分析显现出复杂态势。在有生中心名

---

① Gennari, S. P., Mirković, J., & MacDonald, M. C., "Animacy and competition in relative clause production: A cross-linguistic investigation", *Cognitive Psychology*, Vol. 65, 2012, pp. 141-176.

词条件下：英语省略施事的比例多于未省略的比例，但在无生中心名词条件下，情况也是如此。这对基于相似性的竞争观构成了严重挑战，需要重新寻找答案。语料观察的结果是，有三类情况：一是施事是泛指的人类，这类句子（无论是主句还是从句）的分布很广泛，所以对理解提供了先期的经验积累，这正是 PDC 的内容；二是施事不重要，或者没有被关系化名词重要；三是施事在语境中有预设，即语境隐含了施事，不必明确提出。即，单纯基于生命度和相似性的句子生成观在预测句子生成倾向时因没用考虑语境等因素，与实际语料有出入是难免的。也说明制约关系从句的因素是复杂多样的。

汉语的情况有所不同。其严格意义上的主动式和被动式省略施事的比例完全符合基于相似度的竞争观，但非人称主动式则在有生和无生条件下全部省略了施事，或者说，这一形式本身就是为了省略施事，因此，在这一形式中，基于相似性的名词竞争观也无法解释。对比汉语省略施事和未省略施事的例句发现，当把句子生成置于具体语境中时，提取顺序和概念竞争会受到明显影响，但其作用依然存在。例句说明：即使两个名词短语位于同一生命度等级，但概念相似度也有差别，[①] 因此，竞争不会导致施事省略。另一方面，语境的预设可能与竞争的作用重合；或者尽管中心名词与竞争名词之间存在竞争，但语境竞争名词是重要的新信息时，不能省略。

与西班牙语和塞尔维亚语的对比同样发现，生命度和竞争的作用在不同语言中对语态选择的作用不同，在英语、西班牙语、汉语和塞尔维亚语中的作用是递减的，后两种语言有明显的主动形式偏好，进一步说明具体语言条件对生成关系从句语态选择上的限制作用。

四 名词短语竞争与关系化标记的隐现

基于相似性的竞争观及 PDC 假设：名词短语之间的竞争会引起生成困难，一旦生成困难发生，语言生成者倾向于插入关系代

[①] 参见 Gennari et al. (2012) 的 complementary data；及 Paivio et al. (1968) 的附录。

词（即关系化标记）予以缓解，则：有生中心名词关系从句由于名词短语间的竞争更强，会比无生中心名词条件下生成更多的关系代词。

热纳里等人[①]的实验结果虽然表现出类似的倾向，但研究中没有足够量的主动结构以得出更加明确的结论。而数据库的结果支持了实验研究的推测：在有生中心名词条件下，关系化从句生成中会出现更多的关系化标记；在无生中心名词下生成的关系化标记要少于前一条件下的结果。

由于汉语的关系化标记"的"在数据库中是强制性的，不可以省略，故只能考察英语数据库的情况。

观察实例发现：所有省略关系化标记的都是主动式宾语提取关系从句，这与英语的主语不可省略有关。

省略关系化标记有两类情况：一是有生条件下中心名词和竞争名词的生命度等级不同，二者的竞争不致增加生成和理解困难，因此不需要关系化标记出现。二是无生条件下中心名词和竞争名词的生命度等级位置相距更远，同样不需要插入关系化标记。最有代表性的被省略的关系化标记为 that。

关系化标记存现的情况要复杂得多。其代表有两个：that 和 whom。

对 that 存现的研究争议很大：有的研究认为可以插入在中心名词与竞争名词之间起延缓表达赢得时间的作用，有的研究认为二者无关。PDC 倡导生成对理解的影响，接近提高理解效率的观点。但每一组实例都体现出不同态势：当中心名词为有生条件而保留关系化标记时，不是所有名词短语的竞争都存在竞争和相互干扰；无生条件时，部分例句省略 that 并不明确影响句意，而有的则影响；而一组例句共同的特点反映出，关系化标记的存现更多的是句法需求，即词汇共现要求关系从句出现 that，即关系化标记的出现不是由于名词短语间的竞争，而是具体语言限制的结果。

保留 whom 基本分两种情况：一是句内名词短语很多，多重概

---

① Gennari, S. P., Mirković, J., & MacDonald, M. C., "Animacy and competition in relative clause production: A cross-linguistic investigation", *Cognitive Psychology*, Vol. 65, 2012, pp. 141-176.

念在生成初始阶段的重叠会相互干扰并增加记忆负担，造成生成难度的增加，根据 PDC 的缓解困难三途径，需要选择结构（即关系化标记）来减少或避免干扰；二是不存在上述现象，保留 whom 更多的是生成者个人对规则的认识和分布的理解，PDC 也承认个人因素，这正是 PDC 更接近事实的例证。

总之，名词短语的竞争在一定程度上影响了关系化标记的隐现，另外的因素则是句法结构的要求及语言生成者个人的倾向。

五　被关系化名词的语义角色与关系从句生成

语义角色对关系从句的生成首先体现在语态的选择上：第五章在探讨名词短语竞争与关系从句语态的选择时就借助了语义角色，且没有语义角色的支持，生命度对语态选择的影响十分有限，因此，值得探讨语义角色本身的作用，尤其在生成关系从句的类型和语态选择方面。

数据库统计分析发现：名词短语的生命度和语义角色等级位置越高，生成主语提取关系从句的倾向越明显；语义角色施事与有生实体均可生成主语提取关系从句，但至少施事在选择主语提取关系从句时，作用大于有生实体。

个别语义角色与生命度等级位置在关系从句类型选择上作用类似，如施事与人类，客事与无生。但受事在选择关系从句的类型时没有明显的偏好。

两种语言的共性是：当语义角色为施事、致事、感事、工具、处所、所有者及接受者时，生成关系从句全部为主动语态。个性差异是汉语更多的语义角色选择主语提取关系从句；英语的客事和无生实体更倾向于生成 OO，而汉语的客事和无生实体更倾向于 OS，造成上述条件下英语的 OO 分布最广，汉语的 OS 分布最广。

概括而言，语义角色在生成关系从句类型方面的作用比生命度更明显。

就语态选择而言，部分语义角色，比如施事、施事、致事、感事、工具、处所、所有者及接受者，只生成主动形式的关系从句。虽然生命度等级部分位置如 1ST & 2ND 等也倾向主动形式，但其分布远不及语义角色。

被动形式集中在受事和客事两种语义角色上，但前者的倾向不甚明显，后者生成的关系从句优势语态为主动态。与生命度条件下的复杂情况相比，语义角色在选择关系从句语态方面的决定作用显然更重要。

因此，将来对关系从句生成的研究，必须把名词短语的语义角色纳入视野。

六　翻译中的关系从句生成

通过翻译，可以观察不同语言在表达同一意义时的表现，尤其是二者的共性与差异，从而印证实证研究的结果。关系从句作为语言类型学的普遍现象，更深入的跨语言共性和差异探讨意义深远。

由于翻译涉及诸多不确定因素，比如译者的识解能力、翻译能力、语言习惯等，本书针对同一个原文选用不同的翻译（汉译英选用中外译者的译文），以降低上述因素的影响。

通过观察英汉互译中的关系从句发现：总体上，英汉两种语言都遵循名词短语竞争体系；两种语言受制于具体语言限制，存在局部地方与该体系的预测不一致的现象；英译汉时，较多的关系从句译作流水句的分句，且较多的被动式关系从句译为主动语态；汉译英时，英语为母语的译者比中国译者使用较多的关系从句；汉语的非人称主动式在英译时主动、被动语态的可能性差别不大。

总之，名词短语竞争体系下的基于生命度的提取顺序观和基于相似性的竞争观以及生成—分布—理解观都在一些方面具有理论指导价值。总体而言，提取顺序观概括了语言生成的一些共性；随着生命度等级划分越精密，竞争要素的作用越明显；竞争发生在生成计划的早期，就与PDC接上了轨，它把生成、分布和理解统一成为一个完整的链条，解释更充分。同时，语言生成还涉及语境、语义角色等多种要素，要更加接近语言真相，就需要把它们都纳入考察视野。

第二节 研究不足及以后的研究方向

一 本书不足

受限于时间与个人能力,本书存在下列不足。

首先,数据库选择了英语和汉语著作共十部,建立的平行数据库还不够大,观察到的自然语言现象可能不够全面;作品主要是叙事性的,长处是叙事时需要生成更多的关系从句描述和刻画人物、事件、场景、心理活动等,因而关系从句的密度相对较大,但要更好地检验理论,特别是对来自实验结果进行概括的理论,需要建设大型综合语料库,或借助大型综合语料库,利用多语体、多模态的平衡语料库代表性广泛的优势,尤其是英语和汉语母语者建设的语料库。这些语料库已经标注了句法功能,更多是通过计算机程序自动标注加人工检验,数据更可靠。

其次,英语和汉语的原作来自两位作家,作家个人的风格可能对生成语言分布模式有一定影响,比如美国作家德莱塞倾向于不省略关系化标记、偏好使用 that 代替 the 限定中心词等,都具有明显的个人倾向;而且两位作家都活跃在 20 世纪上半叶,当时的语言与当下的语言相比,可能有些变异,这些都不能纳入本书研究范围。

再者,本书局限于共时特征,未能涉及历时变化,结论更多的是静态的结果,无法展现动态的发展模式。

最后,本书采用的定量研究手段主要依赖卡方检验,该方法的科学性是可靠的,但更多局限于分析差异的显著性和相关性,对于语言关系从句生成预测的功能还需要借助回归分析,建立回归模型,这样才能更完整地研究关系从句生成的问题。

二 今后的研究方向

实验研究在控制变量的前提下能很好地分析和检验特定的自变量对因变量的作用,针对性强,目标明确,成绩卓著。但实验研究也有自身的不足,比如不能控制很多的变量、有些实验素材在自然语言中较罕见（如对汉语主语提取和宾语提取从句加工的实验研究就出现了矛盾的结论）等，如果结合真实语料加以检验，其科学性和可靠性就会大大提高。因此，依据语料库的特点及上述研究的不足，今后研究的方向主要有：

（1）借助成熟的大型语料库，特别需要利用平衡语料库的优势更全面地考察关系从句生成的客观规律、语言共性和个性、影响关系从句生成诸多方面的因素予以考察研究。

（2）运用更多的量化研究手段，比如泊松回归或多元线性回归分析，建立回归模型，不仅考察影响关系从句生成的多种因素，还要建立回归模型，对生成予以科学预测。

（3）将新兴的理论如生成—分布—理解观应用到语言事实中进行检验，根据检验结果予以修正完善，或提出新的更有价值的理论模型来。

（4）将关系从句的研究置于具体语境中进行研究，归纳影响从句生成的各种因素，包括语言本身的属性（如生命度和语义角色）、语境的制约、加工的制约等。汉语值得继续研究的问题有：被动式关系从句与非人称主动式的生成差异；关系化标记的类型；省略关系化标记的从句类型及生成和分布；省略中心名词的关系从句及其动因；等等。

（5）在语言类型学的视野下，总结不同语系语言生成关系从句的规律。印欧语系各语族的研究相对比较丰富，汉藏语系、藏缅语系等的研究相对薄弱，还有比较广阔的前景。

参考文献

一　汉语文献

1. 蔡振光、董燕萍：《竞争模型中的语义线索：纯生命性》，《外国语》2007年第2期。
2. 陈丹丹：《汉语史上关系从句的类型学考察》，博士学位论文，中国社会科学院研究生院，2009年。
3. 陈月红：《中国人学英语为什么回避使用关系从句》，《福建外语》1999年第1期。
4. 池上嘉彦：《从"视点"到"事件把握"——"自我隐含"的语言学和诗学》，2013年10月跨语言视点研究国际研讨会。
5. 邓云华：《英汉特殊被动句的整合方式》，《外语教学与研究》2011年第2期。
6. 邓云华、申小阳、曹新竹：《英汉关系分句语法化的路径》，《外语教学与研究》2015年第3期。
7. 董衡巽：《德莱塞："一位文笔拙劣的大作家"》，《美国研究》1992年第2期。
8. 范晓：《说语义成分》，《汉语学习》2003年第1期。
9. 冯文贺、姬东鸿：《"把/被"及其相关句式的依存分析》，《外国语》2011年第5期。
10. 贾光茂：《涌现论视角下英语关系从句的习得》，《现代外语》2014年第1期。
11. 李金满：《二语视角下汉语关系从句中的量词分布考察》，《现代外语》2013年第2期。
12. 李金满、王同顺：《当可及性遇到生命性：中国学习者英语关系从句使用行为研究》,《外语教学与研究》2007年第3期。

13. 李金满、吴芙芸:《类型学概括与二语学习者汉语关系从句产出研究》,《外语教学与研究》2013年第1期。

14. 连淑能:《英汉对比研究》,高等教育出版社1993年版。

15. 刘丹青:《汉语关系从句标记类型初探》,《中国语文》2005年第1期。

16. 刘丹青:《汉语名词性短语的句法类型特征》,《中国语文》2008年第1期。

17. 刘丹青:《汉语关系从句标记类型初探》,参见刘丹青、唐正大编《名词性短语的类型学研究》,商务印书馆2012年版。

18. 刘东方、宋益乔:《文学语言观的现代化与民族化——以胡适和老舍为中心》,《中国文学研究》2007年第3期。

19. 鲁川、林杏光:《现代汉语语法的格关系》,《汉语学习》1989年第5期。

20. 陆俭明:《有关被动句的几个问题》,《汉语学报》2004年第2期。

21. 邱贤、刘正光:《现代汉语受事主语句研究中的几个根本问题》,《外语学刊》2009年第6期。

22. 邵敬敏:《现代汉语通论》,上海教育出版社2007年版。

23. 沈家煊:《英汉介词对比》,《外语教学与研究》1984年第2期。

24. 孙宏:《德莱塞与老舍小说中的城市化之路》,《英美文学研究论丛》2010年第1期。

25. 汤春晓、许家金:《中国高中生英语关系从句习得顺序研究》,《外语教学与研究》2011年第1期。

26. 唐正大:《关系化对象与关系从句的位置——基于真实语料和类型分析》,《当代语言学》2007年第2期。

27. 唐正大:《关中永寿的关系从句类型》,《方言》2008年第3期。

28. 唐正大:《关系化对象与关系从句的位置——基于真实语料和类型分析》,参见刘丹青、唐正大编《名词性短语的类型学研究》，商务印书馆 2012 年版。

29. 王力：《中国语法理论》，载《王力文集》第 1 卷，山东教育出版社 1984 年版。

30. 王亚琼、冯丽萍：《汉语语义角色的关系化及关系化难度等级序列分析》，《云南师范大学学报》（对外汉语教学与研究版）2012 年第 5 期。

31. 吴芙芸：《基于经验还是基于工作记忆？——来自汉语新闻语料库中关系从句生命度格局的证据》，《语言科学》2011 年第 4 期。

32. 肖云南、吕杰：《中国学生对英语关系从句习得的实证研究》，《外语教学与研究》2005 年第 4 期。

33. 熊学亮、王志军：《英汉被动句的认知对比分析》，《外语学刊》2001 年第 3 期。

34. 熊学亮、王志军：《被动句式的原型研究》，《外语研究》2002 年第 1 期。

35. 熊学亮、王志军：《被动句认知解读一二》，《外语教学与研究》2003 年第 3 期。

36. 许余龙：《论语言对比基础的类型》，《外国语》1988 年第 3 期。

37. 许余龙：《英汉远近指称指示词的对译问题》，《外国语》1989 年第 4 期。

38. 许余龙：《对比语言学概论》，上海外语教育出版社 1992 年版。

39. 许余龙：《对比语言学》，上海外语教育出版社 2002 年版。

40. 许余龙：《再论语言对比基础的类型》，《外国语》2007 年第 6 期。

41. 许余龙：《语言对比研究是否需要一个理论框架》，《宁波大学学报》（人文科学版）2009 年第 4 期。

42. 许余龙：《对比语言学》，上海外语教育出版社 2010 年版。

43. 许余龙：《名词短语的可及性与关系化——一项类型学视野下的英汉对比研究》，《外语教学与研究》2012 年第 5 期。

44. 颜力涛:《复合把字句与复合被动句中"给"后宾语的省略问题及其诱因》,《中国语文》2008 年第 6 期。

45. 杨彩梅:《界定关系从句限制性—非限制性句法区别的形式手段》,《外语教学与研究》2011 年第 6 期。

46. 俞光中:《零主语被字句》,《语言研究》1989 年第 2 期。

47. 袁毓林:《语义角色的精细等级及其在信息处理中的应用》,《中文信息学报》2007 年第 4 期。

二 英语文献

1. Aarts, F., "Relative who and whom: prescriptive rules and linguistic reality", *American Speech*, Vol. 69, No. 1, 1994.

2. Aarts, F., & Schils, E., "Relative clauses, the accessibility hierarchy and the contrastive analysis hypothesis", IRAL-*International Review of Applied Linguistics in Language Teaching*, Vol. 33, No. 1, 1995.

3. Aissen, J., "Markedness and subject choice in Optimality Theory", *Natural Language & Linguistic Theory*, Vol. 17, No. 4, 1999.

4. Alexiadou, A., & Schäfer, F., "Non-canonical passives", In Alexiadou, A. & F. Schäfer (Eds.), *Non-Canonical Passives*, Amsterdam/Philadelphia: John Benjamins, 2013.

5. Anderson, J. R., "Retrieval of information from long-term memory", *Science*, Vol. 220, 1983.

6. Arnold, J. E., & Griffin, A. M., "The effect of additional characters on choice of referring expression: Everyone counts", *Journal of Memory and Language*, Vol. 56, 2007.

7. Arnold, J. E., & Tanenhaus, M. K., "Disfluency effects in comprehension: how new information can become accessible", In Gibson E. & N. Perlmutter (Eds.), *The Processing and Acquisition of Reference*, Cambridge: MIT Press, 2011.

8. Arnold, J. E., "Information status relates to production, distribution and comprehension", *Frontiers in Psychology*, Vol. 4, 2013, doi: 10.3389/fpsyg.2013.00235.

9. Artstein, R., "Person, animacy and null subjects", In *Proceedings of Console VII*, *SOLE*, *Leiden*, 1999.

10. Aslin, R. N., & Newport, E. L., "Statistical learning: from acquiring specific items to forming general rules", *Current Directions in Psychological Science*, Vol. 21, 2012.

11. Babyonyshev, M., & Gibson, E., "The complexity of nested structures in Japanese", *Language*, Vol. 75, 1999.

12. Baker, M. C., *Incorporation: A Theory of Grammatical Function Changing*, Chicago, IL: University of Chicago Press, 1988.

13. Baker, M. C., "Thematic Roles and Syntactic Structure", In L. Haegeman (Ed.), *Elements of Grammar*, *Handbook of Generative Syntax*, Kluwer, Dordrecht: Springer Netherlands, 1997.

14. Bates, E., & MacWhinney, B., "Competition, variation, and language learning", In B. MacWhinney (Ed.), *Mechanisms of Language Acquisition*, New Jersey: Erlbaum, 1987.

15. Bates, E., & MacWhinney, B., "Functionalism and the competition model", In B. MacWhinney & E. Bates (Eds.), *The Crosslinguistic Study of Sentence Processing*, New York: Cambridge University Press, 1989.

16. Bates, E., & MacWhinney, B., "Functionalist approaches to grammar", In E. Wanner & L. Gleitman (Eds.), *Language Acquisition: The State of the Art*, New York: Cambridge University Press, 1982.

17. Bates, E., Devescovi, A., & DpAmico, S., "Processing complex sentences: A cross-linguistic study", *Language and Cognitive Processes*, Vol. 14, 1999.

18. Berk, L. M., *English Syntax: From Word to Discourse*, Oxford: Oxford University Press, 1999.

19. Bock, J. K., "Toward a cognitive psychology of syntax: Information processing contributions to sentence formulation", *Psychological Review*, Vol. 89, 1982.

20. Bock, J. K., "Coordinating words and syntax in speech plans",

In A. W. Ellis. (Ed.), *Progress in the Psychology of Language*, London: Erlbaum, 1987.

21. Bock, J. K., "An effect of the accessibility of word forms on sentence structure", *Journal of Memory and Language*, Vol. 26, 1987b.

22. Bock, J. K., & Irwin, D. E., "Syntactic effects of information availability in sentence production", *Journal of Verbal Learning and Verbal Behavior*, Vol. 19, 1980.

23. Bock, J. K., & Levelt, W. J. M., "Language production: Grammatical encoding", In M. A. Gernsbacher (Ed.), *Handbook of Psycholinguistics*, San Diego: Academic Press, 1994.

24. Bock, J. K., & Warren, R. K., "Conceptual accessibility and syntactic structure in sentence formulation", *Cognition*, Vol. 21, 1985.

25. Bock, J. K., Loebell, H., & Morey, R., "From conceptual roles to structural relations: Bridging the syntactic cleft", *Psychological Review*, Vol. 99, 1992.

26. Botvinick, M., & Plaut, D. C., "Doing without schema hierarchies: a recurrent connectionist approach to normal and impaired routine sequential action", *Psychological Review*, Vol. 111, 2004.

27. Branigan, H. P., Pickering, M. J., & Tanaka, M., "Contributions of animacy togrammatical function assignment and word order during production", *Lingua*, Vol. 118, No. 2, 2008.

28. Bresnan, J., Cueni, A., Nikitina, T., & Baayen, R. H., "Predicting the dativealternation", In G. Boume, I. Kraemer, & J. Zwarts (Eds.), *Cognitive Foundations of Interpretation*, Amsterdam: Royal Netherlands Academy of Science, 2007.

29. Brown, C., "Topic continuity in written English narrative", In Talmy Givón (Ed.), *Topic Continuity in Discourse: Quantitative Cross-Language Studies*, Amsterdam: John Benjamins, 1983.

30. Brown, R., & McNeill, D., "The 'tip of the tongue' phenomenon", *Journal of Verbal Learning and Verbal Behavior*, Vol. 5, 1966.

31. Bybee, J., "From usage to grammar: the mind's response to repe-

tition", *Language*, Vol. 82, 2006.

32. Chafe, W., "Givenness, contrastiveness, definiteness, subjects, topics, and point of view", In C. Li (Ed.), *Subject and Topic*, NY: Academic Press, 1976.

33. Chang, F., "Learning to order words: a connectionist model of heavy NP shift and accessibility effects in Japanese and English", *Journal of Memory and Language*, Vol. 61, 2009.

34. Chang, F., Dell, G. S., & Bock, K., "Becoming Syntactic", *Psychological Review*, Vol. 113, No. 2, 2006.

35. Chomsky, N., *Syntactic Structures*, The Hague: Mouton & Co, 1957.

36. Chomsky, N., & Miller, G. A., "Introduction to the formal analysis of natural languages", In R. D. Luce, R. R. Bush, & E. Galanter (Eds.), *Handbook of Mathematical Psychology*, NY: Wiley, 1963.

37. Christianson, K., & Ferreira, F., "Conceptual accessibility and sentence production in a free word order language (Odawa)", *Cognition*, Vol. 98, 2005.

38. Clark, H. H. & Begun, J. S., "The semantics of sentence subjects", *Language and Speech*, Vol. 14, 1971.

39. Clark, H. H., "Some structural properties of simple active and passive sentences", *Journal of Verbal Learning & Verbal Behavior*, Vol. 4, No. 5, 1965.

40. Comrie, B., *Language Universals and Linguistic Typology*, Chicago: University of Chicago Press, 1989.

41. Conrad, R., & Hull, A. J., "Information, acoustic confusion and memory span", *British Journal of Sychology*, Vol. 55, 1964.

42. Costa, A., Alario, F. X., & Caramazza, A., "On the categorical nature of the semantic interference effect in the picture-word interference paradigm", *Psychonomic Bulletin & Review*, Vol. 12, No. 1, 2005.

43. Croft, W., *Typology and Universals*, Cambridge: Cambridge University Press, 1990.

44. Dahl, Ö., "Animacy and egophoricity: Grammar, ontology and phylogeny", *Lingua*, Vol. 118, No. 2, 2008.

45. Dahl, Ö., & Fraurud, K., "Animacy in grammar and discourse", In Thorstein Fretheim & Jeanette K. Gundel (Eds.), *Reference and Referent Accessibility*, Amsterdam: John Benjamins, 1996.

46. Dell, G. S., Burger, L. K., & Svec, W. R., "Language production and serial order: a functional analysis and a model", *Psychological Review*, Vol. 104, 1997.

47. Diessel, H., & Tomasello, M., "A new look at the acquisition of relative clauses", *Language*, Vol. 81, 2005.

48. Doughty, C., "Second language instruction does make a difference: Evidence from an empirical study of SL relativization", *Studies in Second Language Acquisition*, Vol. 13, 1991.

49. Dryer, M. S., "Order of Relative Clause and Noun", In: M. S. Dryer, & M. Haspelmath (Eds.), *The World Atlas of Language Structures Online*, Leipzig: Max Planck Institute for Evolutionary Anthropology, 2013.

50. Duran, N. D., Dale, R., & Kreuz, R. J., "Listeners invest in an assumed other's perspective despite cognitive cost", *Cognition*, Vol. 121, 2011.

51. Eckman, F. R., Bell, L. H. & Nelson, D., "On the generalization of relative clause instruction in the acquisition of English as a second language", *Applied Linguistics*, Vol. 9, 1988.

52. Egan, T., "Tertia comparationis in multilingual corpora", In K. Aijmer, & B. Altenberg (Eds.), *Advances in Corpus-based Contrastive Studies*, Amsterdam/Philadelphia: John Benjamins, 2013.

53. Ellis, J., *Towards a General Comparative Linguistics*, The Hague: Mouton, 1966.

54. Ferreira, F., "Choice of passive voice is affected by verb type and animacy", *Journal of Memory and Language*, Vol. 33, 1994.

55. Ferreira, F., & Swets, B., "How incremental is language pro-

duction? Evidence from the production of utterances requiring the computation of arithmetic sums", *Journal of Memory and Language*, Vol. 46, 2002.

56. Ferreira, V. S., & Bock, K., "The functions of structural priming", *Language & Cognitive Processes*, Vol. 21, 2006.

57. Ferreira, V. S., & Dell, G. S., "Effect of ambiguity and lexical availability on syntactic and lexical production", *Cognitive Psychology*, Vol. 40, 2000.

58. Ferreira, V. S., & Firato, C. E., "Proactive interference effects on sentence production", *Psychonomic Bulletin & Review*, Vol. 9, No. 4, 2002.

59. Ferreira, V. S., "Is it better to give than to donate? Syntactic flexibility in language production", *Journal of Memory and Language*, Vol. 35, 1996.

60. Ferreira, V. S., "The PDC framework applied to prosody and disfluency", *Frontiers in Psychology*, Vol. 4, 2013, doi: 10.3389/fpsyg.2013.00232.

61. Fillmore, Charles J., "The Case for Case", In E. Bach & R. Harms (Eds.), *Universals in Linguistic Theory*, New York: Holt, Rinehart, and Winston, 1968.

62. Fox, B. A., "The noun phrase accessibility hierarchy reinterpreted: subject primacy or the absolute hypothesis?", *Language*, Vol. 63, No. 4, 1987.

63. Fox, B. A., & Thompson, S. A., "A discourse explanation of the grammar of relative clauses in English conversation", *Language*, Vol. 66, No. 2, 1990.

64. Frawley, W., *Linguistic Semantics*, Hillsdale, NJ: Lawrence Erlbaum Associates, 1992.

65. Frazier, L., "Say what you please? Really?", *Frontiers in Psychology*, Vol. 4, 2013, doi: 10.3389/fpsyg.2013.00237.

66. Fukumura, K., van Gompel, R. P. G., Harley, T., & Pickering,

M. J., "How doessimilarity-based interference affect the choice of referring expression?", *Journal of Memory and Language*, Vol. 65, No. 3, 2011.

67. Gass, S., "Language transfer and universal grammatical relations", *Language Learning*, Vol. 29, 1979.

68. Gelman, S. A., & Opfer, J. E., "Development of the animate-inanimate distinction", In Goswami, U. (Ed.), *Blackwell Handbook of Childhood Cognitive Development*, Hoboken: John Wiley & Sons, 2008.

69. Gennari, S. P., & MacDonald, M. C., "Semantic indeterminacy in object relative clauses", *Journal of Memory & Language*, Vol. 58, 2008.

70. Gennari, S. P., & MacDonald, M. C., "Linking production and comprehension processes: The case of relative clauses", *Cognition*, Vol. 111, No. 1, 2009.

71. Gennari, S. P., Mirković, J., & MacDonald, M. C., "Animacy and competition in relative clause production: A cross-linguistic investigation", *Cognitive Psychology*, Vol. 65, 2012.

72. Ghaeni, F., & Haghani, M., "The competition model: From language processing to pedagogical implications", *Journal of Language and Culture*, Vol. 2, No. 11, 2011.

73. Gibson, E., "Linguistic complexity: locality of syntactic dependencies", *Cognition*, Vol. 68, 1998.

74. Givón, T., "Topic continuity and word order pragmatics in Ute", In T. Givón (Ed.), *Topic Continuity in Discourse: Quantitative Cross-language Study, Typological Studies in Language Series*, Vol. 3, Amsterdam: John Benjamins, 1983.

75. Glaser, W. R., & Dungelhoff, F. J., "The time course of picture-word interference", *Journal of Experimental Psychology: Human Perception and Performance*, Vol. 10, 1984.

76. Glaser, W. R., & Glaser, M. O., "Context effects in stroop-like word and picture processing", *Journal of Experimental Psychology: General*, Vol. 118, 1989.

77. Goldberg, A., *Constructions at Work: The Nature of Generalization in Language*, Oxford: Oxford University Press, 2006.

78. Grodner, D., & Gibson, E., "Consequences of the serial nature of linguistic input for sentential complexity", *Cognitive Science*, Vol. 29, 2005.

79. Grossberg, S., "A theory of human memory: self-organization and performance of sensory-motor codes, maps, and plans", *Progress in Theoretical Biology*, Vol. 5, 1978.

80. Hagoort, P., & Meyer, A., "What belongs to gether goes together: the speaker-hearerper-spective. A commentary on MacDonald's PDC account", *Frontiers in Psychology*, Vol. 4, 2013, doi: 10.3389/fpsyg.2013.00228.

81. Hale, J., "A probabilistic Earley parser as a psycholinguistic model", In *Proceedings of the Second Meeting of the North American Chapter of the Association for Computational Linguistics (Pittsburgh, PA)*, 2001.

82. Hale, J., "Uncertainty about the rest of the sentence", *Cogntive Science*, Vol. 30, No. 4, 2006.

83. Hale, K., "A note on subject-object inversion in Navajo", In B. B. Kachru (Ed.), *Issues in Linguistics: Papers in Honor of Henry and Renee Kahane*, Urbana etc. : University of Illinois Press, 1973.

84. Harris, M., "Noun animacy and the passive voice: A developmental approach", *Quarterly Journal of Experimental Psychology*, Vol. 30, 1978.

85. Hartley, T., & Houghton, G., "A linguistically constrained model of short-term memory for nonwords", *Journal of Memory and Language*, Vol. 35, No. 1, 1996.

86. Hawkins, J., *A Performance Theory of Order and Constituency*, Cambridge: Cambridge Universify Press, 1994.

87. Hawkins, J. A., *Efficiency and Complexity in Grammars*, Oxford: Oxford University Press, 2004.

88. He, W. & Chen, B., "The role of animacy in Chinese relative

clause processing", *Acta Psychologica*, Vol. 144, 2013.

89. Hendery, R., *Relative Clauses in Time and Space: A Case Study in the Methods of Diachronic Typology*, Amsterdam/Philadelphia: John Benjamins, 2012.

90. Hogbin, E., & Song, J. J., "The Accessibility Hierarchy in Relativisation: The Case of Eighteenth- and Twentieth-Century Written English Narrative", *SKY Journal of Linguistics*, Vol. 20, 2007.

91. Hopper, P. J., & Thompson, S. A., "Transitivity in grammar and discourse", *Language*, Vol. 56, 1980.

92. Hsiao, F., *The Syntax and Processing of Relative Clauses in Mandarin Chinese*, The PhD Dissertation of Department of Linguistics, MIT, Cambridge, MA, 2003.

93. Hsiao, Y., & MacDonald, M. C., "Experience and generalization in a connectionist model of Mandarin Chinese relative clause processing", *Frontiers in Psychology*, No. 4, 2013.

94. Izumi, S., "Processing difficulty in comprehension and production of relative clauses by learners of English as a second language", *Language Learning*, Vol. 53, 2003.

95. Jackendoff, R., *Semantics and Cognition*, Cambridge, Mass.: MIT Press, 1983.

96. Jackendoff, R., *Semantic Structures*, Vol. 18, Cambridge, Mass.: MIT Press, 1992.

97. Jackendoff, R., *Foundations of Language: Brain, Meaning, Grammar, Evolution*, Oxford: Oxford University Press, 2002.

98. Jaeger, T. F., *Optionalthat Indicates Production Difficulty: Evidence from Disfluencies*, Workshop on Disfluencies in Spontaneous Speech, Aix-en-Provence, 2005.

99. Jaeger, T. F., "Redundancy and reduction: Speakers manage syntactic information density", *Cognitive Psychology*, Vol. 61, No. 1, 2010.

100. Jaeger, T. F., "Production preferences cannot be understood without reference to communication", *Frontiers in Psychology*, Vol. 4, 2013,

doi: 10.3389/fpsyg.2013.00230.

101. Jaeger, T. F., Levy, R., Wasow, T. & Orr, David, *The Absence of "that" is Predictable if a Relative Clause is Predictable*, Architectures and Mechanisms of Language Processing conference, Ghent, Belgium, 2005.

102. Jaeggli, O. A., "Arbitrary plural pronominals", *Natural Language and Linguistic Theory*, Vol. 4, 1986.

103. Jäger, G., & Rosenbach, A., "Priming and unidirectional language change", *Theoretical Linguistics*, Vol. 34, 2008.

104. James, C. T., Thompson, J. G., & Baldwin, J. M., "The reconstructive process in sentence memory", *Journal of Verbal Learning and Verbal Behavior*, Vol. 12, No. 1, 1973.

105. Johansson, S., *Seeing Through Multilingual Corpora: On the Use of Corpora in Contrastive Studies* [Studies in Corpus Linguistics 26], Amsterdam: John Benjamins, 2007.

106. Kahn, J., & Arnold, J. E., "Aprocessing-centered look at the contribution of givenness to durational reduction", *Journal of Memory and Language*, Vol. 67, 2012.

107. Keenan, E. L., & Dryer, M. S., "Passives in the world's languages", In *Shopen*, Vol. 1, 2006.

108. Keenan, E. L., & Comrie, B., "Noun phrase accessibility and universal grammar", *Linguistic Inquiry*, Vol. 8, 1977.

109. Keenan, E. L., & Comrie, B., "Data on the noun phrase accessibility hierarchy", *Language*, Vol. 55, 1979.

110. Keil, F. C., *Semantic and Conceptual Development: An Ontological Perspective*, Cambridge, MA: Harvard University Press, 1979.

111. Kempen, G., & Hoenkamp, E., "An incremental procedural grammar for sentence formulation", *Cognitive Science*, Vol. 11, 1987.

112. Kempen, S., Hoffman, L., Schmalzried, R., Herman, R., & Kieweg, D., "Tracking talking: dual task costs of planning and producing speech for young versus older adults", *Aging Neuropsychological Cognition*, Vol. 18, 2011.

113. Konopka, A. E., "Planning ahead: How recent experience with structures and words changes the scope of linguisticplanning", *Journal of Memory and Language*, Vol. 66, No. 1, 2012.

114. Kosti ć, D., *Operativna Gramatika Srpskohrvatskog Jezika* (Operational grammar of the Serbo-Croatian language), Beograd: Prosveta, 1986.

115. Krzeszowski, T. P., "Tertium Comparationis", In J. Fisiak (Ed.) *Contrastive Linguistics: Prospects and Problems*, Berlin: Mouton, 1984.

116. Kuno, S., *Perspective and Syntax: The Camera Angle of Sentence-formation and its Reflection on Sentence Structure*, Keynote speech presented at An International Symposium on Perspective across Languages, Beijing, 2013.

117. Kuo, K., & Vasishth, S., *Processing Relative Clauses: Evidence from Chinese*, Unpublished manuscript, University of Potsdam, 2006.

118. Kuperman, V., & Bresnan, J., "The effects of construction probability on word durations during spontaneous incremental sentence production", *Journal of Memory and Language*, Vol. 66, 2012.

119. Laka, I., "On language production principles and the form of language: a más cómo, menos por qué", *Frontiers in Psychology*, Vol. 4, 2013, doi: 10.3389/fpsyg.2013.00231.

120. Langacker, R. W., *Foundations of Cognitive Grammar*, Vol. II, *Descriptive Application*, Beijing: Beijing University Press/California: Stanford University Press, 2004/1991.

121. Lashley, K. S., "The problem of serial order in behavior", In L. A. Jeffress (Ed.), *Cerebral Mechanisms in Behavior; The Hixon Symposium*, Oxford England: Wiley, 1951.

122. Levelt, W. J. M., & Maassen, B., "Lexical search and order of mention in sentence production", In W. Klein & W. J. M. Levelt (Eds.), *Crossing the Boundaries in Linguistics*, Dordrecht, The Netherlands: D. Reidel, 1981.

123. Levelt, W. J. M., *Speaking: From Intention to Articulation*, Cambridge: MIT Press, 1989.

124. Levelt, W. J. M., Roelofs, A., & Meyer, A. S., "A theory of lexical access in speech production", *Behavioral and Brain Sciences*, Vol. 22, 1999.

125. Levelt, W. J. M., *A History of Psycholinguistics, The Pre-Chomskyan Era*, Oxford: Oxford University Press, 2013.

126. Levin, B., & Hovav, M. R., "Lexical semantics and syntactic structure", In S. Lappin (Ed.), *The Handbook of Contemporary Semantic Theory*, Beijing: Foreign Language Teaching and Research Press; Oxford: Blackwell Publishers Ltd, 2001/1996.

127. Levy, R., "Expectation-based syntactic comprehension", *Cognition*, Vol. 106, 2008.

128. Levy, R., & Gibson, E., "Surprisal, the PDC, and the primary locus of processing difficulty in relative clauses", *Frontiers in Psychology*, Vol. 4, 2013, doi: 10.3389/fpsyg.2013.00229.

129. Lin, C. C., "Effect of thematic order on the comprehension of Chinese relative clauses", *Lingua*, Vol. 140, 2014.

130. Loberger, G., & Welsh, K. S., *Webster's New World English Grammar Handbook*, New York: Hungry Minds Inc., 2001.

131. MacDonald, M. C., "Distributional information in language comprehension, production, and acquisition: Three puzzles and a moral", In B. MacWhinney (Ed.), *The Emergence of Language*, Mahweh, NJ: Erlbaum, 1999.

132. MacDonald, M. C., "How language production shapes language form and comprehension", *Frontiers in Psychology*, Vol. 4, 2013.

133. MacDonald, M. C., "Production is at the left edge of the PDC but still central: response to commentaries", *Frontiers in Psychology*, Vol. 4, 2013, doi: 10.3389/fpsyg.2013.00227.

134. MacDonald, M. C., & Thornton, R., "When language comprehension reflects production constraints: resolving ambiguities with the help of

past experience", *Memory and Cognition*, Vol. 37, 2009.

135. MacWhinney, B., "Starting points", *Language*, Vol. 53, 1977.

136. MacWhinney, B., "The competition model", In B. MacWhinney (Ed.), *Mechanisms of Language Acquisition*, New Jersey: Erlbaum, 1987.

137. MacWhinney, B., "Competition and teachability", In R. Schiefelbusch & M, Rice (Eds.), *The Teachability of Language*, New York: Cambridge University Press, 1988.

138. MacWhinney, B., "Competition and lexical categorization", In R. Corrigan, F. Eckman, & M. Noonan (Eds.), *Linguistic Categorization*, New York: Benjamins, 1989.

139. MacWhinney, B., "Second language acquisition and the competition model", In A. M. B. de Groot & J. E. Kroll (Eds.), *Tutorials in Bilingualism: Psycholinguistic Perspectives*, Mahwah, NJ: Lawrence Erlbaum and Associates, 1997.

140. MacWhinney, B., "The competition model: the input, the context, and the brain", In P. Robinson, (Ed.), *Cognition and Second Language Instruction*, Cambridge: Cambridge University Press, 2001.

141. MacWhinney, B., "Extending the competition model", In R. R. Heredia & J. Altarriba (Eds.), *Bilingual Sentence Processing*, New York: Elsevier, 2002.

142. MacWhinney, B., "A Unified Model", In P. Robinson & N. C. Ellis (Eds.), *Handbook of Cognitive Linguistics and Second Language Acquisition*, NY: Routledge, 2008.

143. Mak, W. M., Vonk, W., & Schriefers, H., "The influence of animacy on relative clause processing", *Journal of Memory and Language*, Vol. 47, No. 1, 2002.

144. McDonald, J. L., Bock, J. K., & Kelly, M. H., "Word and world order: Semantics, phonological, and metrical determinants of serial position", *Cognitive Psychology*, Vol. 25, 1993.

145. Meyer, A. S., "Lexical access in phrase and sentence production: Results from picture-word interference experiments", *Journal of Memory and Language*, Vol. 35, No. 4, 1996.

146. Miller, G. A., "The magical number seven, plus or minus two: some limits on our capacity for processing information", *Psychological Review*, Vol. 63, 1956.

147. Ming, T. & Chen, L., "A discourse-pragmatic study of the word order variation in Chinese relative clauses", *Journal of Pragmatics*, Vol. 42, 2010.

148. Montag, J. L., & MacDonald, M. C., "Word order doesn't matter: relative clause production in English and Japanese", In N. A. Taatgen & H. van Rijn (Eds.), *Proceedings of the 31th Annual Conference of the Cognitive Science Society*, Austin, TX: Cognitive Science Society, 2009.

149. Mrazović, P., & Vukadinović, Z., *Gramatika Srpskohrvatskog Jezika za Strance* (Serbo-Croatian grammar for foreigners), Izdavačka knjižarnica Zorana Stojanovića: Sremski Karlovci, 1991.

150. Myachykov, A., & Tomlin, R., "Perceptual priming and structural choice in Russian sentence production", *Journal of Cognitive Science*, Vol. 6, No. 1, 2008.

151. O'Brien, J. L., & Raymond, J. E., "Learned predictiveness speeds visual processing", *Psychological Science*, Vol. 23, 2012.

152. Osgood, C. E., & Bock, J. K., "Salience and sentencing: Some production principles", In S. Rosenberg (Ed.), *Sentence Production: Developments in Research and Theory*, Hillsdale, NJ: Erlbaum, 1977.

153. Ozeki, H., & Shirai, Y., "Does the noun phrase accessibility hierarchy predict the difficulty order in the acquisition of Japanese relative clauses?", *Studies in Second Language Acquisition*, Vol. 29, No. 2, 2007.

154. Paivio, A., Yuille, J. C., & Madigan, S., "Concreteness, imagery, and meaningfulness values for 925 nouns", *Journal of Experimental Psychology*, Vol. 76, No. 1, Part 2, 1968.

155. Pavesi, M., "Markedness, discoursal modes, and relative clause

formation in a formal and an informal context", *Studies in Second Language Acquisition*, Vol. 8, 1986.

156. Perlmutter, D. M., & Postal, P. M., "The 1-Advancement Exclusiveness Law", In D. M. Perlmutter & C. Rosen (Eds.), *Studies in Relational Grammar*, Vol. 2, Chicago, IL: University of Chicago Press, 1984.

157. Piantadosi, S. T., Tily, H., & Gibson, E., "The communicative function of ambiguity in language", *Cognition*, Vol. 122, 2012.

158. Pichering, M., & Garrod, S., "How tightly are production and comprehension interwoven?", *Frontiers in Psychology*, Vol. 4, 2013, doi: 10.3389/fpsyg.2013.00238.

159. Prat-Sala, M., *The Production of Different Word Orders: A Psycholinguistic and Developmental Approach*, Ph. D. Dissertation, University of Edinburgh, Edinburgh, 1997.

160. Prat-Sala, M., & Branigan, H. P., "Discourse constraints on syntactic processing in language production: A cross-linguistic study in English and Spanish", *Journal of Memory and Language*, Vol. 42, No. 2, 2000.

161. Pu, Ming-Ming., "The distribution of relative clauses in Chinese discourse", *Discourse Process*, Vol. 43, No. 1, 2007.

162. Qian, T., & Jaeger, T. F., "Close = relevant? The role of context in efficientlanguage production", *Proc of the Workshop on Cognitive Modeling & Computational Linguistics*, Vol. 11, No. 12, 2010.

163. Quirk, R., Greenbaum, S., Leech, G., & Svartvik, J., *A Grammar of Contemporary English*, London: Longman Group Ltd, 1972.

164. Race, D. S., & MacDonald, M. C., "The use of 'that' in the production and comprehension of object relative clauses", In *Proceedings of the 26th Annual Meeting of the Cognitive Science Society*, 2003.

165. Raible, W., "Language universals and language typology", In A. Burkhardt, H, Steger & H. E. Wiegand (Eds.), *Language Typology and Language Universals*, Berlin, New York: Walter de Gruyter, 2001.

166. Ramscar, M., & Baayen, H., "Production, comprehension and

synthesis: a communicative perspective on language", *Frontiers in Psychology*, *Vol.* 4, 2013, doi: 10.3389/fpsyg.2013.00233.

167. Roland, D., Dick, F., & Elman, J. L., "Frequency of basic English grammatical structures: A corpus analysis", *Journal of Memory and Language*, Vol. 57, No. 3, 2007.

168. Rosa, E. C., & Arnold, J. E., "The Role of attention in choice of referring expression", In L. Carlson, C. Hoelscher, & T. F. Shipley (Eds.), *Proceedings of the 33rd Annual Conference of the the Cognitive Science Society*, Austin, TX: Cognitive Science Society, 2011.

169. Rosen, C., "The interface between semantic roles and initial grammatical relations", *Studies in Relational Grammar*, Vol. 2, 1984.

170. Rosenbaum, D. A., Cohen, R. G., Jax, S. A., Weiss, D. J., & vanderWel, R., "The problem of serial order in behavior: Lashley's legacy", *Human Movement Science*, Vol. 26, 2007.

171. Schelstraete, M., & Degand, L., "Assignment of grammatical functions in French relative clauses", *Language Sciences*, Vol. 20, 1998.

172. Schriefers, H., Meyer, A. S., & Levelt, W. J. M., "Exploring the time course of lexical access in language production: Picture-word interference studies", *Journal of Memory and Language*, Vol. 29, 1990.

173. Scott-Phillips, T. C., & Kirby, S., "Language evolution in the laboratory", *Trends in Cognitive Sciences*, Vol. 14, No. 9, 2010.

174. Seidenberg, M. S., "Language acquisition and use: learning and applying probabilistic constraints", *Science*, Vol. 275, 1997.

175. Silverstein, M., "Hierarchy of features and ergativity", In R. M. W. Dixon (Ed.), *Grammatical Categories in Australian Languages*, Canberra: Australian Institute of Aboriginal Studies, 1976.

176. Slevc, L. R., "Saying what's on your mind: Working memory effects on sentence production", *Journal of Experimental Psychology: Learning, Memory, and Cognition*, Vol. 37, No. 6, 2011.

177. Slobin, D. I., & Bever, T. G., "Children use canonical sentence schemas: A crosslinguistic study of word order and inflections", *Cog-*

nition, Vol. 12, 1982.

178. Smith, M., & Wheeldon, L., "High level processing scope in spoken sentence production", *Cognition*, Vol. 73, No. 3, 1999.

179. Smith, M., & Wheeldon, L., "Horizontal information flow in spoken sentence production", *Journal of Experimental Psychology: Learning, Memory, and Cognition*, Vol. 30, No. 3, 2004.

180. Stallings, L. M., MacDonald, M. C., & O'Seaghdha, P. G., "Phrasal ordering constraints in sentence production: Phrase length and verb disposition in heavy-NP shift", *Journal of Memory and Language*, Vol. 39, 1998.

181. Tanaka, M., Branigan, H. P., McLean, J. F., & Pickering, M. J., "Conceptual influences on word order and voice in sentence production: Evidence from Japanese", *Journal of Memory and Language*, Vol. 65, No. 3, 2011.

182. Tavakolian, S., "The conjoined clause analysis of relative clauses", In S. Tavakolian (ed.), *Language Acquisition and Linguistic Theory*, Cambridge: MIT Press, 1981.

183. Tanenhaus, M. K., "All P's or mixed vegetable?", *Frontiers in Psychology*, Vol. 4, 2013, doi: 10.3389/fpsyg.2013.00234.

184. Tomlin, R., *Basic Word Order: Functional Principles*, London: Croom Helm, 1986.

185. Traxler, M., Morris, R. & Seely, R., "Processing subject and object relative clauses: Evidence from eye movements", *Journal of Memory and Language*, Vol. 47, 2002.

186. Tydgat, I., Diependaele, K., Hartsuiker, R. J., & Pickering, M. J., "How lingering representations of abandoned context words affect speech production", *Acta Psycholica*, Vol. 140, 2012.

187. van Nice, K. Y., & Dietrich, R., "Task sensitivity of animacy effects: evidence from German picture descriptions", *Linguistics*, Vol. 41, 2003.

188. Vasishth, S., Chen, Z., Li, Q., & Guo, Guei-lan., "Pro-

cessing Chinese relative clauses: Evidence for the subject-relative advantage", *PLoS One*, Vol. 8, No. 10, 2013e77006.

189. Wagner, V., Jescheniak, J. D., & Schriefers, H., "On the flexibility of grammatical advance planning during sentence production: Effects of cognitive load on multiple lexical access", *Journal of Experimental Psychology: Learning, Memory and Cognition*, Vol. 36, No. 2, 2010.

190. Wanner, E., & Maratsos, M., "An ATN approach to comprehension", In M. Halle, J. Bresnan, & G. A. Miller (Eds.), *Linguistic Theory and Psychological Reality*, Cambridge, MA US: MIT Press, 1978.

191. Wasow, T., "The appeal of the PDC program", *Frontiers in Psychology*, Vol. 4, 2013. doi: 10.3389/fpsyg. 2013. 00236 .

192. Wasow, T., Jaeger, T. F., & Orr, D., "Lexical variation in relativizer frequency", *Expecting the Unexpected: Exceptions in Grammar*, Vol. 216, 2011.

193. Weckerly, J., & Kutas, M., "An electrophysiological analysis of animacy effects in the processing of object relative sentences", *Psychophysiology*, Vol. 26, 1999.

194. Weiner, E. J., & Labov, W., "Constraints on the agentless passive", *Jounal of Linguistics*, Vol. 19, 1983.

195. Wells, J. B., Christiansen, M. H., Race, D. S., Acheson, D. J., & MacDonald, M. C., "Experience and sentence processing: statistical learning and relative clause comprehension", *Cognitive Psychology*, Vol. 58, 2009.

196. Wheeldon L. R., & Monsell, S., "The locus of repetition priming of spoken word production", *Quarterly Journal of Experimental Psychology*, Vol. 44A, 1992.

197. Wolfe-Quintero, K., "Learnability and the acquisition of extraction in relative clauses and wh-questions", *Studies in Second Language Acquisition*, Vol. 14, 1992.

198. Wu, F., *Factors Affecting Relative Clause Processing in Mandarin*, PhD Dissertation. University of Southern California, Los Angeles, CA,

USA, 2009.

199. Wu, F., Kaiser, E., & Anderson, E., "Animacy effects in Chinese relative clause processing", *Language and Cognitive Processes*, iFirst, 2011.

200. Yamamoto, M., *Animacy and Reference: A Cognitive Approach to Corpus Linguistics*, Vol. 46, Amsterdam/Philadelphia: John Benjamins, 1999.

201. Yamashita, H., & Chang, F., "'Long before short' preference in the production of a head-final language", *Cognition*, Vol. 81, 2001.

202. Year, J., "Sentence processing within the Competition Model", *TESOL & Applied Linguistics*, Vol. 3, No. 1, 2003.

203. Zipf, G. K., *Human Behavior and the Principle of Least Effort*, Cambridge, MA: Addison-Wesley Press, 1949.

后　记

　　自建数据库是非常辛苦的。若非导师许先生的手把手教导，我不会有足够勇气选择自行创建数据库。等到独立运作时，重重困难自始至终伴随着这一进程。选择叙事语篇建立类比数据库，要考虑语域对等、出版年代接近、作者背景相似、作品整体具有可比性等因素。期间，经历了各种纠结，请教了很多人——文学的，语言学的，翻译的。曾奔波于各种旧书店、书摊，一本一本翻阅，经常徒劳而归，或带来几本不相关的书，自买来就一直被冷落在书架的一角。及至选定了老舍和德莱塞各5部作品，几番比较，自觉满足对比语言学所要求的对比基础的条件，竟也欣欣然食不甘味地尝试经营纸质版，不久败下阵来。首先，不能保证筛选时没有遗漏，有时读了故事，竟然忘记了检索的目标，返回时已不知从何做起。其次，将文字输入电脑工作量大得惊人，也难免出现拼写错误、遗漏等，耗时费力却不讨好。后来只能选择满世界查找电子版。结果不算坏，最终找齐了所需的原始资料，可以借助PDF的查找功能竭力"网罗"目标语料。

　　一部英语作品至少需要6遍（如果需要交叉校对可能要9遍以上）才能搜索完所需语料，将它们复制粘贴到指定word文档供再次筛查。汉语检索的次数要少得多，但一些PDF由于加密而不能复制，能复制的版本准确率存疑，于是，从一个版本中复制，参考另一个版本及纸质版校对，忙得不亦乐乎。搜索完毕后发现，老舍的《茶馆》虽为其代表作，但关系从句数量不足100个，只好舍弃，另选老舍本人最满意的《离婚》重新筛选。

　　终于可以录入数据库了，可是需要标注哪些字段名呢？几次三番的考量，有时是彻夜的辗转反侧，终于敲定了初步方案。可对研究范式的准备其实不足，竞争模型涉及离散数学，超出时间与精力允许的范围，幸得导师许先生目光如炬，洞见了漫漫前路暗藏的陷阱，及时阻止我莽撞的尝试，使我能重新审视研究范围，并最终选择了正确的道路。

语料需要一句一句标注。语料的甄别，标准的确定，技术的要求，时间的流逝，进度的缓慢，无时无刻不在折磨着自己。曾经在宿舍、图书馆、教室里、火车上、飞机上、会议期间，甚至在梦里，都为具体标注而费心劳神。有时一句话，一个标注项，反复决定，反复推翻，无法说服自己，往往需要出去暴走以缓解情绪。暴走完了还得面对，不论捻断多少根须，熬脱多少头发，依然需要决定、修正、再决定。等大部分标注完成了，结合研究目标进行分析时发现，还缺少必要的标注项，只能回头一一补全。

然后是校对。Microsoft Office Access 在录入时很不友好，需要一个一个录入，复制粘贴也只能一个一个进行，不能像 Excel 一个下拉动作即可轻易复制粘贴。不过，它的查询功能的确强大而方便，既能便捷地查询任意组合项，也能通过查询进行自动校对。好不容易数据库创建完成了才发现，这一切不过是为研究打了基础，需要做的事情才开始。这种种艰辛，出现在作品中，或许只是一个数据，一个图标而已，有的甚至无法反映出来。

真正应用数据库时，需要借助 SPSS 进行运算。计算条件的设定以及数据的录入，经常是考验耐心和意志的——往往发现这二者都不足。有时计算结果与预测一致，一种满足感油然而生；更多的时候计算结果很复杂，需要一点一点厘清，反映在真实语言中时情况更复杂，有时甚至彼此矛盾，这大概源于语言自身纷繁复杂的现象吧，或者语言规律中蕴藏的不规则正是它的魅力所在，这也令人对语言事实本身产生了莫名的敬畏。

研究的历程不堪回首。那些在日夜颠倒、时辰错序的日子里挣扎的情景，仍历历在目。有时感觉迷失在语言的地宫，找不到希望的出口，与徒劳挣扎的困兽无异。幸而有那些博爱的同学，一两句激奋的话语，一次短时的散步，一份盒饭，一袋水果，都激励着我奋力前行。有个深夜，打开邮箱，读到先生发来的邮件："借用总理的话，希望'困难比预想的多，结果比预想的好'"，顿觉一道闪电刺破了漆黑的夜空，在当时的心境中感到既温暖又幽默，不禁笑出声来，却瞬间被自己的笑声惊到，旋即身心放松下来，可以轻松面对研究任务。

　　苦中作乐之际，觉得自己能得到许余龙先生的教诲，实属三生之幸。读博期间，能与众多优秀、勤勉、乐善的同学为伴，倍感温暖。也对家人一如既往的支持深为感激。

曹依民